高等职业教育现代物流管理专业系列教材

国际货运代理实务（活页式）

袁红兰　秦　明　主编

同济大学出版社 · 上海
TONGJI UNIVERSITY PRESS · SHANGHAI

内 容 提 要

本书以世界技能大赛技术文件为参考标准，以货运代理业务的推进为教学主线，模拟国际货运代理企业真实工作场景，旨在提升学习者货运代理实际工作能力。本书分为两个部分。第一部分为货运代理业务准备，具体内容包括：国际货运代理及行业与企业概述、国际货运代理基础知识；第二部分为货运代理业务实操，具体内容包括：客户获取、业务洽谈、客户需求响应、客户回访与关怀、订单受理、海运货物出口操作、海运出口货物装箱集港、海运提单缮制、海运进口货物换单操作、海运进口货物提重还空、订单状态更新、账单制作、业务单据归档。

本书可供高等职业院校现代物流管理、国际贸易、冷链物流技术与管理、采购与供应链管理等专业人员及行业管理人员学习参考使用。

图书在版编目（CIP）数据

国际货运代理实务 / 袁红兰，秦明主编. -- 上海：同济大学出版社，2023.1

ISBN 978-7-5765-0533-7

Ⅰ. ①国… Ⅱ. ①袁…②秦… Ⅲ. ①国际货运—货运代理—高等职业教育—教材 Ⅳ. ①F511.41

中国版本图书馆 CIP 数据核字（2022）第 241617 号

国际货运代理实务（活页式）

袁红兰　秦　明　**主编**

责任编辑 杨　艳　**助理编辑** 白　雲　**责任校对** 徐逢乔　**封面设计** 潘向蓁

出版发行 同济大学出版社　www.tongjipress.com.cn
（地址：上海市四平路 1239 号　邮编：200092　电话：021-65985622）

经　　销 全国各地新华书店
制　　作 南京月叶图文制作有限公司
印　　刷 浙江广育爱多印务有限公司
开　　本 787 mm×1092 mm　1/16
印　　张 16.25
字　　数 406 000
版　　次 2023 年 1 月第 1 版
印　　次 2023 年 1 月第 1 次印刷
书　　号 ISBN 978-7-5765-0533-7

定　　价 56.00 元

前言

随着中国对外经济与贸易的快速发展和“一带一路”带来的新机遇，货运代理行业急需大批高技能人才。一流的专业技能人才是保证一流服务质量的必要条件，是我国对标世界货运代理先进服务水平的核心要素。为快速培养国际货运代理专业技能人才，加强对技能竞赛选手的引导和规范，编者在研究世界技能大赛货运代理项目考核标准和评分标准、中国技能大赛货运代理项目考核标准和评分标准的基础上，以行业标准和作业规范为依据，编写本书。

本书由两个部分共 15 个任务组成。第一部分为货运代理业务准备，注重学生货运代理基础能力的培养。第二部分为货运代理业务实操，注重学生货运代理专项能力的培养，以图文并茂的形式全面系统地阐述了单证制作、业务咨询、工作计划与安排、异常情况处理以及报关报检业务等具体步骤和方法，并配套开发了仿真训练系统，从工作内容、知识要求和技能要求等方面实现学生核心能力的提升。

本书紧扣世界技能大赛货运代理项目的考核标准和评分标准，归纳总结了世界技能大赛货运代理项目的竞赛内容和技能要求，内容循序渐进，理论与实践相结合，探索出了一条规范标准的职业技能竞赛训练及货运代理人才培养的新路径。

由于编写时间紧迫，书中难免出现一些不妥之处，恳请广大读者批评指正，以便再版时作修改完善。

编者

2022 年 10 月

目　录

第一部分

货运代理业务准备

任务一

国际货运代理及行业与企业概述

任务目标

1. 基本目标

- 了解国际货运代理的性质和作用；
- 熟悉国际货运代理行业管理与行业组织；
- 能够设立国际货运代理企业；
- 了解国际货运代理企业的业务范围。

2. 重点难点

- 国际货运代理企业的设立流程；
- 国际货运代理企业的业务范围。

工作过程

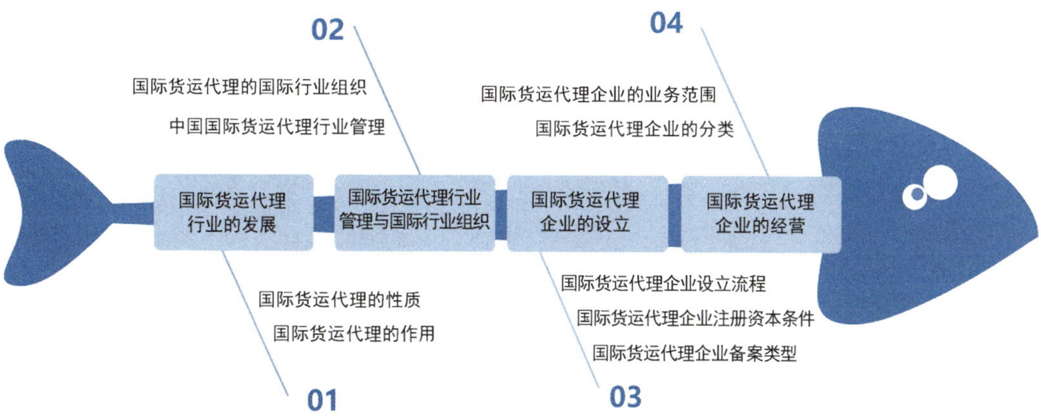

教学要点与任务实施

国际货运代理
的性质和作用

一、国际货运代理行业的发展

国际货运代理（或国际货代）是指国际货运代理业务（International Freight Forwarding Business）或国际货运代理企业（International Freight Forwarder）。国际货运代理业是指接受进出口货物收货人、发货人或承运人的委托，以委托人的名义或者以自己的名义，为委托人办理国际货物运输业务及相关业务，并收取服务报酬的行业。

国际货运代理业在性质上属于服务业，在社会产业结构上属于第三产业。从物流类型划分来说，它属于第三方物流（也有人称为第四方物流）。尽管它可以没有自己的物流设备或物流设施，但可以通过提供信息、设计线路方案、租船订舱等服务来为其他企业或个人提供专业的物流服务，同时也可为承运人揽货、争取更多的客户。

国际货运代理是发货人、收货人和承运人的货物运输中介人（图 1-1-1）。它既代表货方，保护货方的利益，又协助承运人进行承运工作。它是发货人、收货人与承运人之间的桥梁和纽带。国际货运代理的法律地位有两种：一是作为代理人。它既可以以委托人的名义，即以发货人或收货人的名义从事代理活动，也可以以自己的名义办理有关业务。二是作为独立经营人。作为独立经营人主要是作为承运人来从事经营活动。国际货运代理签发提单等运输单证，承担承运人的义务和责任，也就是通常所说的无船承运人。无船承运人以承运人的身份享有承运人的权利并接受托运人的货载，签发自己的提单或其他运输单证，向托运人收取运费，完成国际海上货物运输。从事无船承运人的活动必须取得相应的资格。在作为传统意义上的代理人和无船承运人从事活动时，受不同的法律规范约束，承担不同的义务和责任。当然，一个企业可以同时从事这两种业务。

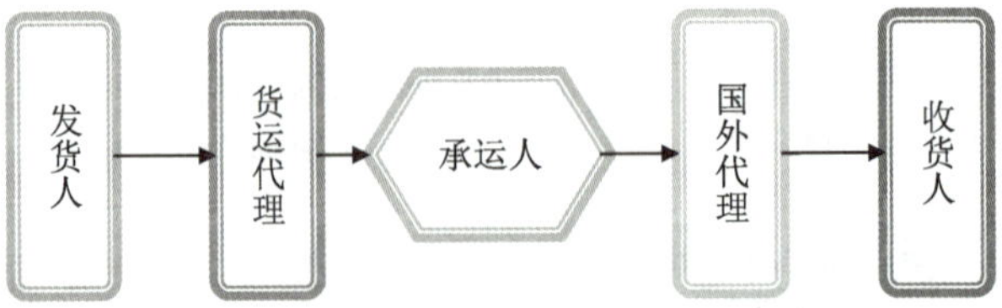

图 1-1-1　国际货运代理示意图

现在从事国际货运代理业务的企业很多，为发货人、收货人及承运人带来了极大的便利。为了争取业务，他们要为客户提供高效、优质、低运费的外贸运输服务，确保客户的贸易合同得以顺利履行。从事国际货代业务的专业人员必须具备方方面面的知识，在运输和国际贸易行业内有广泛的社会联系，具备超强的沟通交往和处事能力。他们要处理与多个政府机构相关的工作；与各类企业打交道；与其他有业务协作关系的国内外同行合作。开发客户的艰难、运输货物的风险、货运代理工作的繁杂等要求他们必须具备较高的职业素养和心理素质。

货运代理在国际贸易中起着重要的作用（表1-1-1）。第一，货运代理是进出口商的“运输设计师”。他们精通外贸的各个环节，尤其是运输环节；熟悉进出口两地的法律规章、部门关系、程序和惯例；在物流的所有环节，费用计收、报关、报检、金融等方面向委托人提供明确具体的方案和意见。第二，货运代理通过了解国际货运市场行情，测算成本和比较各种运输方式利弊，为委托人提供关于运输时间、运输费用和运输质量的咨询服务。如可以用集运方式来最大限度地利用现有的运输资源，使更多的发货人受益。第三，由于货运代理人负责运输的组织工作，承担运输合同的全部责任，包括与运输有关的一切服务项目，所以对整个运输过程负责到底。第四，在漫长的国际货物运输过程中，不管哪个环节出了问题，委托人都可以通过货运代理进行查询，货运代理为委托人据理向责任方提出索赔，办理相关的索赔手续。第五，货运代理可以为委托人提供仓储或保税仓库咨询服务，或者利用自己本身的仓储设施直接为委托人提供仓储服务，可以减少委托人的进出口商品周转费及关税支出。第六，国际货运代理为承运人提供揽货等服务。一些货运代理也有自己的仓储、运输等设备、设施，有遍布国内外的服务网络。因此，发货人和承运人双方都愿意与货运代理保持良好稳定的业务关系。

表1-1-1　国际货运代理的作用

序号	主要作用
1	为委托人提供明确具体的货运方案和意见
2	为委托人提供运输时间、费用、质量的咨询服务
3	承担运输合同全部责任，对整个运输过程负责到底
4	为委托人查询各个环节中的问题，办理索赔手续
5	为委托人提供仓储方面的服务
6	为承运人提供揽货服务

二、国际货运代理行业管理与国际行业组织

国际货运代理行业管理与国际行业组织

（一）中国国际货运代理行业管理

我国的国际货运代理行业的行业管理是通过商务部、地方商务主管部门以及国际货运代理协会等机构组织的工作来实现的。

根据《中华人民共和国国际货物运输代理业管理规定》，中华人民共和国商务部负责对全国的国际货物运输代理业实施监督管理，是我国国际货运代理行业的主管部门。各省、自治区、直辖市和经济特区的人民政府商务主管部门（以下简称地方商务主管部门）依照本规定，在中华人民共和国商务部授权的范围内，负责对本行政区域内的国际货物运输代理业实施监督管理。

中国国际货运代理协会（China International Freight Forwarders Association，CIFA）是我国国际货运代理行业的全国性社会组织，于2000年在北京成立，是由国际货运代理企业组成的行业协会，依照协会的章程对会员进行指导，提供服务。目前，协会拥有会员近600家，其中理事及以上单位95家，各省市货运代理行业组织21家。国际货运代理协会为建立我国国际货运代理行业诚信体制，规范行业从业者行为，制定了货运代理行业诚信公约等行规和准则，对促进我国货运代理企业自律、维护行业整体利益、确保货代行业的有序发展起到了很好的作用。

（二）国际货运代理的国际行业组织

全球国际货运代理的行业组织国际货运代理协会联合会（Federation of International Freight Forwarders Associations，FIATA），于1926年5月31日在奥地利的维也纳成立，目前拥有97个国家级会员和2 600多个个体会员，是全球运输行业中最大的非政府和非盈利性国际组织，具有广泛的国际影响，代表了世界上144个国家与地区的40 000多个货运代理公司。作为国际货运代理行业的代言人，FIATA长期以来一直被联合国经社理事会（Economic and Social Council，ECOSOC）、联合国贸易与发展会议（United Nations Conference on Trade and Development，UNCTAD）和联合国贸易法律委员会（United Nations Commission on International Trade Law，UNCITRAL）等国际组织作为运输咨询顾问。同时，FIATA长期以来一直被许多政府间和非政府间的国际组织视作货运代理行业的代言人，如国际商会（International Chamber of Commerce，ICC）、国际航空运输协会（International Air Transport Association，IATA）、国际铁路运输联盟（International Union of Railways，UIC）、国际道路运输联盟（International Road Transport Union，IRU）、世界海关组织（World Customs Organization，WCO）、世界贸易组织（World Trade Organization，WTO），等等。

FIATA的宗旨：①团结全球货运代理行业；②以顾问或专家的身份出席与运输有关的国际会议或参加相关团体组织，代表、促进和保护货运代理行业利益；③通过信息发布和出版物的方式宣传货运代理服务，让世界更广泛地了解货运代理行业；④通过促进和统一国际货运代理标准交易条件，改进和提高服务质量；⑤帮助货运代理进行职业培训，处理责任保险问题，推进电子商务包括电子数据交换等广泛应用。

FIATA通常于每年九月在全球不同的城市举办一次世界性的代表大会，也称年会；每年三月在瑞士总部举办工作会议；其下设三个研究机构，即空运、海关事务和多式联运研究机构；设有五个顾问团，即危险品运输、信息技术、法律、公共关系和职业培训顾问团，还会根据需要增设临时的工作组；设有四个地区委员会，即非洲和中东、美洲、亚太、欧洲委员会。多年来，FIATA在统一运输单证、制定货运代理示范法方面取得了世人瞩目的成就，特别是FIATA多式联运提单在全球60多个国家货运代理业务中使用，其背面条款得到了国际商会和国际银行界的广泛认可。

中国国际货运代理协会于2001年3月正式成为FIATA的国家级协会会员。自从加入该组织以来，中国国际货运代理协会定期举办各类活动，如中国国际货代协会和世界货运联盟（World Cargo Alliance，WCA）主办的以“一对一洽谈”为特色的中外货代物流企业洽谈会等。这些活动对促进中国国际货运代理业的发展，增进与国际同行之间的交流，建立和发展国际货运代理服务网络起到了很好的作用。

【案例分析】

某货运代理作为进口商的代理人，负责从A港接收一批艺术作品，在120海里外的B港交货。该批作品用于国际展览，要求货运代理在规定的日期之前于B港交付全部货物。货运代理在A港接收货物后，通过定期货运卡车将大部分货物陆运到B港。由于货运卡车出现季节性短缺，一小部分货物无法及时运抵。于是，货运代理在卡车市场雇佣了一辆货运车，要求于指定的日期前抵达B港。而后，该承载货物的卡车连同货物一起下落不明。请问：该货运代理的做法是否有问题？

三、国际货运代理企业的设立

近年来，随着我国对外贸易的快速增长，我国国际货运代理行业也得到了蓬勃发展。国际货运代理企业不仅数量有了大幅度的增加，而且企业的经营管理水平和员工的专业素养有了显著的提高。我国国际货运代理的业务环境有了明显改善，国际货运代理市场的有序性和规范性也逐步加强。目前，中国的国际货运代理企业的数量达到了16 000多家。它们担负着80%的进出口货物运输和中转业务、90%的国际航空货物运输业务。

国际货运代理企业的设立

设立国际货运代理企业的工作流程如图1-1-2所示。

查名 → 验资 → 办理工商营业执照（含刻章） → 办理组织机构代码证 → 办理税务登记 → 办理银行开户许可证

图1-1-2　设立国际货运代理企业的工作流程

内资国际货运代理企业的设立应满足下列条件：①注册资本条件，即必须达到《中华人民共和国国际货物运输代理业管理规定》中关于经营海上、航空、陆路国际货运代理业务最低注册资本限额的要求。具体来讲，经营海上国际货物运输代理业务的国际货运代理企业，注册资本最低限额为500万元人民币；经营航空国际货物运输代理业务的国际货运代理企业，注册资本最低限额为300万元人民币；经营陆路国际货物运输代理业务的国际货运代理企业，注册资本最低限额为200万元人民币。经营两项以上国际货物运输代理业务的，注册资本最低限额为其中最高一项的限额。国际货运代理企业每申请一个国际货代分支机构，应当相应增加注册资本50万元人民币。如原注册资本超过上述最低限额，其超过部分可以作为设立分支机构的增加资本（表1-1-2）。②有限责任公司国际货运代理企业股东数量应在2个以上（含2个），50个以下（含50个）；有5个以上的发起人，且半数以上在中国境内有住所。③有合法的企业章程。④有企业名称，建立符合法律要求的组织机构。⑤有固定的生产经营场所。⑥有必要的生产经营条件。

表 1-1-2　设立内资国际货代企业的注册资本条件

货代企业类型	注册资本金额
海运国际货代企业	500 万元
空运国际货代企业	300 万元
陆运国际货代企业	200 万元
国际货代分支机构	50 万元

公司查名所需材料：①注册资本金额及各股东投资比例；②公司名称字号5 个以上；③公司经营范围。

办理营业执照所要提交材料：①法人股东及自然人股东身份证明文件原件；②法人股东及自然人股东联系地址、邮政编码及联系电话；③法定代表人一寸免冠照片 2 张、大一寸免冠照片 4 张。

国家有关部门对国际货运代理企业进行管理的主要方式是备案。备案就是存档备查，指当事人有义务让上级主管机关或有关机构知晓某件事，但不需要他们的批准同意。它包括了两种基本类型，即国际货运代理企业本身的备案和国际货运代理企业的业务经营备案。前者可以分为国际货运代理企业的设立备案和国际货运代理企业的变更备案，后者是指国际货运代理企业每年经营情况的备案（表 1-1-3）。我国国际货运代理企业备案工作实行全国联网和属地化管理原则，国际货运代理企业应在本地区备案机关办理备案手续。

表 1-1-3　国际货运代理企业备案的类型

<table>
<tr><th colspan="3">基本类型</th></tr>
<tr><td colspan="2">国际货运代理企业的备案</td><td>国际货运代理企业的业务经营备案</td></tr>
<tr><td>企业设立的备案</td><td>企业变更的备案</td><td>企业每年经营情况的备案</td></tr>
</table>

四、国际货运代理企业的经营

（一）国际货运代理企业的分类

国际货运代理企业的经营

为了显示其行业特点和业务内容，参照企业的成立背景和经营特点，可以把国际货运代理企业分成以下七种类型。

1. 中外运公司及旗下的企业（包含分公司、子公司、控股公司、合资公司等）

这些企业涉及海运、空运、陆运、快递、国际多式联运、船舶经营管理、船舶租赁、船务代理综合物流等国际物流业务的方方面面。中外运的主要特点是一业为主、多种经营，经营范围较宽，服务网络遍布全球，实力雄厚，人力资源丰富，是国内国际物流企业中市场竞争力最强的企业。

2. 以外贸、工贸公司为背景的国际货运代理企业

如五矿国际货运公司、中化国际仓储运输公司、中粮国际仓储运输公司、中机国际仓储运输公司、中成国际运输公司、长城国际运输代理有限公司等。这类企业的主要特点是货源相对稳定，处理货物、单据经验丰富，在特定的货物运输领域中有着较强的竞争优势，但企业规模不大，服务功能不够全，没有发达的服务网络。

3. 以实际承运人企业为背景的国际货运代理企业

如中国铁路对外服务公司、中国外轮代理总公司、中远公司货运代理有限公司、中国民航客货运输销售代理公司等。这类企业的主要特点是专业化经营，与承运人的关系密切，运价优势明显，运输信息灵通，方便委托人，它们往往是某个运输方式下市场竞争力最强的货运代理企业。

4. 以港站、航道、机场为背景的国际货运代理企业

这类国际货运代理企业与港口、机场、货运站关系密切，港站作业经验丰富、效率高，管理水平高，还有价格、费率优势，但大都没有形成服务网络。

5. 以仓储、包装企业为背景的国际货运代理企业

依托投资人或合伙人独特甚至垄断的优势，这类企业在价格、费率、排港、派车、载位使用、出运效率等货运条件方面具有明显的竞争力。但委托人担心的是由于承运人、港站、仓库原因而造成的货损货差，在事故的处理和索赔时，货运代理能否保持公正性，能否忠诚地履行代理人的职责。

6. 外商投资类型国际货运代理企业

以中外合资、合作，外商独资形式设立的国际货运代理企业。凭借资本雄厚、管理水平高、服务质量好等优势，这类企业成为货运代理行业里在技术和管理方面的引领企业。

7. 股份制国际货运代理企业

这类企业的股份由多个股东持有。企业的经营范围、规模都不是很稳定，管理水平不够高，员工素养和服务质量有待提高。

（二）国际货运代理企业的业务范围

国际货运代理企业的业务范围包括以下七个方面：为发货人提供服务；为收货人提供服务；为承运人服务；为集运和分拨服务；为港口服务；提供国际多式联运服务。

1. 为发货人提供服务

一般情况下发货人是出口商。在完成交易取得订单后，出口商将部分或全部货运业务交给国际货运代理来完成（表 1-1-4）。

表 1-1-4　国际货运代理为发货人提供服务

序号	服务内容
1	选择运输方式、航线、承运人；租船订舱；仓储服务；接收货物，签发货代货物收据，监管货运过程的每个环节；缮制单据；办理报关、报检、保险、索赔、结汇手续；将单证交给港口各有关部门

（续表）

序号	服务内容
2	为发货人办理备货、加工、包装、称重、测量体积尺码、熏蒸
3	货运至装运港；办理清关手续；货交承运人，并取得提单交付给发货人；如需要，做好货物转运的安排
4	如规定运费预付，则代表托运人支付运费、附加费和各类税费
5	通过联系承运人和货代公司在国外的机构或合作人，对货物的运输过程进行监管
6	如货物在运输过程中损坏或灭失，协助发货人向承运人提出索赔

2. 为收货人提供服务

一般来说，收货人是进口商。在 FOB（Free on Board）贸易术语下，进口商负责货物的运输。国际货运代理为收货人提供服务，如表 1-1-5 所示。

表 1-1-5　国际货运代理为收货人提供服务

序号	服务内容
1	为收货人办理进口货物运输的部分或全部具体业务。包括办理进口货物订舱配载、催货、接货、理货、验货等。接收和核对与货物运输有关的单证。缮制进口单证并提交给有关部门。从承运人处接收货物和各类运输文件，如有规定，交付货物运输费。办理进口货物报关、报验、报检、熏蒸、放行；办理清关手续后，将货物交于收货人或运达收货人指定的目的地。安排过境运输手续或保税仓储。如运输过程中有货物灭失和损失发生，协助收货人向承运人或其他责任方索赔
2	除受理一般进口货运代理工作，还进行特殊货物和非贸易进口货物（包括成套设备、危险品、鲜活动植物、贵重物品、需冷藏保温货物、驻华使馆人员和外国专家的物品、展览会展品、救灾物资、贸易样品、赠品）的货运代理工作
3	根据要求，协助收货人安排货物的仓储和配送

3. 为承运人服务

国际货运代理为承运人服务，如表 1-1-6 所示。

表 1-1-6　国际货运代理为承运人服务

序号	服务内容
1	根据进出口商的要求，货运代理人可提供代向海运、空运、铁路、公路等承运人租船、订舱、订机、订车皮、订车辆和配载的业务，议定对承运人和进出口商都公平合理的费率
2	根据客户的需求，货运代理可进行航线配载订舱，从而为班轮公司的舱位使用和班期提供准确服务
3	货运代理代收代结运费和其他杂费，方便了承运人，也方便了委托人
4	货运代理付出劳务和承担风险后，承运人支付的佣金是货运代理合法的收入。如果货运代理为进出口商办理了租船、订舱的手续，而委托人爽约，未装运货物，货运代理须对船公司直接负责，支付因使船舶空舱航行造成的亏舱费（包括陆运和空运费用）

4. 为集运和分拨服务

在集运和分拨中，集装箱的拼箱和拆箱是其中的两项重要业务内容。如果委托人托运的货物不足整箱货的容积或重量的货载，就需要货运代理提供拼箱服务，并签发分提单或其他类似的收据交给每一票货的发货人。拼箱业务在集装箱货运站中进行。

拆箱是拼箱货运到目的地后，由目的地货运代理凭装箱单、分提单或类似单证在目的地拆箱，按票通知收货人提货，收货人凭提单收取货物。

5. 为港口服务

当国际货运代理承接了大宗接运整船货物或装运整船大部分货物的业务，如果在货运代理所在地港口装卸符合合理流向的原则，这就可以为港口揽来一条船的业务。货运代理在与港口有关的日常工作中，要做好货物、单证、车辆、船只、港口等方方面面的衔接和组织工作。

6. 提供国际多式联运服务

在国际多式联运业务中，货运代理充当了多式联运经营人，承担或组织完成全程运输工作。货运代理与客户签订运输合同，对货物运输的全程负责。采用两种或两种以上不同的运输方式来完成运输工作，实现门到门的货物运输。货运代理以当事人的身份与其他承运人或其服务的提供者分别签约。这些合同不会影响整个货运过程的服务质量。如果运输途中货物灭失或损坏，多式联运经营人要直接承担赔偿责任。

7. 提供其他物流服务

货运代理可以提供采购、发货、备货、包装、加工、装卸、仓储等运输前的服务，这可以使出口商将主要精力和资源集中在贸易合同的谈判和签订方面。这样，货运代理的服务就得到了极大延伸，可以满足客户更高的要求，提高国际货运代理的市场竞争力。另外，国际货运代理可以为客户在目的地接货、包装、运输、储存、配送，直至货物被放到最终客户的货架上。如果存在地域的限制，货运代理可以将国际运输前后的物流服务外包给再代理，并且从中获取一定的收益。

国际货运代理企业的业务范围

融会贯通

详述下列三家货运代理公司的亮点和优势。

1. 某国际物流有限公司成立于2005年，是经某市工商局、税务局及交通管理部门批准注册的大型国际货运代理公司，主要从事国际进出口货运代理、报关代理、国际快递、国内物流等业务，是集海运、快递、仓储、结算为一体的综合物流服务公司。该公司与各大船公司、航空公司、铁路和公路运输公司、国际快递公司、国际货运代理公司和报关代理公司有着良好的合作关系。公司投资组建了自己专门的报关服务机构。海关可根据客户的需要，进行现场办公，极大提高了报关的工作效率。该公司周到热情的优质服务、高素质精英专业团队、系统规范的操作流程、公平合理的价格体系和诚信高效的经营理念为其在国内外客商中赢得了良好声誉。近十年来，该公司已为众多知名企事业单位（如国内外上市公司、银行、高等院校、医疗机构和政府相关部门等）提供了专业全面的物流和清关服务。

2. 某国际货物运输代理有限公司是一家专业的国际货运代理公司，专门经营上海地区的国际货代业务，向海内外客户提供货运代理、外贸代理、代理报检和报关等业务，包括订舱、配载、报关、仓储、提运、保险以及多项物流服务。该公司业务功能齐全，实行现代化管理和经营模式，拥有一支经验丰富、业务娴熟、遵守职业操守的员工队伍，能为广大新老客户提供安全、迅速、准确、经济、方便的国际货运和进口清关服务。

3. 某物流有限公司成立于2001年，注册资金为3 000万元。现已获得国家一级国际货运代理和交通部颁发的无船承运业务经营资格登记证（证书编号：NVOCC0××××）等资质证书，并成为全球WCA组织成员。该公司一直把中东、红海、地中海以及非洲等地区作为重点开发的海运市场。与该公司合作的主要船公司有MAERSK、CMA、MSC、COSCO、CSCL、DELMAS、ANL等。该公司与这些船公司签订了长期代理协议，可以争取到有竞争力的价格，并优先得到舱位。该公司在广州、深圳、香港、厦门、宁波、上海、大连、青岛、天津、福州等地设有分公司或代理机构；公司的海外代理网络遍及全世界193个主要港口，可以提供时间最省、成本最低、效益最优的全球全方位物流服务。

学生实践评价表

<table>
<tr><td>班级</td><td></td><td>姓名</td><td colspan="2"></td><td>学号</td><td colspan="2"></td></tr>
<tr><td rowspan="2">序号</td><td rowspan="2">任务</td><td colspan="7">实践过程记录（时间及完成情况）</td></tr>
<tr><td colspan="2">知识准备</td><td>熟悉业务</td><td>观摩、学习</td><td colspan="2">操作、训练</td><td>自评</td></tr>
<tr><td>1</td><td>国际货运代理行业的发展</td><td colspan="2"></td><td></td><td></td><td colspan="2"></td><td></td></tr>
<tr><td>2</td><td>国际货运代理行业管理与国际行业组织</td><td colspan="2"></td><td></td><td></td><td colspan="2"></td><td></td></tr>
<tr><td>3</td><td>国际货运代理企业的设立</td><td colspan="2"></td><td></td><td></td><td colspan="2"></td><td></td></tr>
<tr><td>4</td><td>国际货运代理企业的经营</td><td colspan="2"></td><td></td><td></td><td colspan="2"></td><td></td></tr>
</table>

课后巩固

一、单选题

1. 货运代理行业在社会产业结构中属于（　　），性质属于服务业。

A. 第一产业　B. 第三产业　C. 第二产业　D. 第四产业

2. 国际货运代理协会联合会的标识是（　　）。

A. FIATA　B. CIFA　C. BIMCO　D. CMI

3. 我国企业设立国际海运代理企业的必备条件之一，是其注册资金至少有（　　）。

A. 500 万元　B. 300 万元　C. 200 万元　D. 100 万元

4. 按我国规定，外资投资国际货运代理企业经营期限一般不超过（　　）。

A. 30 年　B. 20 年　C. 15 年　D. 10 年

5. 在我国，国际货运代理企业的证书有效期限一般不超过（　　）。

A. 2 年　B. 1 年　C. 5 年　D. 3 年

6. 对市场的容量和结构作进一步的分析属于市场营销管理过程中的（　　）。

A. 分析市场机会　B. 选择目标市场

C. 确定市场营销组合　D. 管理市场营销活动

7. 大货运市场是以货物运输为中心，以（　　）为主体，包括揽货业、代理业、内陆运输业、金融业、保险信息业、劳务供给等在内的整体运销系统。

A. 航空运输　B. 铁路运输　C. 海上运输　D. 集装箱运输

8. 根据客户需求层次分析，客户的基本需求是（　　）。

A. 港到港　B. 门到门　C. 增值　D. 物流服务

9. 国际货运代理企业以自己的名义与其他人签订合同，或者在安排储运时使用自己的仓库或运输工具，或者安排运输、拼箱、集运时收取差价，则该企业承担的责任在分类中属于（　　）。

A. 当事人身份的责任　B. 纯粹代理人的责任

C. 混合身份的责任　D. 合同责任

10. 国际货运代理所承受的责任风险主要产生于（　　）。

A. 国际货运代理本身的过失　B. 分包人的过失

C. 保险责任不合理　D. 以上皆是

11. 根据我国相关规定，国际货运代理企业至少应有（　　）名从事 3 年以上国际货运代理业务人员。

A. 2　B. 6　C. 5　D. 3

12. 国际货运代理企业经营多式联运并签发多式联运提单时，其法律地位是（　　）。

A. 代理人　B. 承运人　C. 发货人　D. 收货人

13. 市场营销组合的特点体现了市场营销观念中的（　　）的思想。

A. 以顾客需求为导向　B. 以目标市场为中心

C. 整合营销　　D. 赢利能力

14. 以直接的短期促销效果为目标的促销方式是（　　）。

A. 人员推销　　B. 货运广告　　C. 营业推广　　D. 公共关系

15. 市场营销的核心是（　　）。

A. 市场调研　　B. 市场细分　　C. 分销促销　　D. 互利交换

二、多选题

1. 国际货运代理业是指接受进出口货物（　　）的委托，以委托人的名义或者以自己的名义，为委托人办理国际货物运输及相关业务并收取服务报酬的行业。

A. 收货人　　B. 发货人　　C. 承运人　　D. 货运代理人

2. 国际货运代理企业名称必须合法，同时还必须包含（　　）等相关字样。

A. 货运代理　　B. 运输服务　　C. 集运　　D. 物流

3. 在我国，内资国际海运货代企业设立须具有的条件包括（　　）。

A. 有从事货代业务的专业人员　　B. 有固定场所

C. 有营业设施　　D. 有稳定的货源市场

4. 国际货运代理企业为货主提供服务时，应当遵循的经营方针是（　　）。

A. 安全　　B. 迅速　　C. 准确　　D. 节省

5. 下列属于国际货运代理作用的是（　　）。

A. 组织协调　　B. 咨询顾问　　C. 降低成本　　D. 资金融通

6. 对我国货运代理业现状描述正确的是（　　）。

A. 服务质量参差不齐，国际竞争能力较弱

B. 分布广泛，多种经济成分并存，发展不够均衡

C. 企业历史悠久，服务项目齐全

D. 开放程度有待扩大

7. 下列属于国际货运代理责任险的除外责任的是（　　）。

A. 承保期间以外　　B. 超期索赔

C. 合同列明的除外责任　　D. 战争、政府行为

8. 货运市场需求特征有（　　）。

A. 派生性

B. 滞后性

C. 非储存性

D. 个别需求的差异性和整体需求的规律性

9. 国际货运代理的除外责任有（　　）。

A. 货运代理自己的疏忽和过失　　B. 货物自然特性或潜在缺陷

C. 不可抗力　　D. 货物包装不牢固、缺乏或不当所致

学习笔记

任务二

国际货运代理基础知识

任务目标

1. 基本目标

- 掌握 Incoterms® 2010 的 6 种主要术语含义、风险、费用的划分；
- 了解如何在实际业务中合理选用贸易术语。

2. 重点难点

- 买卖双方的义务；
- 风险划分点；
- 使用贸易术语应注意的问题。

工作过程

教学要点与任务实施

一、FOB——装运港船上交货

FOB 装运港船上交货

FOB 是 Free on Board 的简写，即装运港船上交货，是国际贸易中常用的贸易术语之一。在 FOB 项下，卖方要在合同中约定的日期或期限内，将货物运到合同规定的装运港口，并交到买方指派的船只上，即完成其交货义务。FOB 俗称“离岸价”。

（一）采用 FOB 术语时，关于买卖双方义务的规定

1. 风险转移问题

卖方在装运港将货物交到买方所派船只上，货物损坏或灭失的风险由卖方转移给买方。

2. 通关手续问题

取得出口许可证或其他官方批准证件，并且办理货物出口所需的一切海关手续，由卖方负责。取得进口许可证或其他官方批准证件，并且办理货物进口和从第三国过境运输所需的一切海关手续，由买方负责。

3. 运输合同和保险合同签订

卖方对于买方无订立运输合同和保险合同的义务。

4. 主要费用的划分

卖方承担交货前所涉及的各项费用，包括办理货物出口所应交纳的关税和其他费用。买方承担交货后所涉及的各项费用，包括从装运港到目的港的运费和保险费，以及办理进口手续时所应交纳的关税和其他费用。

5. 适用的运输方式

FOB 适用于水上运输方式，包括内河运输和海洋运输。

（二）FOB 术语中应注意的问题

1. 风险转移界限与交货的正确理解

《国际贸易术语解释通则®2010》（Incoterms®2010）中 FOB、CFR 和 CIF，省略了以往以“越过船舷”作为风险转移界限的描述，改为“货物装上船”作为风险转移的界限。卖方必须将货物运到买方指定的船只上，或者送到买方指定的装运港或由中间商获取这样的货物，完成交货义务。如果由于买方的原因导致卖方无法按照约定的时间交货，只要该批货物为合同项下货物，则买方应承担自约定交货期限届满之日起货物灭失或损坏的风险。

2. 充分通知及船货衔接问题

卖方有充分通知买方的义务，如果由买方承担风险和费用，卖方应向买方说明货物已按照规定交货，或者船只未能在约定的时间内接收货物。买方也有通知卖方有关船名、装船地点以及需要时在约定期限内所选择的交货时间的义务。如果双方未履行

充分通知的义务，会造成船货的衔接不当，影响合同的顺利进行和风险的正常转移。如因买方没有给卖方有关船舶的充分通知，或者船舶未按时到达，或船舶不适合承载货物，虽然货物未按照约定的时间装船交货，但由此产生的货物损失和额外费用（如空舱费、滞期费及仓储费等）由买方承担。反之，由于卖方未充分通知造成的买方的损失，责任费用由卖方承担。

3. 装船费用的负担问题

按照 FOB 定义，卖方应负责支付货物装上船之前的一切费用，而买方应负责货物上船之后的一切费用。大宗商品按 FOB 条件成交时，买方通常采用租船运输。由于船方通常按不负担装卸条件出租船舶，故买卖双方容易在装船费用由谁负担问题上引起争议。为此，为了避免纠纷，买卖双方订立合同时，应在 FOB 后另列有关装船费用由谁负担的具体条件和责任，因此产生了贸易术语的变形。

FOB 常见的变形有下列几种。

（1）FOB（班轮条件）。这一变形是指装船费用按照班轮运输的做法来办，即船方管装管卸，装卸费包含在班轮运费之中，由负责租船订舱的买方承担，卖方不负担装船的有关费用。

（2）FOB（吊钩下交货）。这是指卖方承担的费用截止到买方指定船只的吊钩所及之处，从货物起吊开始的装船费用由买方负担。

（3）FOB（理舱费在内）。这是指卖方负责将货物装入船舱并承担包括理舱费在内的装船费用。理舱费是指货物入舱后进行安置和整理的费用。多用于包装货。

（4）FOB（平舱费在内）。这是指卖方负责将货物装入船舱并承担包括平舱费在内的装船费用。平舱费是指对装入船舱的散装货进行平整所需的费用。多用于大宗散货。

（5）FOB（理舱和平舱费在内）。这是指卖方负责将货装上船，并支付包括理舱费和平舱费在内的装货费用。多用于一部分是包装货，一部分是散装货的情况。

FOB 的上述变形只是为了表明装船费用由谁负担这个问题而产生的，它们并不改变 FOB 交货地点及风险划分的界限。

【案例分析】

欧洲某出口公司向非洲某进口公司签订一份 FOB 合同，货物在欧洲港口装船时，部分包装被吊钩钩破，导致货物损坏。买方要求卖方赔偿损失的货物，卖方拒绝，并认为该损失应由买方向港口装运部门索赔。卖方做法是否合理？

二、CFR——成本加运费付至

CFR 是 Cost and Freight 的英文缩写，即成本加运费。在 CFR 项下，卖方要在合同中约定的日期或期限内将货物运到合同规定的装运港口，并交到自己安排的船只上，或者以取得货物已装船证明的方式完成其交货义务。另外，卖方要提交商业发票以及合同要求的其他单证。

（一）采用 CFR 术语时，关于买卖双方义务的规定

CFR 成本加运费付至

1. 风险转移问题

卖方在装运港将货物交到自己安排的船只上时，货物损坏或灭失的风险由卖方转移给买方。

2. 通关手续问题

取得出口许可证或其他官方批准证件，并且办理货物出口所需的一切海关手续，由卖方负责。取得进口许可证或其他官方批准证件，并且办理货物进口和从第三国过境运输所需的一切海关手续，由买方负责。

3. 运输合同和保险合同

卖方有订立或取得运输合同的义务，经由惯常航线，运载货物的船舶应适航和适货。卖方无订立保险合同的义务，但在买方承担风险和费用并要求卖方给予协助的情况下，卖方有向买方提供办理保险相关信息的义务。

4. 主要费用的划分

卖方除了要承担装运港到目的港的运费及相关费用外，还有义务承担交货前所涉及的各项费用，包括需要办理出口手续时所应交纳的关税和其他费用。买方承担交货后所涉及的各项费用，包括办理进口手续时所应交纳的关税和其他费用，以及从装运港到目的港的保险费。货物在目的港发生的包括驳运费和码头费在内的卸货费，也应由买方负担，除非卖方签订的运输合同中规定该费用由卖方负责。

5. 适用的运输方式

CFR 术语适合于水上运输方式，包括内河运输和海洋运输。

（二）CFR 术语中应注意的问题

1. 装船通知的重要性

按照 CFR 术语成交，卖方要及时向买方发出装运通知，因为装运通知往往是买方投保的前提。如果未能及时发出装运通知，导致买方没有及时办妥运输保险，责任应由卖方承担。因此，卖方应根据约定的习惯做法及时采取电传、传真或电子邮件等方式向买方发出装运通知。

2. 风险转移和费用转移的地点不同

当使用 CFR 术语时，要注意风险转移和费用转移的地点不同。卖方将货物交至已选定的运输工具上，完成交货义务，即风险转移的地点为装运港，但将货物运至双方约定目的港的交付点的费用仍由卖方承担，因此费用转移的地点在目的港。因为风险转移地和运输成本的转移地是不同的，使用 CFR 术语时，却未必指定装运港，即风险转移给买方的地方。因此涉及双方利益，对于装运港的问题，尽可能准确确认。

3. 卸货费用负担问题

按照 CFR 条件成交，卖方负责将合同规定的货物运往合同规定的目的港，并支付正常的运费。至于货到目的港后的卸货费用由谁负担，由于各国、各港口惯例解释不

一，所以常易引起争议。为了分清买卖双方的责任，往往在 CFR 价格术语后面加列某种附加条件，形成 CFR 术语的变形。

（1）CFR（班轮条件）。这一变形是指卸货费用按照班轮的做法来办。就是说，买方不负担卸货费，由卖方负担。

（2）CFR（卸至岸上）。指卖方负担将货物卸至目的地岸上的费用，包括驳船费和码头费。

（3）CFR（吊钩下交货）。指卖方负担将货物从船舱卸到轮船吊钩可及之处的费用。在轮船不能靠岸的情况下，驳船费及货物从驳船卸到岸上的费用由买方负担。

（4）CFR（舱底交货）。指货物运抵目的地后，买方应自行起舱并负担将货物从舱底起吊并卸到码头的费用。

CFR 的上述变形只是为了解决卸货费用由谁负担这个问题而产生的，它们并不改变 CFR 交货地点及风险划分的界限。

【案例分析】

中国某公司 A 按 CFR 术语与英国客户 B 签约成交，合同规定买方承担保险，并且在装船完成后 24 小时内通知买方。A 公司于 9 月 30 日晚 11 时装船完毕，受载货轮于 10 月 1 日下午起航。因 10 月 1 日是节假日，A 公司未及时向 B 公司发出装船通知。10 月 2 日下午 4 时货船遭遇风暴沉没，B 公司要求卖方赔偿全部损失。B 公司有无权利要求 A 公司赔偿？

三、CIF——成本、保险加运费付至

CIF 是 Cost，Insurance and Freight 的英文缩写，即成本、保险加运费。在 CIF 项下，卖方要在合同中约定的日期或期限内，将货物运到合同规定的装运港口，并交到自己安排的船只上，或者以取得货物已装船证明的方式完成其交货义务。另外，卖方还要为买方办理海运货物保险。CIF 俗称“到岸价”。

CIF 成本、保险加运费付至

（一）采用 CIF 术语时，关于买卖双方义务的规定

1. 风险转移问题

卖方在装运港将货物交到自己安排的船只上时，货物损坏或灭失的风险由卖方转移给买方。

2. 通关手续问题

取得出口许可证或其他官方批准证件，并且办理货物出口所需的一切海关手续，由卖方负责。取得进口许可证或其他官方批准证件，并且办理货物进口和从第三国过境运输所需的一切海关手续，由买方负责。

3. 运输合同和保险合同

卖方有订立或取得运输合同的义务，将货物运到合同约定的目的港，也有订立保

险合同的义务。运输合同规定货物由通常可供运输合同所指货物类型的船只，经由惯常航线运输。保险合同应与信誉良好的保险公司订立，使买方或其他对货物有可保利益者有权直接向保险人索赔。

4. 主要费用的划分

卖方要支付从装运港到目的港的运费和相关费用，并且承担办理水上运输保险的费用。另外，还有义务承担交货前所涉及的各项费用，包括需要办理出口手续时所应交纳的关税和其他费用。买方承担交货后所涉及的各项费用，包括办理进口手续时所应交纳的关税和其他费用。货物在目的港发生的包括驳运费和码头费在内的卸货费，也应由买方负担，除非卖方签订的运输合同中规定该费用由卖方负责。

5. 适用的运输方式

CIF 术语适合于水上运输方式，包括内河运输和海洋运输。

（二）CIF 术语中应注意的问题

1. 属于“装运合同”的性质

在 CIF 术语下，卖方在装运港将货物装上船，即完成了交货义务。这种只保证货物按时装运，不保证货物按时到达的合同属于“装运合同”。由于 CIF 术语经常以 CIF 加目的港的形式出现，例如“CIF 伦敦”，因此俗称“到岸价”。但卖方在装运地完成交货义务，因此 CIF 术语订立的合同仍属于“装运合同”的性质。

2. 卖方的保险责任

如买卖双方未约定具体险别，卖方应与信誉良好的保险人或保险公司订立保险合同，并按照至少符合《协会货物保险条款》或中国海洋运输货物保险条款“平安险”等类似条款中规定的最低保险险别投保，并保证买方或其他对货物具有保险利益的人有权直接向保险人索赔。应买方要求，由买方负担费用且提供一切卖方需要的信息的前提下，则卖方应提供额外的保险，如《协会战争险条款》或《协会罢工险条款》或其他类似条款。最低保险金额为 CIF 价或 CIP 价的基础上加成 10%，并使用合同中规定的货币。

3. 卸货费用负担问题

按照 CIF 条件成交，卖方负责将合同规定的货物运往合同规定的目的港，并支付正常的运费。至于货到目的港后的卸货费用由谁负担，由于各国、各港口惯例解释不一，所以常易引起争议。为了分清买卖双方的责任，往往在 CIF 价格术语后面加列某种附加条件，形成 CIF 术语的变形，和 CFR 术语的变形相同。

4. 象征性交货问题

所谓象征性交货，即卖方只要按合同规定的时间将货物装上运输工具或交付承运人，并向买方提供包括物权证书在内的有关单证，凭承运人签发的运输单据及其他商业单据履行交货义务，无须保证到货。在 CIF 术语项下，一方面，卖方只要在约定的装运港完成装运，向买方提交了符合合同规定的相关单证，即完成交货义务；另一方面，只要单证不符，买方也可以拒付货款，拒收货物。因此，CIF 合同不是到达合同，而是装运合同，属于象征性交货。

【案例分析】

日本某公司以 CIF 条件向澳大利亚某公司出售 500 吨大米。在日本港口装船时，公证行验明货物品质合格并出具了证明。但该批大米运抵澳大利亚时，已全部受潮变质，不适合食用，买方因此拒绝收货，并要求卖方退回已付清的货款。买方有无权利拒收货物和要求卖方退回货款？

四、FCA——货交承运人

FCA 是 Free Carrier 的英文缩写，即货交承运人。在 FCA 项下，卖方要在合同中约定的日期或期限内在其所在地或其他约定地点把货物交给买方指定的承运人，完成其交货义务。

FCA 货交承运人

（一）采用 FCA 术语时，关于买卖双方义务的规定

1. 风险转移问题

卖方把货物交给买方指定的承运人控制时，货物的风险由卖方转移给买方。

2. 通关手续

取得出口许可证或其他官方批准证件，并且办理货物出口所需的一切海关手续，由卖方负责。取得进口许可证或其他官方批准证件，并且办理货物进口和从第三国过境运输所需的一切海关手续，由买方负责。

3. 运输合同和保险合同

卖方无须与买方订立运输合同和保险合同，买方控制货物之后，到达目的地途中的运输费用和保险费用由买方负担。

4. 主要费用的划分

卖方承担在指定交货地点货交承运人前所涉及的各项费用，包括办理货物出口所应交纳的关税和其他费用。买方承担在交货地点交货后所涉及的各项费用，包括办理货物进口所涉及的关税和其他费用。此外，买方要负责签订从指定地点承运货物的合同，支付有关的运费和保险费。

5. 适用的运输方式

FCA 适用于各种运输方式，包括公路、铁路、江河、海洋、航空运输以及多式联运。

（二）FCA 术语中应注意的问题

1. 交货地点与卖方交货责任问题

若指定的交货地点是卖方所在地，需要卖方将货物装到买方指定承运人的运输工具上，完成交货义务；若指定的交货地点是其他任何地点，则当货物在卖方的运输工具上，处于买方指定的承运人或其他人的控制之下时，完成交货义务，无须负责卸货；若没有约定具体交货地点，卖方有交货地点的选择权。

2. FCA 与 FOB 的区别

FCA 与 FOB 的相同点在于它们的价格中都包括了运费。但 FCA 与 FOB 术语的不同之处有以下两点。

(1) 交货地点不同和风险划分界限不同。在 FOB 项下，卖方在指定装运港将货物交到买方船上，风险由卖方转移给买方；在 FCA 项下，卖方在指定地点将货物交给承运人，风险由卖方转移给买方。

(2) 运输方式不同。FOB 术语仅适用于水上运输；FCA 术语则适用于各种运输方式，包括公路、铁路、江河、海洋、航空运输以及多式联运。

【案例分析】

我国某公司出口手表到印度，按 FCA 术语与印商签约成交，合同规定交货期不得晚于 8 月 31 日。出口公司于 8 月 30 日将该批手表运到上海虹桥机场，航空公司收货后开具航空运单，我方即电传印方发出装运通知。9 月 2 日手表抵达孟买，但印商以延迟交货为由拒绝收货和付款。印商有无权利拒绝收货和付款？

五、CPT——运费付至

CPT 是 Carriage Paid to 的英文缩写，即运费付至。按 CPT 条件成交时，卖方要在合同中约定的日期或期限内，将合同中规定的货物交给卖方自己指定的承运人或第一承运人，完成其交货义务。

CPT 运费付至

(一) 采用 CPT 术语时，关于买卖双方义务的规定

1. 风险转移问题

卖方把货物交给自己指定的承运人或第一承运人时，风险由卖方转移给买方。

2. 通关手续问题

取得出口许可证或其他官方批准证件，并且办理货物出口所需的一切海关手续，由卖方负责。取得进口许可证或其他官方批准证件，并且办理货物进口及通过第三国过境所需的一切海关手续，由买方负责。

3. 运输合同和保险合同

卖方有订立或取得运输合同的义务，将货物运到合同约定的目的地。运输合同规定货物由通常可供运输合同所指货物类型的船只，经由惯常航线运输。卖方对买方无订立保险合同的义务，但应买方的要求，并在买方承担风险和费用的情况下，卖方必须向买方提供其办理保险所需的信息。

4. 主要费用的划分

卖方要负责签订从指定地点承运货物的合同，并支付有关的运费以及从装运港到目的港的运费。另外，还有义务承担交货前所涉及的各项费用，包括需要办理出口手续时所应交纳的关税和其他费用。买方承担交货后所涉及的各项费用，包括办理进口手续时所应交纳的关税和其他费用。

5. 适用的运输方式

CPT 适用于各种运输方式，包括公路、铁路、江河、海洋、航空运输以及多式联运。

（二）CPT 术语中应注意的问题

CPT 同 CFR 一样，卖方要及时向买方发出装运通知，以便买方投保。如果未能及时发出装运通知，导致买方没有及时办妥运输保险，责任应由卖方承担。

【案例分析】

我国某出口公司 A 于 2020 年 2 月向日本出口 30 吨甘草膏，FOB 新港，共 54 000 美元，装运期为 2 月 25 日之前，货物必须使用集装箱。2 月上旬，货物运到天津，由 A 公司天津办事处负责装箱、装船。但货物在天津存仓后第二天，仓库起火，货物完全灭失。办事处不得不立即通知公司总部补发货物，否则将无法按期装船。A 公司应该使用何种术语才能避免不必要的损失？

六、CIP——运费和保险费付至

CIP 是 Carriage and Insurance Paid to 的英文缩写，即运费和保险费付至。在 CIP 项下，卖方要在合同中约定的日期或期限内，将合同中规定的货物交给卖方自己指定的承运人或第一承运人，完成其交货义务。此外，卖方还必须订立货物运输的保险合同。

CIP 运费和保险费付至

（一）采用 CIP 术语时，关于买卖双方义务的规定

1. 风险转移问题

卖方把货物交给自己指定的承运人或第一承运人时，风险由卖方转移给买方。

2. 通关手续问题

取得出口许可证或其他官方批准证件，并且办理货物出口所需的一切海关手续，由卖方负责。取得进口许可证或其他官方批准证件，并且办理货物进口及通过第三国过境所需的一切海关手续，由买方负责。

3. 运输合同和保险合同

卖方有订立或取得运输合同的义务，将货物运到合同约定的目的地，也有订立保险合同的义务。运输合同规定货物由通常可供运输合同所指货物类型的船只，经由惯常航线运输。保险合同应与信誉良好的保险公司订立，使买方或其他对货物有可保利益者有权直接向保险人索赔。按一般国际贸易惯例，卖方投保的保险金额应按 CIF 价加成 10%。如买卖双方未约定具体险别，则卖方只需取得最低限底的保险险别。如果买方要求加保战争险等其他险别，在保险费由买方负担的前提下，卖方应予以加保，卖方投保时，如能办到，应以合同中使用的货币投保。

4. 主要费用的划分

卖方要负责签订从指定地点承运货物的合同，并支付有关的运费，并且承担办理

运输保险的费用。另外，还有义务承担交货前所涉及的各项费用，包括需要办理出口手续时所应交纳的关税和其他费用。买方承担交货后所涉及的各项费用，包括办理进口手续时所应交纳的关税和其他费用。

5. 适用的运输方式

CIP适用于各种运输方式，包括公路、铁路、江河、海洋、航空运输以及多式联运。

（二）CIP术语中应注意的问题

1. 应合理确定价格

CIP条件下，卖方对外报价时应考虑并核算有关运费及保险费等成本。在核算时，应考虑运输距离、保险险别、各种运输方式和各类保险的收费情况，并要预计运价和预测保险费的变动趋势等方面的问题。

2. 正确理解风险和保险的问题

CIP与CIF相似，若合同未作出明确的规定，卖方只需投保最低险别，如果买方想要投保更高的险别，需和卖方协商，在买方自负费用的前提下，卖方也可同意。卖方虽然负责办理保险，并承担运至目的地的保险费，但风险在出口国交给承运人处置后即转移给买方。

融会贯通

我方按CIP条件进口10吨化肥，先经海上运输，抵达目的港后转为铁路运输。我方受领货物后，卖方要求我方支付货款和铁路运输费。卖方行为是否合理？

学生实践评价表

<table>
<tr><td>班级</td><td></td><td>姓名</td><td colspan="2"></td><td>学号</td><td colspan="2"></td></tr>
<tr><td rowspan="2">序号</td><td rowspan="2">任务</td><td colspan="6">实践过程记录（时间及完成情况）</td></tr>
<tr><td>知识准备</td><td colspan="2">熟悉业务</td><td>观摩、学习</td><td>操作、训练</td><td>自评</td></tr>
<tr><td>1</td><td>Incoterms® 2010的6种主要术语</td><td></td><td colspan="2"></td><td></td><td></td><td></td></tr>
</table>

课后巩固

一、单选题

1. 采用FOB、CFR、CIF贸易术语成交，其运输方式适合（　　）。

A. 海上运输（包括内河运输）　　B. 陆上运输

C. 航空运输　　D. 邮包运输

2. CFR贸易术语有多种变形，其目的是（　　）。
A. 明确装货费用由谁负担　　B. 明确卸货费用由谁负担
C. 明确风险划分的界限　　D. 明确运费由谁负担

3.《国际贸易术语解释通则2000》（Incoterms 2000，简称《2000通则》）的13种贸易术语中，需由卖方办理出口手续、支付进口税费的是（　　）。
A. CIF　　B. CIP　　C. DEQ　　D. DDP

4. 在国际贸易中，就卖方承担的风险而言（　　）。
A. CIF比CFR大　　B. CFR比CIF大
C. CIF于CFR相同　　D. 视具体情况而言

5. 按照《2000年通则》的规定，CIF术语与CFR术语的差别主要在（　　）。
A. CIF下卖方承担的货物风险大于CFR下卖方承担的货物风险
B. CIF下卖方承担的货物费用大于CFR下卖方承担的货物费用
C. CIF适用于各种运输方式；CFR只适用于海运、内河航运
D. CIF下卖方承担的义务大于CFR下卖方承担的义务

6. 下列术语中卖方不负责办理出口手续及支付相关费用的是（　　）。
A. FCA　　B. FAS
C. FOB　　D. EXW

7. 象征性交货意指卖方的交货义务是（　　）。
A. 不交货　　B. 既交单又实际交货
C. 凭单交货　　D. 实际性交货

8. 在以CIF和CFR术语成交的条件下，货物运输保险分别由买方和卖方办理，运输途中货物灭失或损坏的风险（　　）。
A. 前者由卖方承担，后者由买方承担
B. 均由买方承担
C. 均由卖方承担
D. 前者由买方承担，后者由卖方承担

9. 在使用（　　）贸易术语进行交易时，卖方及时向买方发出“已装船通知”至关重要，因为它将直接影响买卖双方运输途中的风险承担。
A. CIP　　B. DAT
C. FCA　　D. CFR

10. 按照Incoterms® 2010的解释，采用CIF条件成交时，货物装船时从吊钩脱落掉入海里造成的损失由（　　）。
A. 卖方负担　　B. 买方负担
C. 承运人负担　　D. 买卖双方共同负担

11. 在实际业务中，FOB条件下，买方常委托卖方代为租船、订舱，其费用由买方负

担。如到期订不到舱，租不到船，（　　）。

A. 卖方不承担责任，其风险由买方承担

B. 卖方承担责任，其风险也由卖方承担

C. 买卖双方共同承担责任、风险

D. 双方均不承担责任，合同停止履行

12. 按照 Incoterms® 2010 的规定，以下关于 CIF 内容的提法正确的是（　　）。

A. 卖方必须将货物实际交付给买方，才算完成交货义务

B. 卖方在投保时应投保一切险

C. 卖方除承担成本加运费的义务外，还要负责办理运输保险并支付保险费

D. 货物的风险在货物实际交付时由卖方转移给买方

13. 根据 Incoterms® 2010 的解释，进口方负责办理出口清关手续的贸易术语是（　　）。

A. FAS　　B. EXW　　C. FCA　　D. DDP

14. 在下列条件成交的合同中，不属于装运合同的是（　　）。

A. FOB 上海　　B. FAS 天津　　C. CIF 上海　　D. DAP 厦门

15. 代表运输终端交货的贸易术语是（　　）。

A. FAS　　B. DDP　　C. DAT　　D. DAP

16. 根据 Incoterms® 2010 的规定，不能适用于“门到门”或“站到站”运输方式的贸易术语是（　　）。

A. FOB　　B. FCA　　C. CIP　　D. CPT

17. 专门解释 CIF 术语的国际贸易惯例是（　　）。

A.《华沙—牛津规则》

B.《美国对外贸易定义》

C.《国际贸易术语解释通则》

D.《国际货物销售合同公约》

二、多选题

1. 贸易术语在国际贸易中的主要作用是（　　）。

A. 简化交易手续　　B. 明确交易双方责任

C. 缩短磋商时间　　D. 节省费用开支

2. F 组术语的共同特点是（　　）。

A. 风险划分和费用划分相离

B. 卖方都需要提交符合合同的货物

C. 买方都需要自费办理保险

D. 销售合同都是“装运合同”

3. 根据 Incoterms® 2010 的规定，以下术语中需要卖方办理出口通关手续的是（　　）。

A. EXW　　B. CIF

C. CPT　　D. DDP

学习笔记

第二部分

货运代理业务实操

任务一

客户获取

任务目标

1. 基本目标

- 能够进行客户信息搜集；
- 能够进行客户资料分析；
- 能够筛选重要客户并制定差异化服务策略。

2. 重点难点

- 客户信息的获取；
- 客户资料的分析；
- 差异化服务策略的制定。

情境聚焦

旅商国际货运代理有限公司（以下简称“旅商货代”）是一家一级货运代理公司，主要承办京津冀、长三角、珠三角地区的海运业务，包括短驳运输、订舱、报关报检、保险等服务。托运品类包括普通货物、大宗货物、生鲜食品等。

小李是旅商货代的客户开发专员，长三角地区是旅商货代公司2023年的目标市场，公司安排小李负责该区域客户。

任务一：上网搜索相关资料，帮助小李完成长三角地区6家客户信息的收集工作，将客户信息填写在“客户信息收集表”中。

任务二：从业务规模与信誉度两个维度对收集到的客户资料进行分析，将公司名称填入相应象限中。

任务三：筛选出公司可以开发的两类客户，说明选择原因，并分别制定服务策略。

工作过程

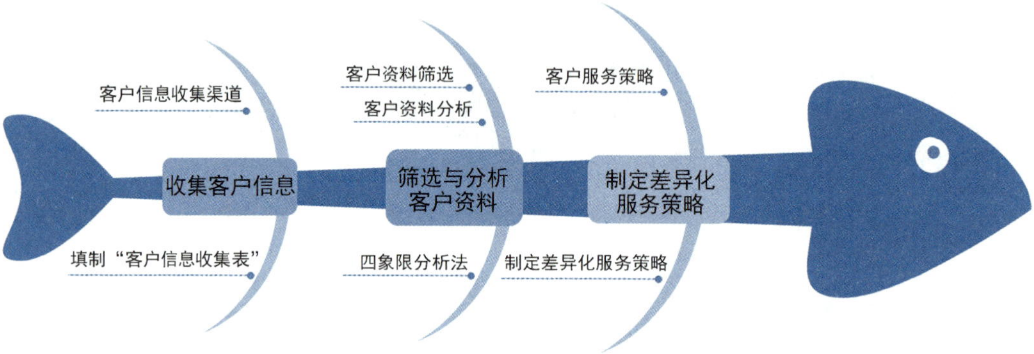

教学要点与任务实施

一、收集客户信息

1. 主要客户信息收集渠道

（1）企业黄页

黄页是国际通用按企业性质和产品类别编排的工商企业电话号码簿，以刊登企业名称、地址、电话号码为主体内容，相当于一个城市或地区的工商企业的户口簿，国际惯例用黄色纸张印制，故称黄页。可以按照上面的分类找到原始目标客户，也可以找专业类的行业黄页，例如出口需求比较大的行业，有家电黄页、玩具黄页等，一些生产企业是货运代理行业潜在的出口需求客户。黄页起源于北美洲，1880 年世界上第一本黄页电话号码簿在美国问世，至今已有 140 多年的历史。

黄页搜集法，就是通过查找黄页上的企业信息来开发客户的方法。按照黄页的载体来区分，可分为两种使用途径：网页版和纸质版。网页版黄页即在线收录企业信息的黄页网站，在使用网页版黄页进行企业信息搜集时，可通过逐步缩小搜索范围的方法找到目标信息。纸质版黄页就是纸质媒体以电话号码形式来刊登分类广告和产品，其中包括公司地址、电话、公司名称、邮政编码、联系人等简单信息。

纸质版黄页具有以下缺点：①用户可以按索引分类逐级查询，可以在各个地区找到类似的黄页，但是面对庞大的书面数据，查找起来非常不方便。基本上以电话为主要的单一沟通方式。②传统黄页产品受发行量、发行渠道的限制，对客户的推广基本上只能做到发行多少，拓展多少，不能准确预测浏览人群。③受出版印刷时间的限制，纸质版黄页更新速度慢，只能在改版时做修改。④根据企业的购买价位，受版面的大小的限制，企业数据的容量也有限制。因此，随着互联网的普及，现在基本上都是使

世界黄页

用网页版黄页。

（2）网络搜索

货代销售除了利用黄页搜集法搜集客户信息外，还可通过网络来搜集客户信息，包括搜索引擎和 B2B 平台。可以通过搜索引擎的高级搜索设置，排除一些字词，缩小精确搜索范围。

很多外贸公司的业务员，为了能够争取国外客户询盘，往往会在 B2B 网站上介绍产品，登记公司信息与联系方式。著名的 B2B 网站有阿里巴巴、环球资源网、环球市场网、中国商品网、中国制造网等。如果你计划在 B2B 平台上发布产品，则需要提前了解各个的平台优势及自己产品的市场定位。比如了解产品的目标客户群、主打市场，通过产品了解同行或者老客户常用的平台有哪些，等等。再根据自身的实际情况，选择合作的平台。

收集客户信息

B2B 网站往往能帮助货代销售查找到丰富的客户信息，属于寻找客户较为方便的方法。货代销售应根据想要开发的市场，找到适合的平台去推广。广告覆盖面越大，被采购商查到的机会就会越多。

（3）定向扫街

货代销售的客户群比较特殊，不是随便一家企业都有潜在需求，所以需要业务员在行动之前有一定的目标。如果出口企业可以在企业黄页里找到，那么进口企业就可以到商场里找，进口商品的经营单位就是有进口需求的企业，而且可以根据货物销售情况判定进口量。

（4）其他

① 通过网络浏览招聘信息获取客户相关资料；

② 通过展会获取参展商名录；

③ 通过问卷调查方式获取客户详细资料等。

2. 任务实施

假如你是小李，请通过搜索阿里巴巴网站，收集 6 家长三角地区的客户信息，参考表 2-1-1，将客户信息填写到“客户信息收集表”（表 2-1-2）中。

表 2-1-1　客户信息收集示例

序号	公司名称	公司地址	货物类别	联系人	联系方式	目标市场	业务规模	公司主页
例	安徽国星生物化学有限公司	安徽省当涂经济开发区红太阳声明科学工业园	危险品	杨××	0555-675××××	全球市场	4 万吨/年草甘膦原药、3.3 万吨/年吡啶、1.7 万吨/年 3-甲基吡啶、0.1 万吨/年 3，5-二甲基吡啶、1 万吨/年百草枯、2 万吨/年毒死蜱	http://www.ahcostar.com/index.php

表 2-1-2　客户信息收集表

序号	公司名称	公司地址	货物类别	联系人	联系方式	目标市场	公司规模	公司主页

二、筛选与分析客户资料

对于客户资料信息，客服需要进行筛选、分析，提炼出有价值的信息，对客户进行分类，发掘更多的市场机会并对不同层级的客户提供差异化的服务，最终实现双赢。可以从销售额、忠诚度和信誉度三个层面进行客户分类。销售额，从交易事实出发，说明客户的历史价值。忠诚度，从交易态度出发，表明客户的未来价值。信誉度，从交易的风险出发，表明价值的含金量。

分析客户资料

1. 由于货运代理行业的特殊性，不同航线的运价体系不同，运价差异较大。因此，根据航线的不同，按销售额进行排序，根据金字塔模型将客户分为五类（图 2-1-1）。

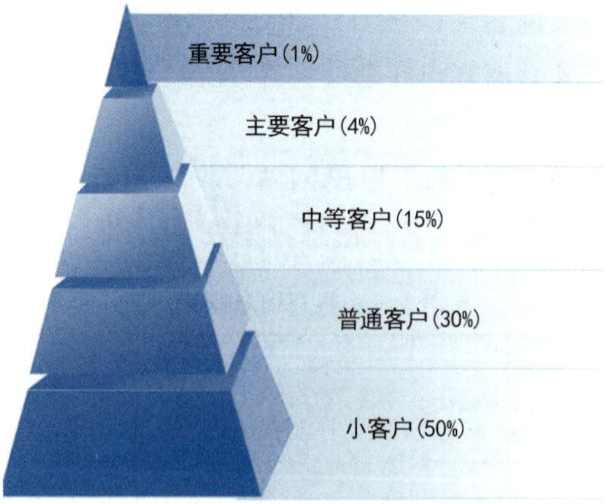

图 2-1-1　客户分类

2. 忠诚度的测评主要根据客户的调查问卷进行打分统计（表 2-1-3）。根据客户的忠诚度分值可将客户分成五个等级（图 2-1-2）。

表 2-1-3 忠诚度测评模型

权重	指标		分值				
			5	4	3	2	1
0.3	客户满意度		满意度评测得出的数值				
0.2	客户份额		>50%	25%~50%	10%~25%	5%~10%	0~5%
0.1	客户接触时间		3 年	2~3 年	1~2 年	6 个月~1 年	3 个月~6 个月
0.2	交易偏好	价格敏感度	完全不敏感	不敏感	一般	敏感	很敏感
		重构意愿	很愿意	愿意	一般	不愿意	很不愿意
		口碑推荐	>5 次	3~5 次	2 次	1 次	未推荐
0.1	客户抱怨				常常抱怨	偶尔抱怨	从不抱怨
0.1	对事故的承受能力		完全可以承受	可以承受	一般	无法承受	完全无法承受

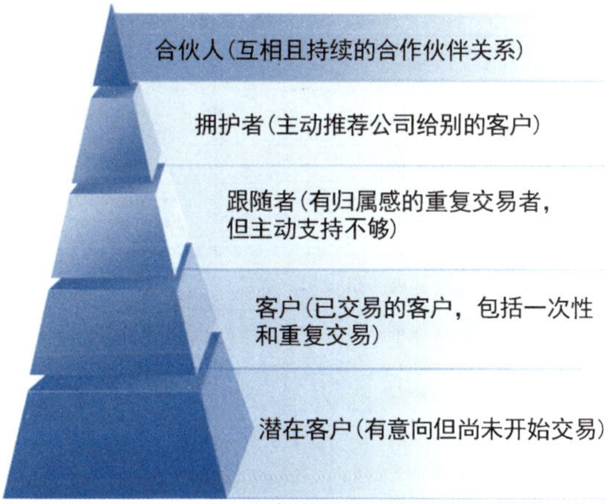

图 2-1-2 按照客户忠诚度划分等级

3. 根据客户信誉度模型(表 2-1-4),将客户的信誉度分为五个级别(图 2-1-3)。

表 2-1-4 信誉度评测模型

权重	指标	分值				
		5	4	3	2	1
0.5	延期付款比例	0~10%	10%~25%	25%~40%	40%~70%	70%~100%
0.3	最长付款周期/天	10	30	60	90	180
0.2	六个月内资金回收状况	90%~100%	75%~90%	60%~75%	30%~60%	0~30%

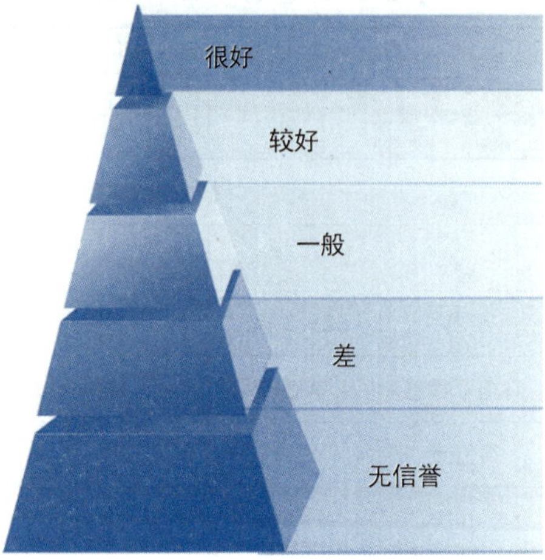

图 2-1-3　按照客户信誉度划分等级

4. 通过复合分级得出的八类客户，对客户价值分析更为具体。

表 2-1-5　客户分级表

客户类别	客户分级
大销售额—高忠诚度—高信誉度	优质大客户
大销售额—高忠诚度—低信誉度	风险大客户
大销售额—低忠诚度—高信誉度	潜质大客户
大销售额—低忠诚度—低信誉度	劣质大客户
小销售额—高忠诚度—高信誉度	优质小客户
小销售额—高忠诚度—低信誉度	风险小客户
小销售额—低忠诚度—高信誉度	潜质大客户
小销售额—低忠诚度—低信誉度	劣质大客户

5. 任务实施：从业务规模与信誉度两个维度对收集到的 6 家客户资料进行分析，将公司名称填入相应象限中。

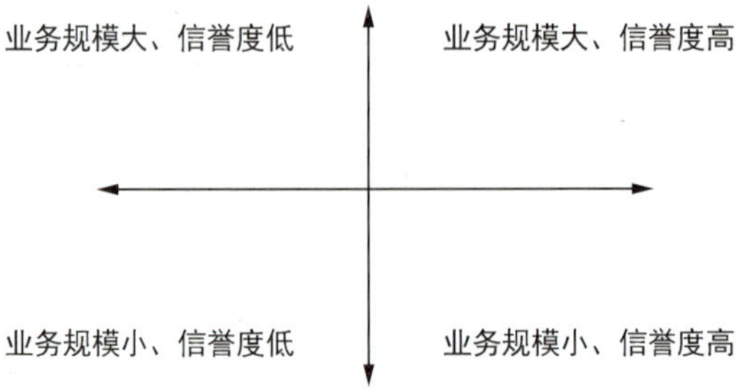

图 2-1-4　客户资料象限分析

三、制定差异化服务策略

根据意大利经济学家维尔弗雷多·帕累托（Vilfredo Pareto）的 80/20 定律可知，企业 80%的利润由顶层 20%的客户创造。企业资源的有限性也决定了企业无法兼顾所有客户，只能将有限的资源分配给最有价值的客户群体。不同类别客户对应不同服务策略（表 2-1-6）。

表 2-1-6 客户服务策略

客户价值分类	对应客户类别	对应客户服务策略
高价值客户	优质大客户、风险大客户	关键客户策略
次价值客户	潜质大客户、劣质大客户	主要客户策略
潜价值客户	优质小客户、风险小客户、潜质小客户	普通客户策略
低价值客户	劣质小客户	小客户策略

1. 关键客户策略

针对这类 VIP 客户，需要主管经常进行有效的沟通交流，形成战略伙伴关系。客服人员在工作中应注意：

（1）将这类客户的需求信息在公司中共享；

（2）协助理顺操作流程，对货物及时跟踪并将信息反馈给客户；

（3）对突发事件及时告知；

（4）积极回访，保持良好关系；

（5）尽量配合公司资源，满足客户的需求，提供个性化服务。

2. 主要客户策略

针对主要客户，应尽量将其发展成 VIP 客户，此类客户的货源很多，所以更关注的是货运的价格及服务质量。针对这类客户，客服人员在工作中应注意：

（1）实时关注货运市场价格的变动情况，及时反馈给客户；

（2）对客户进行跟踪式服务；

（3）与客户保持良好沟通，注意运费的回收；

（4）保证订舱、报关的及时性；

（5）对客户托运的货物及时跟踪反馈。

3. 普通客户策略

这类潜价值客户货量比主要客户要少一些，但是他们的未来潜在价值高，客服人员应尽量保证货运服务质量，宣传企业的品牌，增加客户的忠诚度。针对这类客户，客服人员在工作中应注意：

(1) 保证货运服务质量；

(2) 为客户提供增值服务；

(3) 加强同客户沟通联系，互相信任；

(4) 处理好客户的意见和投诉，及时回访；

(5) 宣传企业的品牌，推广企业的航线。

4. 小客户策略

针对这类客户，不需要花费太多的时间和精力，要注意回款的问题。

5. 任务实施

从“情境聚焦”任务一收集到的 6 家客户中，筛选出公司可以开发的 2 家客户，说明选择原因，并分别制定服务策略。

融会贯通

世界技能大赛真题实操

请根据 10 家公司的业务信息，填写“客户 ABC 分类表”（表 2-1-7）。

说明：

1. 公司名称写全称。

2. 分类直接写 A/B/C。（A：重点目标客户；B：目标客户；C：非目标客户）其中 A 类代表中美航线上从上海港进出口量很大（大于等于 1 000TEU）的客户，B 类代表中美航线上从上海港进出口量一般（100TEU 至 1 000TEU）的客户，C 类代表中美航线上从上海港进出口量很小（小于等于 100TEU）的客户。

公司 1：上海安居日化有限公司

上海安居日化有限公司（以下简称“上海安居”）是中国历史最悠久的日化企业之一，前身是成立于 1898 年的香港广生行，历经百年发展，于 2001 年在上海证券交易所上市。上海安居高度重视自主品牌建设，旗下拥有“佰草”“美净”“茶爽”“一日一夜”等诸多品牌。面对中国市场上的激烈竞争，上海安居通过采取差异化的品牌经营战略取得了不俗的成果，在众多细分市场上建立了领导地位。上海安居高度重视质量管理，拥有国内同行中最大的生产能力，产品涵盖化妆品、个人护理用品、家居护理用品三大领域。其中出口量占据公司总业务的 65%，2016 年其从上海出口货物 3 万吨，海运集装箱总数目为 2 000 小柜。其中西雅图港口占出口总量的 40%，纽约港口占据 25%，科隆港口占据 20%，汉堡港口占据 10%。

公司 2：PREFEX CORPORATION

Export Percentage：95%～100%　　Export Mode：Have Own Export License

PREFEX CORPORATION is a multinational company. The headquarters of this company is in New York. PREFEX CORPORATION has 2 factories in Shanghai and Suzhou. This company is a professional manufacturer of instruments, such as Infrared Thermometers, Anemometers, Sound Level Meters, Humidity and Temperature Meters, Vibration Meters, Ultrasonic Thickness Gauges, etc. It has 15 years of experience in providing OEM/ODM service and has a good reputation in this field. Its products have won praise from their customers worldwide. It founded in 2002 and it has now employed about 100 people, total operating revenues of US $20 million - US $25 million. The main raw materials are imported from the Department headquarters in New York. The total imports of container from New York to Shanghai were 100 TEU in 2016. The total exports of container from Shanghai were 200 TEU in 2016. Among those: Detroit accounted for 70%, Sheffield and Manchester accounted for 20%, and Manila accounted for 10%.

公司 3：上海东达国际贸易有限公司

上海东达国际贸易有限公司创立于 1997 年，原为上海东达机电设备有限公司，2012 年公司改组成立了轶舜国际贸易有限公司。目前，公司总部位于上海，分部设在天津。该公司为中、日、韩、东南亚等国家和地区的综合零件供货商，营销遍及全球，同时也是日本、韩国等国诸多公司在中国的采购代理。公司的传感器以及编码器每年的出口量占总业务的 80%，出口集装箱总量为 300 小柜，库存丰富且有强大的供应来源，供给项目很多，可以长期稳定地提供配套服务，迅速处理急、缺货的情况。

该公司供应零件涵盖广泛，产品主要包括：继电器、传感器、控制器、编码器、开关、插头插座、电缆、电机、液压缸、液压泵、液压阀、气缸、气动阀、压力表、空气阀、球阀、液压件、液压胶管、气动管接头、电磁阀等；主动组件有微处理器及其他 IC 芯片、晶体管、高频模块、二极管、闸流体、霍尔组件等；被动组件有钽质电容、可调电容、突波吸收器、连接器、滤波器、振荡器等，皆有表面黏着元件（SMD）/双列直插式封装（DIP）包装，种类繁多。

上海东达国际贸易有限公司与海内外众多工厂和企业建立了紧密的合作关系，其中 80%拥有 UL、CSA、VDE、CE 和 ROHS 认证。国外客户订购的产品 85%通过海运方式从天津的分公司运往日本、韩国，15%通过海运方式从上海运往东南亚国家。

公司 4：武汉尼科科技实业股份有限公司

武汉尼科科技实业股份有限公司是一家成立于 1992 年的私营企业，公司定位是为客户提供高品质的配套加工服务。工厂位于武汉沌口区，占地面积 15 000 平方米，厂房面积 8 500 平方米，办公面积 2 000 平方米；现有员工 175 人，其中管理人员 30 人，设计工程师、工艺工程师、专业数控编程工程师 20 人；工厂现有设备 CNC 加工中心

8台、数控车床10台，电火花线切割及普通的车、铣、磨、镗床等一应俱全，并配有全自动三坐标、投影仪、超声波测量仪、金属分析仪、激光打标机等检测辅助设备；工厂按ISO 9001：2009升级版的质量管理体系进行全面质量管理；公司出口部位于上海黄浦江畔，比邻陆家嘴商务区，主要负责集团产品的出口业务，其2013年、2014年、2015年产值分别为4 100万、5 400万、6 300万，20%的业务合作来自外（独）资企业，2016年累计完成上海出口货物共计30个大柜。出口地有日本、法国、英国、德国、西班牙、新加坡等。

公司5：The ReFoundry Company

The Refoundry Company is a company in the United States, It founded the factory in Shanghai in 2010. Its main products cover motherboard, keyboard LCD and LCD assembly, with annual revenues of US ＄100 million. It accumulated more contacts, and focused on quality, price, service, honesty. The main raw materials for production are imported from the department in the United States. The total value of imported materials is US ＄800 thousand per year. With the expansion of production scale, more and more raw materials will be imported. In 2016, this company imported about 500 TEU of raw materials from Shanghai port. Now it wants to find an agent responsible for the import business.

After production, all products will be exported from Shanghai to Los Angeles. There were 2 000 TEU for export in 2016.

公司6：上海芙棉生物科技有限公司

上海芙棉生物科技有限公司是一家专业制造和销售各式个人护肤无纺织物产品、美容护肤产品、卫生清洁一次性产品的企业。公司拥有无尘车间1 000平方米，产品线拥有先进的生产设施。该公司凭借高度专业化的团队不断研发新产品。目前可提供大量不同的材料、形状和大小的个人护肤产品，一次性医疗用品、一次性化妆产品，年收入高达5 000万美元。

自成立以来，该公司赢得了国内外消费者的信任和支持。每年从上海出口的集装箱数目约900小柜，占总产量的91%，主要出口港有墨尔本（50%）、芝加哥（10%）、悉尼（10%）、伦敦（30%）。

公司7：芜湖宏森农产品有限公司

芜湖宏森农产品有限公司位于安徽芜湖，主要致力于购买、存储和处理水果、蔬菜等农产品和农副产品。公司占地面积8 000平方米，其中建筑面积5 000平方米，冷库面积4 000平方米，可储存10 000吨的水果。公司有三个标准的进出口水果基地，总面积6 000亩。公司严格执行国家出境水果包装标准，出口模式主要是外包代理商。

2013—2016年其出口业务量分别为90%、91%、95%、90%，其中2016年从上海港口出口的集装箱数量有300大柜，年总收入约1亿元，主要出口港为长滩（50%）、亚特兰大（30%）和利物浦（20%）。

公司8：上海天天鲜果贸易有限公司

上海天天鲜果贸易有限公司位于上海市沪闵路2242弄164号602单元，主要经营水果、食用菌、叶菜等蔬果制品以及各式冷冻肉类产品。公司成立于2012年，现有员工100人，2016年营业收入在3 000万美元左右。随着公司业务的扩展，近年来其产品远销国内外，主要出口冷冻鸡肉、羊肉、牛肉、鸭肉、猪肉、兔肉、海鲜，也提供冷鲜蔬菜、水果和罐头食品，出口量占据公司总业务量的70%左右，从上海总出口集装箱数目为700小柜。其中出口到温哥华、多伦多的产品占公司总产量的40%，出口到迈阿密的产品占总业务量的30%，出口到哥本哈根的产品占总业务量的20%。哥本哈根是该公司开发的新市场，其市场份额还在不断提升。

公司9：南京贝斯机械制造有限公司

南京贝斯机械制造有限公司成立于2013年，总部位于中国南京。主导产品有环锭细纱机、精梳机、条并卷联合机等，其中贝斯自主研发的新型环锭细纱机已达到国内领先水平，多项设计已获国家专利。该公司自成立以来，凭借先进的生产设备、雄厚的技术能力和专业的生产能力，赢得了国内外客户的好评。经过多年磨砺，“贝斯”品牌在行业内已具有广泛的知名度，产品行销全国各地。2016年，公司营业额达1.1亿元，其中从上海港出口的集装箱数目为500TEU，出口市场创收800万美元，主要销售区为鹿特丹（40%）、开普敦（41%），剩余销售区有波特兰、新奥尔良、亚特兰大，共占据出口量的19%。

公司10：上海福鲁斯科技有限公司

上海福鲁斯科技有限公司（以下简称“福鲁斯公司”）是一家专业制造红外温度计、测光仪、风速计、分贝计、湿度温度计、一氧化碳探测器和其他各种测量仪器的生产商、销售商。强大的研发能力是一个企业的加速器，福鲁斯公司拥有一支优秀的研发团队，可保证不断开发新产品，其精心设计的产品在市场上已赢得良好的声誉，实现年收入约5 000万美元。

质量是一个企业的生命，基于“质量第一”的原则，福鲁斯公司建立了一套高效、实用的管理系统，以规范整个生产流程，不断改善质量。凭借先进的设备和五条生产线，公司可确保即期交货给所有客户，且没有最小订量限制，为小订单客户提供便利。福鲁斯公司2016年从上海出口集装箱总数约200小柜，国外市场主要集中于安特卫普、亚历山大、巴塞罗那及巴尔的摩，分别占总出口量的40%、15%、15%及30%。

表 2-1-7　客户 ABC 分类表

Customer ABC Classification Form

Company Name	Company Type	The Ports of America	The Total TEU to America

学生实践评价表

<table>
<tr><td>班级</td><td></td><td>姓名</td><td></td><td>学号</td><td colspan="2"></td></tr>
<tr><td rowspan="2">序号</td><td rowspan="2">任务</td><td colspan="5">实践过程记录（时间及完成情况）</td></tr>
<tr><td>知识准备</td><td>熟悉业务</td><td>观摩、学习</td><td>操作、训练</td><td>自评</td></tr>
<tr><td>1</td><td>收集客户信息</td><td></td><td></td><td></td><td></td><td></td></tr>
<tr><td>2</td><td>筛选与分析客户资料</td><td></td><td></td><td></td><td></td><td></td></tr>
<tr><td>3</td><td>制定差异化服务策略</td><td></td><td></td><td></td><td></td><td></td></tr>
</table>

课后巩固

一、单选题

1. 客服人员需对客户资料信息进行分析，以下选项不是客户资料分析的角度的是（　　）。

A. 销售额　　B. 信誉度

C. 资金水平　　D. 忠诚度

2. 对客户资料进行复合分析，大销售额—低忠诚度—高信誉度属于（　　）。

A. 潜质大客户　　B. 优质大客户

C. 劣质大客户　　D. 风险大客户

3. 按照客户当前价值和潜在价值进行分类，次价值客户（　　）。

A. 当前价值和潜在价值都高　　B. 当前价值和潜在价值都低

C. 当前价值低，潜在价值高　　D. 当前价值高，潜在价值低

4. 不同的客户分类对应不同服务策略，对次价值客户采用（　　）。

A. 关键客户策略　　B. 主要客户策略

C. 普通客户策略　　D. 小客户策略

5. 帕累托的80/20定律是指企业（　　）的客户创造了企业（　　）的利润。

A. 80%，80%　　B. 80%，20%

C. 20%，80%　　D. 20%，20%

二、多选题

1. 客户信息资源共享主要包括（　　）。

A. 贸易商　　B. 老客户介绍

C. 运输公司　　D. 网站共享

2. 针对普通客户，货代工作人员应（　　）。

A. 保证货运服务质量　　B. 不需花太多时间精力

C. 处理好客户意见与投诉　　D. 宣传企业品牌，推广企业航线

3. 客户信息收集的渠道有（　　）。

A. 企业黄页　　B. 网站搜索

C. 客户介绍　　D. 问卷调查

三、判断题

1. 黄页是国际通用按企业性质和产品类别编排的工商企业电话号码簿，以刊登企业名称、地址、电话号码为主题内容。（　　）

2. 通过网络浏览招聘信息也是获取客户相关资料的途径之一。（　　）

3. 黄页相当于一个城市或地区的工商企业的户口簿，国际惯例用黄色纸张印制，故称黄页。（　　）

学习笔记

任务二

业务洽谈

任务目标

1. 基本目标

- 能够做好业务洽谈的准备工作；
- 能够根据业务洽谈情况随机应变，灵活运用沟通技巧；
- 能够进行业务洽谈信息的收集、整理与分析；
- 能够为客户制作报价单；
- 能够审核并签订货运代理合同。

2. 重点难点

- 沟通技巧的灵活运用；
- 报价单的制作；
- 货运代理合同的审核与签订。

情境聚焦

旅商国际货运代理有限公司是一家一级货运代理公司，主要承办京津冀、长三角、珠三角地区的海运业务，包括短驳运输、订舱、报关报检、保险等服务。托运品类包括普通货物、大宗货物、生鲜食品等。

小李是旅商货代的客户开发专员，在对客户资料分析之后，进行客户开发。他在做好接触客户的准备，并与潜在客户进行通话以及邮件沟通后，上门拜访客户，洽谈相关合作事项，为客户提供报价并签订货运代理合同，达成合作。

任务一：与客户进行电话沟通。

任务二：上门拜访客户。

任务三：根据客户需求，制作报价单。

任务四：审核与签订货运代理合同。

工作过程

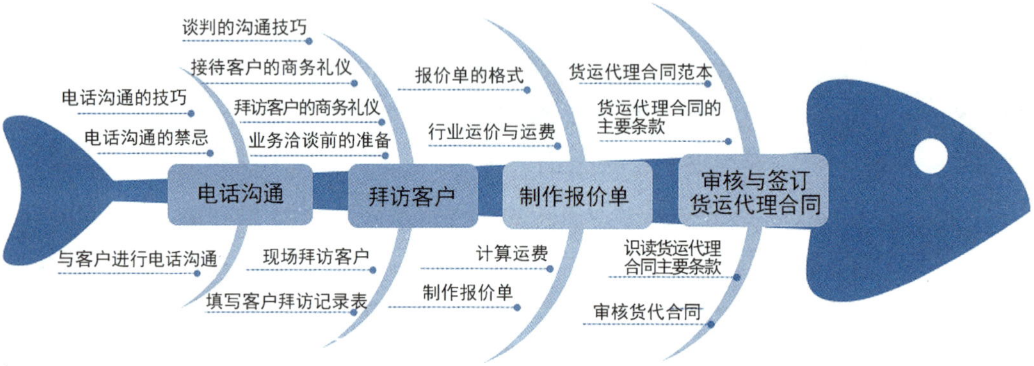

教学要点与任务实施

一、电话沟通

1. 电话沟通的技巧

（1）让自己处于微笑状态：微笑地说话，声音也会传递出很愉悦的感觉，听在客户耳中自然就变得有亲和力，能让每一通电话都保持最佳的质感，并帮助你进入对方的时空。

（2）音量与语速要协调：人与人见面时，都会有所谓的“磁场”，在电话中，当然也有“电话磁场”，一旦客服人员与客户的“磁场”吻合，谈话就顺畅许多。为了了解对方的“电话磁场”，建议在谈话之初采取适中的音量与速度，等辨出对方的特质后，再调整自己的音量与速度，让客户觉得亲切。

（3）判别通话者的形象：从对方的语调中，可以简单判别通话者的形象，这样可以增进彼此的互动。说话速度快的人是视觉型；说话速度中等的人是听觉型；而说话速度慢的人是感觉型。客服人员可以在判别形象之后，再给对方适当的建议。

视觉型的人看世界，听觉型的人听世界，感觉型的人感受世界。有趣的是很多时候人们并不知道自己是用何种方法沟通的，因为这些都是潜意识行为。当然没有人只采取其中一个方法而将另外的两种完全摒弃。虽然人的大脑会随着外界的刺激而自动在三种方式中不断游走，不过最终都会有一个优先采用方式，一种自己较能乐在其中、感到舒畅的方式。

当人们和采用相同优先方式的人在一起时，大家会感到有共同语言，故此比较乐意接受对方的意见或建议。因此能解读他人、找出他人的优先采用方式是非常有效的人际沟通工具。视觉型人十分注重衣着的修饰，凡事详加记录、一丝不苟，所以与之相处也要注重利用自己的装扮来吸引对方。和对方聊天时，不要只顾滔滔不绝地讲，更重要的是详细“描述”其情其景。在视觉型人的面前，应该小心克制自己的情感，千万别在对方面前痛哭流涕，最好让对方了解你是个敏感的人，并向他表现你风趣的一面。切记，面对视觉型人，在外貌上你必须特意修饰，因为他们在看自己脑海中的图像。假如你是一位货运代理业务员，当你察觉客户是视觉型时，你可以带他去看看公司的规模和公司的仓库，说："我们的公司大堂是多么时尚大气。"面对视觉型的客户，除了多用视觉型的谓词外，还要多用宣传单张、图表、图像或手势作辅助。秘诀是不要光说，要展示资料、让他看。

听觉型人的特征是话不停口，头常侧倾，手托脸部的某个部位，手脚爱打拍子。应对听觉型客户，挑几张好唱片，立刻就会让他心动。你也不必过分在意穿着打扮，该注意的是修饰你的声音，努力做到安静、声音动听。他们的眼睛多数水平望向两边，并容易被外来声音影响而分神。所以当货运代理遇上听觉型的客人时，可以多向对方介绍公司的服务优势，并给出相应的推荐。听觉型的人喜欢听他人的意见后才下决定。

感觉型人的特征是稳重、喜静、语速慢。感觉型客户不论作任何决定，都完全凭自己的感觉。与感觉型客户在一起要选择优雅的环境，经常告诉他你对货物运输代理服务的各种感受，重感觉的人往往重视味觉及嗅觉，因此要准备对方喜欢的食物，在对方不愉快时握握他的手，拍拍他的肩，感觉型客户像婴儿一样需要很多感觉的刺激。感觉型客户大都经常望向右下方，以接触自己的内在感觉。所以当货运代理遇上感觉型客人时，便要从感受入手。感觉型的客户喜欢亲身体验，所以要让他多接触、多使用货运代理公司的产品和服务。

(4) 语气、语调要一致：在电话中，开场白通常是普通话发音，但是如果对方的反应是以地方方言回答，客服人员可以适当使用方言进行对话，有时普通话、方言交替也是一种拉近双方距离的方法。

(5) 善用暂停与保留技巧：当客服人员需要对方给一个时间、地点的时候，可以使用暂停的技巧。比如，当你问对方："您觉得周三或者周四，哪个时间段更方便点？"说完就稍微暂停一下，等对方回答。善用暂停的技巧，可以让对方有受到尊重的感觉。

2. 电话沟通的禁忌

(1) 忌讳打电话时自说自话：尽量与客户互动，多让客户开口说话，不要自说自话，让客户干听。

(2) 忌讳用"是否"句式：例如"你们公司是不是有货物要进出口？""你们公司是否有货运代理的需求？"此时，如果客户说没有，那就无法再聊下去了。要尽量用开放式问句，这样就不会把话题聊死，还可以让客户多说。

电话沟通

(3) 忌讳打电话时间过长：打电话时间过长容易让客户厌烦，要适当留白。通话时长一般控制在 2～3 分钟最合适。

3. 任务实施

上海乐童贸易有限公司（以下简称"乐童公司"）是一家主营玩具、服装鞋帽、针纺织品、皮革制品、箱包、包装材料、日用百货等商品销售的公司，年出口额为

6 000 万元左右。小李通过不懈努力，终于与乐童公司货运部杨经理取得了联系。

请老师选取 2 名同学依次扮演小李，老师扮演杨经理，按照案例的剧本进行电话沟通。其他同学请认真观看并思考：失败案例在电话沟通中存在哪些问题？

（1）失败案例

小李：是杨经理吗？

杨经理：你好，我是。你哪位？

小李：你好，我是旅商货代的小李。是这样的，你是不是有一批货要出口？

杨经理：没有，不好意思。

小李：没有关系，我们公司最近价格优惠，我给你介绍一下吧。

杨经理：对不起，我这边有个会议。

小李：那好，打扰了。

（2）成功案例

小李：是杨经理吗？

杨经理：你好，我是。你哪位？

小李：您好，我是旅商货代的小李。是这样的，最近海运运价不稳定，您如果有货要出的话，我可以给您提供一个船公司的运价参考。

杨经理：你说来听听。

小李：月底船公司运价会下调，如果近期有货的话，建议您可以比较一下各个船公司的价格进行订舱。

杨经理：我近期还真有一批货，什么时候出还没有定好。

小李：如果您信任我的话，我可以帮您关注船公司的运价，实时反馈给您。

杨经理：那行啊。

小李：这样吧，我帮您制定最实惠的方案，您方便的时候，我们细谈一下。

杨经理：这个月 15 号我有时间。

小李：好的，那我们 15 号早上 9 点，您看怎么样？

杨经理：好。

上门拜访

二、拜访客户

1. 业务洽谈前的准备

（1）搜集公司的关键信息与材料：关键信息是在业务开发中最有效的信息，包括销售支持类与辅助信息类。

销售支持类是在业务开发过程中，能够帮助说服客户、解决客户疑虑的辅助性资料。辅助信息类是除销售支持类之外的信息。这些信息虽然不能帮助销售“火力进攻”，但却能起到建立信赖、促进客户对本公司了解的作用。

（2）了解竞争对手的价格：在拜访客户前，了解客户经常订舱的航线上其他货运代理公司的价格，这样才能在与客户交流时突出本公司的优势。

① 网络搜索法：网络搜索法可参考的网站有：宁波航运交易所（http://www.nbse.net.cn/）、锦程物流网（http://ldy.jctrans.com/）、国际海运网（http://www.shippingchina.com/）等。特别提醒：网站上公布的价格往往是市场公布价，跟竞争对手的实际价格还有差距。一般来讲，价格 50USD/20′，100USD/40′，较能反应实际市场中的价格。

② 同行联系法：方法一为业务场合法。在业务开发中，往往会碰到同行，这时可索取名片与自我介绍。方法二为参加货运代理行业会议。会议中，大多都是货运代理企业的销售，也可建立人脉。方法三为参加客户的年会。年会上，往往不止一家货运代理参加，也是个建立人脉的途径。

③ 平台咨询法：在实务中，往往有不少的一代（一级货运代理）是开放运价平台给货运代理公司的。销售可根据公司发放的帐号，登录到该系统中自助查询运价。这就是平台咨询法。例如新华货柜的运价查询系统（图 2-2-1）。

图 2-2-1　运价查询系统

（3）工具准备（表 2-2-1）如下：

表 2-2-1　洽谈前的工具准备

项目	数量	是否准备
衣服（套装）	1 套	
名片	1 盒	
签字笔和记事本	1 套	
计算器	1 个	

（续表）

项目	数量	是否准备
公司宣传册	2 本	
宣传文件夹	1 本	
小礼品	若干	
公文包	1 个	

2. 拜访客户的商务礼仪（图 2-2-2）

（1）电话预约：

① 开场白：客户往往在接到电话的 3 秒之内，就决定拒绝还是继续交流。因此，首先应核实客户信息，之后进行自我介绍，给客户一个专业、礼貌、自信的电话印象。

② 了解情况：在电话中需要了解客户大致的信息，这个是为邀约打下基础。如果开场白结束之后，我们立马就提出面谈的要求，往往会遭到客户无情的拒绝。

③ 邀约：在了解客户的大致情况后，我们就可提出拜访客户的要求。

例：上海长风国际货运代理有限公司的王丽娜在做好拜访客户的准备后，与海航进出口贸易公司的陈先生进行电话预约。

陈先生："喂，你好。海航贸易。"

王丽娜："您好，请问是陈先生吗？"

陈先生："我是。你哪位？"

王丽娜："您好。我是上海长风国际货运代理的小王，很久没有联系您了，最近的生意怎么样？"

陈先生："我们的生意还可以。到红海的货基本上每个月都会出 6 个大箱。还有一些去欧基的，大概每个月 2 个小箱。"

王丽娜："哦，那这么讲，您的生意很好啊！我这次打电话呢，是想看您周三还是周四有空，去拜访您一下！"

陈先生："哦，不用了！"

王丽娜："您放心，面谈不会占用太多时间，大概 15 分钟的时间。"

陈先生："那好吧。周四下午如何？"

王丽娜："好的，您那边的地址是浦东新区金新路 58 号，对吧？"

陈先生："是的。"

王丽娜："好，谢谢您的时间，周四见。"

陈先生："好，拜拜。"

等客户挂完电话，再挂电话。

（2）职业着装：在货运代理行业最佳的着装是商务休闲装，即介于商务装与休闲装之间的搭配。夏天可选用 polo 衫＋商务休闲西裤；冬季可考虑衬衫＋商务休闲西装（男士）、套裙（女士）的搭配。

（3）仪表礼仪：注意仪表礼仪，做到不蓄胡须、鼻毛不外现、整体干净整洁、口无异味。可以着重注意头发与手部。

（4）注意职场称呼：使用礼貌用语，注意客户职场称呼。

（5）递送名片：主动递名片，保持名片和名片夹的清洁、平整。

（6）职场握手：主动与客户握手，时间一般在 2～3 秒或 4～5 秒为宜。握手不宜力度过猛或毫无力度。要注视对方并面带微笑。

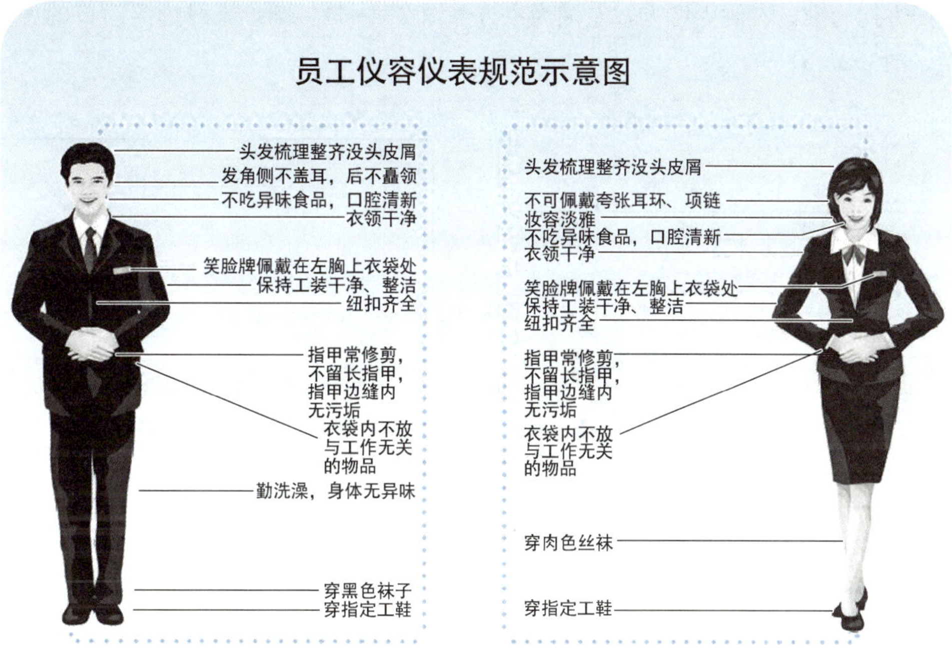

图 2-2-2 员工仪容仪表规范示意图

3. 接待客户的商务礼仪

（1）接待前的准备：在接到客户需要拜访的电话时，一要确认客户来公司的具体时间；二要询问客户的航班号或火车车次及行程，安排好接送、住宿等工作；三是询问此次拜访的人数；四是告诉客户公司的地址；五是确认是否需要总经理接见（图 2-2-3）。

图 2-2-3 接到客户拜访电话时的注意事项

（2）接待时的注意事项：事前准备好水果，询问客户需要茶水还是咖啡；如果是在机场接机，需要准备一块牌子，写上客户的姓名及“欢迎您”等字样，早半个小时在机场出口处等待客户；询问客户是否需要吃饭；如果客户行李比较多，可先把客户送到宾馆，放好行李，再到公司进行交流、谈判；安排好客户的位置；在谈判中记录客户提出的问题及需求，不能当场解决的，可以告诉客户，后期会在邮件中答复。谈判结束后，可以和客户聊一些轻松的话题，并送上小礼物表示感谢，承诺提供优质的服务给客户。

（3）座位安排礼仪：座次安排要求是主宾坐在右侧，主人坐在左侧。如需译员记录，则分别安排坐在主宾和主人的身后。如果会谈桌一端朝向正门，即纵向摆放，则以进门方向为准，右侧为客方，左侧为主方（图 2-2-4）。圆形桌时远离门口的席位为上席（图 2-2-5）。

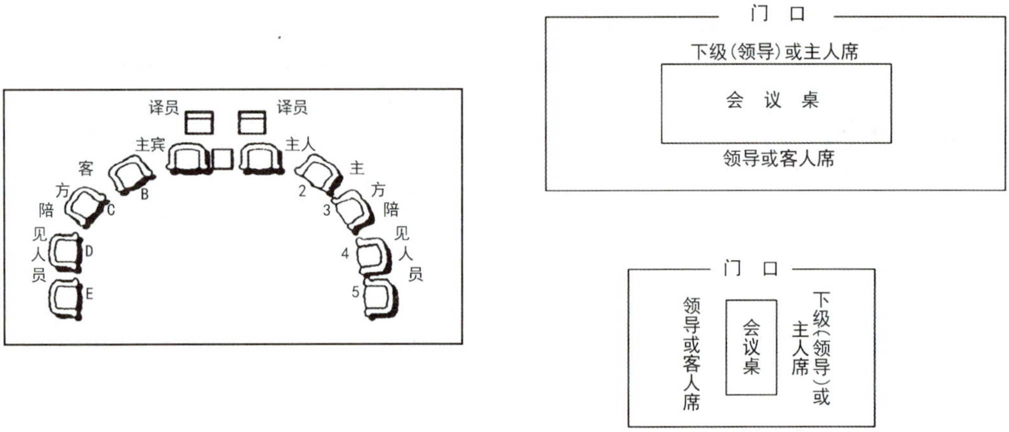

图 2-2-4　座位安排礼仪

（4）乘车安排礼仪：乘汽车时，一般情况下，司机后排右侧是上宾席。若主人亲自开车，则副驾驶为首席（图 2-2-6）。

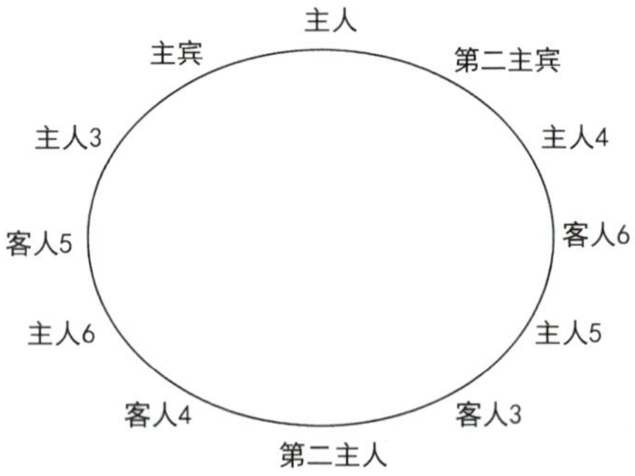

图 2-2-5　圆桌座位安排礼仪

4. 谈判的沟通技巧

（1）遇强则强：客户的类型各有不同，遇到比较专业的客户，当你确定自己能够稳操胜券时，可以很自信地和客户交流，让客户知道你足够专业。

（2）遇强则实：当你觉得你的专业知识不如客户的时候，则要表现得实实在在，虚心请教，让客户感受到你的真诚和实在。

（3）遇弱则滑：遇到专业知识不精通的客户，有时需要多给他们一些思考和提问的时间。适当地表现自己在某些方面也很薄弱，可以和客户一起学习进步，也是一种求同存异的技巧。

（4）遇弱则弱：面对好强且专业知识不精通的客户，应假设自己是初学者，与客户共同探讨、学习，使客户的自尊心得到满足。

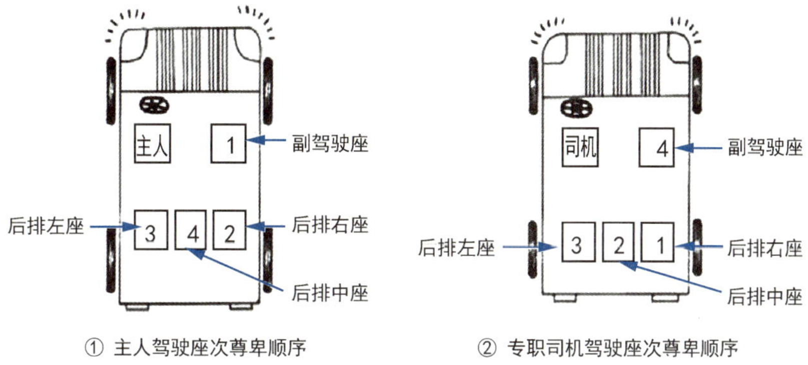

图 2-2-6 乘车安排礼仪

5. 任务实施

依据拜访客户的情景剧本，完成拜访客户记录表（表 2-2-2）。

在“情境聚焦”任务一的业务中，与杨经理电话沟通后，小李与其约定了 3 月 15 日到对方公司上门拜访。在拜访客户前，小李从业务知识、携带资料等方面进行了准备。通过与杨经理的洽谈，小李得知：2022 年 3 月，上海乐童贸易有限公司出口一批齿轮式拼接玩具（英文名：Learning Resources Gears）到纽约 BLOOMINGDALE'S 公司。小李进一步对货物的情况进行了询问，得到信息如下：该玩具为纸箱包装，每箱 6 套，纸箱尺寸为 78.60 cm×20.80 cm×30.20 cm，每箱毛重为 7.20 kg，净重为 7.00 kg，成交数量为 8 000 箱，成交单价为 15.85 美元/箱，合同成交总价格为 126 800.00 美元，成交方式为 CIF NEW YORK，买卖方约定不允许转船，不允许分批。杨经理希望小李提供一份运价报价，小李与杨经理约定次日对报价单细节进行商定，并对代理的相关事宜进行讨论。

请同学们做好拜访前的准备工作，教师挑选两名同学扮演小李与客户，还原上门拜访场景。客户拜访情景剧剧本如下：

时间：3 月 14 日

小李：“我是货运代理公司市场部职员，明天要去拜访上海乐童贸易有限公司物流部杨经理。今天要为拜访做准备。首先，我对乐童贸易有限公司进出口的航线进行了简单的统计分析，了解其出口的国际市场为美国；然后对我公司的产品优势进行梳理；最后准备一下拜访材料，包括衣服、公文包、地图、笔和笔记本等。”

时间：3 月 15 日

地点：上海乐童贸易有限公司

小李：“您好，我是旅商货代的市场部经理（上前握手），您叫我小李就行，上次我们电话约的今天见面。”

杨经理：“哦，我记起来了，来我办公室说吧。”

小李：“记得上次电话中您提到有货物要出口，不知道是否有了解最近的运价。”

杨经理：“收到几家货代公司的报价，但是不是很满意，你们公司能给出什么优惠？”

小李：“是这样的，我了解您公司货物一般出口美国，最近中美航线OOCL公司在本月底的运价相对优惠，您要是感兴趣，我可以回去传一份详细报价给您。”

杨经理：“今天没有带相关报价单吗？”

小李：“今天没有带。我会尽快做好报价，传给您。”

杨经理：“最近，我们已经与国外公司签好合同，预计这几天要出货，时间比较紧张，我也希望在价位上得到最大的优惠。”

小李：“为了给您一个精准的报价，您方便提供一下货物的信息吗？”

杨经理：“是一批齿轮式拼接玩具，以CIF成交的，保险我们已经买了。纸箱包装，每箱6套，纸箱尺寸为78.60 cm×20.80 cm×30.20 cm，每箱毛重为7.20 kg，净重为7.00 kg，成交数量为8 000箱。”

小李：“好的，我回去尽快给您制定报价表，发到您邮箱。”

杨经理：“好的。”

小李：“如果有问题我们再及时沟通。再见！”

表2-2-2　拜访客户记录表

拜访日期：　　年　月　日

客户单位名称					
客户单位地址					
合作关系		第几次拜访			
主要拜访对象		职务		联系电话	
拜访人员		随行人员			
拜访目的：					
携带资料及使用情况：					
双方沟通情况：					
一、我方输出信息					
二、客户需求与意向					
三、双方约定下一步行动					

三、制作报价单

班轮运价
与运费

1. 运价

班轮运价又称班轮运费率，是指运输单位货物的价格，一般由班轮公司根据成本和市场供求关系事先确定，并以运价表的形式对外公布，或者由班轮公会制定供会员执行。①班轮的运价水平较高，原因是班轮的设备和技术水平高于其他类型的船只，还有委托货代揽货的佣金、管理费、港口使用费等成本。②货物对运费的负担能力较强，原因是班轮运输的通常为高附加值货物，所以其运费负担能力较强，班轮运费占商品价值的比重较小。③班轮运价是一种垄断价格，原因是班轮公会拥有统一的班轮运价，各会员公司按统一的运价计收运费，或是制定最低运价标准，会员船公司只能定高于该价格的运价。班轮运输中的货物港口装卸费由承运人支付，因而在班轮运价中包含了港口装卸费。④班轮运价具有一定的稳定性。班轮公司面向众多的货物发货人，只能采取班轮公司单方定价的方式。这种公共定价在多数国家都受到严格的监管，不容易变动价格。

班轮运价主要受运输成本、航运市场的构成与竞争状况、货物的性质、航线和港口条件、运输合同条款五个因素的影响。①运输成本影响班轮运价。班轮的运输成本包括船舶成本和货运成本。船舶成本有船舶资本成本、船员工资、油水消耗、船舶港口费用、船舶管理和服务费等；货运成本有货运业务费、货物装卸费、装卸物料费、理货费等。②航运市场的构成与竞争状况影响班轮运价。班轮运输企业的数量和规模、航线班轮的密度、运力与运量的关系等，都会影响班轮运价。③货物的性质影响班轮运价。运输货物的包装、体积、容重、形状等会影响装卸作业的效率和方法。特殊性质的货物需要特殊的运输条件，也会增加成本。④航线和港口条件影响班轮运价。航线距离、气象条件、安全性等也会在运价中得到反映。港口的装卸费率、港口使用费、港口装卸设备、泊位条件、装卸效率、管理水平、拥挤程度以及安全性等都会影响运价的水平。⑤运输合同条款影响班轮运价。运输合同中所规定的运输条件，如运费支付方式、费用承担责任、承运人的责任期间等，都会影响到运价的高低。

班轮运价按运价的制定者划分可分为班轮公会运价、班轮公司运价、双边运价和货方运价。班轮公会运价是由班轮公会制定，供公会会员统一执行的价格；班轮公司运价是由经营班轮运输的公司自行制定并负责调整或修改的运价；双边运价是由承运人和托运人双方共同商议确定，并对双方产生约束力的运价；货方运价是由发货方制定，承运人接受采用的运价。

班轮运价按运输对象划分可分为杂货运价和集装箱运价。杂货运价是适用于杂货运输的价格，包括件杂货、散杂货以班轮运输时的收费。拼箱运输时拼箱人也以此向托运人收费。杂货运价范围是船舷到船舷，含装卸船费。集装箱运价是适用于整箱集装箱运输的价格。集装箱运价范围是港到港的，含装卸港内整箱搬运费。

2. 运费

班轮运费是指在班轮运输过程中，承运人根据运输契约向托运人收取的报酬。它是根据运输契约所定的运价和运量计算确定的。

班轮运费由基本运费和附加费两部分构成。基本运费是对任何一种托运货物计收的运费，是班轮运费的主体，是按照某一计费标准，通过基本费率和计费吨计算得出的。附加费是班轮公司在基本运费之外加收的费用。基本运费主要有 6 个计收标准，如图 2-2-7 所示。

计算标准	单价标准	计量单位
按尺码计收（M）	1立方米单价	立方米（m^3）
按重量计收（W）	1吨单价或1千克单价	吨（t）或千克（kg）
按运费吨计收（W/M）	尺码单价和重量单价	尺码和重量
从价运费（Ad.val）	货价的百分比	货价
运费吨、从价取高者计收（W/M or Ad.val）	尺码单价、重量单价、货价的百分比	尺码、重量、货价
运费吨、从价同时计收（W/M plus Ad.val）	尺码单价、重量单价、货价的百分比	尺码、重量、货价

图 2-2-7　基本运费计收标准

3. 集装箱海运整箱报价的构成

（1）海运费（O/F）：海运费（O/F）即基本海运费（Ocean Freight），就是不加任何附加费用的海运费。

（2）封志费：集装箱在装箱完毕之后，不仅要关闭集装箱箱门，并且要对集装箱加封条，也叫封志。集装箱封条就是集装箱的一个锁，是一次性的。在运输过程中，每一个箱子都需要加封条，所以就会产生封志费，封志费按照集装箱箱数收取。

（3）订舱费：订舱所产生的费用就是订舱费，一般船公司会收订舱费用，订舱费用按照集装箱箱数收取。近几年船公司陆续取消了订舱费这个费目，但是货运代理公司接受客户委托，代为订舱，货代公司原则上也可以收取订舱费作为其服务费。

（4）装箱费：集装箱在出口时，一般会在仓库或者货运站安排货物装箱，负责装箱单位会按照货物装箱要求以及技术要求对集装箱进行收费。

（5）文件费（DOC）：DOC 是 Document Charges 的缩写，文件费是船东的行为，用以提高承运人与订舱者的效率，以及弥补单证中心的运营成本。文件费按照业务收取，一个委托收取一个文件费。

（6）设备交接单（EIR）费：EIR 是 Equipment Interchange Receipt 的缩写，设备交接单即集装箱设备交接单，是在出口集港和进口提箱时必备的单据，有对集装箱状态的描述和记录，如集装箱所在船舶和集装箱有无破损等说明。集装箱设备交接单费又称打单费。

(7) VGM 申报费：VGM 是 Verified Gross Mass 的缩写，即集装箱称重（是货物总重以及集装箱皮重的总和，包括包装以及垫料）新规，目的是增加海上运输安全，提升海上安全运输的系数，避免因为不实的集装箱重量造成不合理配载，进而引起岸上、海上人员伤亡、货物灭失的风险。由托运人或授权第三方以托运人的名义提交 VGM 数据。

(8) 码头操作费（THC）：THC 是 Terminal Handling Charge 的缩写，把集装箱拉到码头后，在装船过程中产生的操作费用。如需要船公司用吊车装船，中间产生的费用就是码头操作费。

(9) 舱单费：舱单费常用的有以下 4 个。

① AMS（Automated Manifest System）：美国自动舱单系统，按美国海关的规定，所有至美国货物或经美国中转至第三国货物都必须在装船前 24 小时向美国海关申报。AMS 也叫作 24 小时舱单预报或美国海关反恐舱单。AMS 的资料通过使用美国海关指定的系统直接发送到美国海关数据库中，由美国海关系统自动进行检查及回复，回复确认后才能上船。否则，货物将无法上船。一般到美国港口、到墨西哥经美国港口、到菲律宾的都需要做 AMS 申报，交纳舱单费。

② ACI（Advance Commercial Information）：预申报商业信息，即加拿大舱单系统。ACI 要求所有到加拿大货物或经加拿大至第三国货物都必须在装船前 24 小时向加拿大海关申报。

③ AFR（Advance Filing Rules）：预申报信息，即日本电子舱单海运系统。日本海关要求船公司或无船承运人在海外装船 24 小时前向日本海关预申报舱单信息。

④ ENS（Entry Summary Declaration）：入境摘要报关单，即欧盟海关提前舱单规则，该规则适用于欧盟成员国。

4. 集装箱海运拼箱报价的构成

(1) 进仓费：进仓费是指上船前，工厂把货送到货代指定的仓库，之后由货代负责装箱、进港、报关，货代收取进仓的费用。

(2) 报关费：报关费是进出口报关时，报关行收取代理报关服务费用。

(3) 卸货港拆箱费：海运货物到达目的港后，承运人需根据收货人要求将集装箱货物进行拆箱，产生的费用需收货人承担。

(4) 亏舱费：海运拼箱亏舱费是指在海运拼箱出口过程中，在截单、截货日前一工作日的规定时间线（例如中午 11：00 以后），因订舱人原因造成货物无法及时出运，导致拼箱公司舱位空置，拼箱公司由此向订舱人收取的弥补该损失的费用，亏舱费计算以空置舱位的成本为标准。

(5) 分拨费：承运人拆箱并将货物分开在保税仓库，产生分拨费，通常按照计费吨（重量吨或者立方）计算，部分还有最低计费标准。

5. 报价单的格式

(1) 抬头：报价单要在醒目位置写明本公司的名称及标识（图 2-2-8）。

CF 长风货运代理有限公司
出口费用报价单

TO：胡总 1860205××××
公司名称：深圳市蔚蓝星空科技有限公司
公司地址：深圳市龙华新区和平路 325-326 号
Tel：0755-8387××××
邮箱：hjj@bss.com.cn
装货地址：深圳龙华

图 2-2-8　报价单抬头样式

（2）费用构成：报价单要列明预计费用构成，包含本地费用及海运费用（图 2-2-9）。

1. 深圳本地费用
1.1 拖车费：RMB900/柜
1.2 码头费：RMB780/1180/PER20′
1.3 报关费代理费：RMB300/票
1.4 港口建设票：RMB100/150PER
1.5 文件费：RMB500/票
1.6 ISPS：USD12/柜
1.7 封条费：RMB60/柜
1.8 打单费：RMB35/柜
1.9 保险费：投保金额的千分之一点五

2 海运费
2.1 深圳到新德里 NEW DELIH T：USD1600/2400PER20′/40′（10 吨以内）
2.2 深圳到新德里 NEW DELIH P：USD1700 BY HMM SHEKOU 二截四开 18 天
USD1800 BY ESL CHIWAN 三截四开 16 天
USD1800 BY OOCL SHEKOU 日截一开 16 天
USD 1900 BY APL SHEKOU 日截一开 18 天

预计总费用约 RMB14990/20′全包（保险、海关查验费用除外）

图 2-2-9　报价单费用构成

（3）日期：报价单必须列明报价日期及报价有效期（图 2-2-10）。

注意：
1. 以上价格适用于 10 吨以内（含 10 吨），有效期至 6 月 21 日
2. 订舱提前七个工作日，提货约车提前 24 小时，节假日提前 48 小时
3. 付款方式：票结（付款续单）

2017-6-11

联系人：李爽
联系电话：1392120××××
QQ 号：7170××××

图 2-2-10　报价单报价日期及报价有效期

6. 任务实施

结合船公司报价表（表 2-2-3）、集装箱信息（表 2-2-4）、旅商货运代理费用清单（表 2-2-5），利用报价单模板（表 2-2-6）为上海乐童贸易有限公司制作报价单。

2022 年 4 月 1 号，纽约 BLOOMINGDALE'S 公司再次向上海乐童贸易有限公司进口一批齿轮式拼接玩具（英文名：Learning Resources Gears），该玩具为纸箱包装，每箱 6 套，纸箱尺寸为 78.60 cm×20.80 cm×30.20 cm，每箱毛重为 7.20 kg，净重为7.00 kg，成交数量为 8 000 箱，成交单价为 15.85 美元/箱，合同成交总价格为 126 800.00 美元，成交方式为 CIF NEW YORK，买卖方约定不允许转船，不允许分批，海运费预付。2022 年 4 月 15 日，上海乐童贸易有限公司向旅商货代询价，要求采用到工厂提货装箱后集港的操作方式。旅商货代小李根据业务信息，计算出装箱方案为使用 6 个 40 尺高柜集装箱；小李查询到船期、船公司报价，同时根据公司的费用清单和旅商货代报价标准模板，在满足公司对业务毛利率维持在 10%的要求的情况下，整箱报价毛利率基于船公司纯海运费（O/F），拼箱报价毛利率基于船公司全部费用（运费与各项附加费用），向客户上海乐童贸易有限公司制作报价单。预计先行汇率为 1.00 美元＝6.80 人民币。

制作报价单

素材 1：船公司报价表

表 2-2-3　船公司报价表

船公司		APL	COSCO	MAERSK	MSC	OOCL
起运港		SHANGHAI	SHANGHAI	SHANGHAI	SHANGHAI	SHANGHAI
目的港		NEW YORK	NEW YORK	NEW YORK	NEW YORK	NEW YORK
O/F（USD/箱）	20GP	2 800.00	2 400.00	2 700.00	2 750.00	2 500.00
	40GP/40HQ	3 400.00	2 950.00	3 300.00	3 350.00	3 100.00
订舱费（CNY/箱）	20GP	250.00	220.00	250.00	250.00	250.00
	40GP/40HQ	390.00	335.00	390.00	390.00	390.00
发货港码头操作费（CNY/箱）	20GP	790.00	790.00	790.00	790.00	787.00
	40GP/40HQ	1 185.00	1 185.00	1 185.00	1 185.00	1 181.00
预付操作费（CNY/箱）	20GP	70.00	70.00	70.00	70.00	70.00
	40GP/40HQ	140.00	140.00	140.00	140.00	140.00
到付操作费（USD/箱）	20GP	35.00	35.00	35.00	35.00	35.00
	40GP/40HQ	70.00	70.00	70.00	70.00	70.00
VGM 传送费(CNY/箱)(客户委托旅商货代发送 VGM 时收取)		20.00	20.00	20.00	20.00	20.00
设备交接单费(CNY/箱)		50.00	50.00	50.00	50.00	50.00
封志费(CNY/箱)		40.00	30.00	40.00	40.00	40.00
燃油附加费 BAF(USD/箱)	20GP	100.00	100.00	100.00	100.00	100.00
	40GP/40HQ	200.00	200.00	200.00	200.00	200.00
国际船舶和港口安保设施附加费 ISPS(USD/箱)	20GP	10.00	10.00	10.00	10.00	10.00
	40GP/40HQ	20.00	20.00	20.00	20.00	20.00
文件费(CNY/票)		550.00	500.00	540.00	500.00	450.00
AMS(USD/票)		30.00	30.00	30.00	30.00	30.00

素材 2：集装箱信息

表 2-2-4　集装箱信息

规格	长×宽×高（米）	配货毛重（吨）	箱体自重（吨）
20GP	内：5.898×2.352×2.385 外：6.058×2.438×2.591	17.50	2.30
40GP	内：12.032×2.352×2.385 外：12.192×2.438×2.591	22.00	3.40
40HQ	内：12.032×2.352×2.690 外：12.192×2.438×2.896	22.00	4.00

注：选择集装箱时，优先选择 40GP、40HQ 两种集装箱箱型。

素材 3：旅商货代公司费用清单

表 2-2-5　旅商货代公司费用清单

费用项目	币种	收费单位	单价	备注
检验检疫服务费	CNY	票	300.00	如发生检验检疫，收取 300.00 元/票
检验检疫费	CNY	票	* * *	实报实销，按相关发票金额计算，含运输、装载工具检疫处理，货物的一般检疫、熏蒸、清洗降温等检疫处理
报检服务费	CNY	票	300.00	非法检货物收取 300.00 元/票；法检货物不超过 5 个品名收取 300.00 元/票，每增加 5 个品名加收 60.00 元/票（不足 5 个品名时按 5 个计算）
报关服务费	CNY	票	300.00	不超过 5 个品名时收取 300.00 元/票，每增加 5 个品名加收 60.00 元/票（不足 5 个品名时按 5 个计算）
查验服务费	CNY	票	300.00	如发生查验，收取 300.00 元/票
海关查验费	CNY	票	* * *	实报实销，按相关发票计算
集装箱操作费	CNY	箱	60.00/120.00/120.00	

（续表）

费用项目	币种	收费单位	单价	备注
提箱费	CNY	箱	350.00/700.00/700.00	发生空箱提箱时收取，提箱交箱点仅限上海市内，2 个 20GP 的费用按照 1 个 40GP 的费用收取
还箱费	CNY	箱	500.00/900.00/900.00	发生重箱还场时收取，重箱提箱点和交箱点仅限上海市内，2 个 20GP 的费用按照 1 个 40GP 的费用收取
装箱服务费	CNY	箱	350.00/700.00/700.00	
滞箱费	CNY	箱·天	* * *	免箱期 7 天，超过后按实际发生滞箱天数计算，滞箱天数＝重箱回场日－空箱提箱日－6；1（含）～7 天，55.00 元/TEU·天，8（含）～15 天，150.00 元/TEU·天，≥16 天，300.00 元/TEU·天
超期堆存费	CNY	箱·天	* * *	免堆期 5 天，超过后按实际发生超期天数计算，超期天数＝开船日－重箱回场日－4；1（含）～4（不含）天，100.00 元/TEU·天，4（含）～10（不含）天，300.00 元/TEU·天，≥10 天，500.00元/TEU·天
坏污箱费	CNY	箱	* * *	实报实销，按相关发票计算
掏箱费	CNY	箱	* * *	实报实销，按相关发票计算
改单费	CNY	票	400.00	如发生改单则收取 400.00 元/票
改单服务费	CNY	票	100.00	如发生改单则收取 100.00 元/票
电放费	CNY	票	250.00	如发生电放则收取 250.00 元/票
仓储费	CNY	件·天	15.00	按实际存储天数计算，仓储天数＝出仓日－进仓日＋1
入库费	CNY	件	25.00	发生仓储服务时收取
出库费	CNY	件	25.00	发生仓储服务时收取

注：1. 1.00 美元＝6.80 人民币。

2.“* * *”表示发生则收和实报实销的费用。

素材 4：报价单模板

表 2-2-6 报价单模板

旅商国际货运代理有限公司
LVSHANG INTERNATIONAL FREIGHT FORWARD CO.，LTD.
报价单

委托编号：
客户名称： 货物名称：
箱型： 数量：
重量： 体积：
报价有效期：
报价明细：

费用项目	单位	单价		费用总额（CNY）	费用备注
		20GP	40GP/40HQ		
1. 海运服务					
集装箱海运费 O/F	USD/箱				
订舱费 DCF	CNY/箱				
发货港码头操作费 THC	CNY/箱				
预付操作费	CNY/箱				
到付操作费	USD/箱				
VGM 传送费	CNY/箱				
设备交接单费 EIR	CNY/箱				
封志费 SEAL	CNY/箱				
燃油附加费 BAF	USD/箱				
国际船舶和港口安保设施附加费 ISPS	USD/箱				
文件费 DOC	CNY/票				
AMS 舱单申报费	USD/票				
2. 通关服务					
检验检疫服务费	CNY/票				
检验检疫费	CNY/票				
报检服务费	CNY/票				
报关服务费	CNY/票				
查验服务费	CNY/票				
海关查验费	CNY/票				
3. 其他费用					
集装箱操作费	CNY/箱				
提箱费	CNY/箱				
还箱费	CNY/箱				
装箱服务费	CNY/箱				
滞箱费	CNY/箱				
超期堆存费	CNY/箱				
坏污箱费	CNY/箱				
掏箱费	CNY/箱				
改单费	CNY/票				
改单服务费	CNY/票				
电放费	CNY/票				
仓储费	CNY/m^3·天				
入库费	CNY/m^3				
出库费	CNY/m^3				
报价合计					

注：1. 以上报价按照票收费的项目，单价填写时先合并单元格。发生即收和实报实销的费用填“＊＊＊”。
2. 以上报价已包含 ENS 费用：＄25/BL。
3. 以上报价汇率：1.00 美元＝6.80 人民币，单价为原币种报价，总价为人民币报价。

四、审核与签订货运代理合同

1. 货代合同的主要条款（表 2-2-7）

表 2-2-7　国际货运代理合同

国际货运代理合同

合同编号：

委托方：　　　　　　　　　　　（以下简称“甲方”）
地址：
邮政编码：
电话：
传真：
受托方：　　　　　　　　　　　（以下简称“乙方”）
地址：
邮政编码：
电话：
传真：

甲、乙双方经过友好协商，在平等自愿的基础上，就甲方委托乙方提供有关物流服务事宜，签订以下协议，以期共同遵守。

1　委托事项

本协议有效期限内，甲方委托乙方办理如下事项：

国内运输：空运□　陆运□　水运□　铁路运输□

国内仓储：□

国际运输：空运□　海运□　陆运□　铁路运输□

进出口代理：订舱□　报关报检□

其他（根据具体情况填写）：

2　货物运输保险

甲、乙双方同意选择以下第 2.1 款方式进行货物运输保险。

2.1 乙方代理甲方投保货物运输险

2.1.1 甲方出具委托书并承担保险费用，保险费率为：____%。

2.1.2 甲方须在乙方提供服务前如实提供投保险种、投保金额、货物品名等信息，以便乙方进行保险安排及根据甲方提供的投保金额收取保险费用。

2.1.3 货物出险后乙方负责代理甲方进行承保范围内的索赔，甲方须协助乙方提供相关索赔资料。

（续表）

2.1.4 由于甲方原因未如实提供保险金额、货物品名等信息，造成保险公司拒赔或免赔部分的，乙方不承担赔偿责任。

2.2 甲方自行投保运输保险

2.2.1 货物出险后，甲方可先根据保险合同向保险公司索赔，乙方应协助甲方提供事故情况说明及相关索赔单证；甲方获得赔付后有权将追索权转让保险公司。

2.2.2 由于乙方过错造成货物损失，乙方按照本协议第 8 条约定承担赔偿责任，该约定有效适用甲方保险公司代位追偿之情形。

2.3 甲方不自行投保亦不委托乙方代理投保运输保险

由于乙方过错造成货物损失，乙方按照本协议第 8 条约定承担赔偿责任。

3　甲方权利和义务

3.1 甲方应根据委托事项，按照法律规定或乙方要求的格式向乙方出具委托书，提供委托事项所必需的各种单据和文件，并对其所提供文件的真实性、合法性、完整性及准确性负责。

3.2 甲方应根据委托事项的要求，提前 2 日向乙方提供准确、详尽的书面订舱/提货/发货/送货/到港等信息，包括但不限于：货物价值，货物名称、性质、规格、包装、件数、重量、体积，收货人名称、地址、电话、联系人，提/送货时间，起运时间，运到期限，始发港，目的港以及其他特殊要求，等等。如果甲方不按照要求提供上述信息，尤其对于高价值货物，甲方若不按约定告知货物真实价值，乙方将按照一般货物的操作要求进行运输。

3.3 如果甲方委托乙方提供报关、报检服务，应承诺如下：

3.3.1 报关货物不属于有关国家或法律禁止或限制进出境的物品，保证申报的内容真实、准确，且单单一致、单货一致；否则，甲方应承担由此产生的一切法律责任。

3.3.2 甲方是进口货物的海关关税、海关监管手续费、代征增值税的义务缴纳人，乙方无义务为甲方垫付上述费用，除非双方另有书面约定。甲方如对海关开征的税额款有异议，应按《海关法》第六十四条的规定办理，先缴纳后申请减免，手续费自负；乙方应积极协助甲方办理退税手续，手续费由甲方承担。

3.3.3 由于海关、卫检、动植物审核、查验等原因造成提货延误，所产生的疏港费、集装箱超期使用费及其他额外费用均由甲方承担，与乙方无关；由于海关的原因致使货物被扣押或者报关滞后，乙方应积极协助甲方同海关进行交涉，由此产生的损失由甲方承担。

3.4 除另有约定外，甲方负责货物的包装和标识，保证货物包装完全符合有关运输及仓储保管的要求。需乙方提供包装服务的，应按乙方的收费标准支付包装费。对于超大、超重、易碎、易渗漏物品及易燃、易爆危险品等特殊货物，甲方应事先向乙方说明，做出特殊货物的警示标志或标签，并向乙方提供必要的仓储保管、运输技术资料及必要的政府批准文件，否则，乙方对由此发生的问题不承担任何法律责任，乙方因此遭受损失的，有权要求甲方予以赔偿。

3.5 甲方应保证其货物不侵犯第三方知识产权，因甲方货物侵犯第三方知识产权等权利而产生的任何赔偿责任均由甲方承担。如果货物需要乙方提供贴签或贴标服务，甲方应向乙方出具品牌所有人的法律授权/许可文件或者保证已取得授权，由此而产生的侵犯第三方权利的任何赔偿责任均由甲方承担。

3.6 甲方有权跟踪、查询货物的派送及签收信息，并有权对乙方服务质量进行监督和考核

（续表）

（双方可另行协商制定考核标准）。

4　乙方权利和义务

4.1 乙方根据甲方的书面委托，在受托范围内为甲方提供相关物流服务；乙方应根据甲方要求及货物特点选择适当的运输/仓储方式、承运人/分包方及发运时间。

4.2 乙方对于其掌管下的货物应谨慎、妥善地进行装卸、搬运、保管及运输（操作规范对上述义务另有约定的除外），确保货物安全。

4.3 乙方作为甲方的报关、报检代理人，应在甲方的授权范围内进行活动，认真履行职责，维护甲方的合法权益，并对因自身的过失或疏忽给甲方造成的直接损失承担责任。

4.4 乙方从甲方或甲方指定的第三方、航空公司/船公司等处提货或收取货物入库时，应当认真核对随货单据/入库清单，并对货物进行如下验收：

集装箱货物：检查集装箱数量、集装箱外表状况和铅封；

非集装箱货物：检查货物件数、外包装状况以及无需开箱、拆捆、拆托直观可辨的情况；

乙方不对包装内货物的品名、规格、数量、重量、品质等负有检验义务（甲、乙双方另有约定除外）。

4.5 乙方提货或收取货物入库时若发现货物标识与单据不符，或者外包装异常的，应及时通知甲方，并按甲方指令采取处理措施。如果甲方要求接收的，乙方应与交货方在签收记录上注明上述异常情况，并由双方签字确认；或者由交货方出具货物丢失/破损等异常情况说明。

4.6 乙方向甲方或甲方指定收货人送货或出库交货时，双方应当场进行货物验收并办理交接手续；收货人在运单/出库清单或其他与乙方的交接单据上签字或盖章确认，视为货物已完好交付。

对于集装箱货物，集装箱数量正确，外表状况和铅封完好；非集装箱货物，货物件数正确，外包装完好无破损，或者无需开箱、拆捆、拆托直观可辨的情况无异常的，乙方对于包装内货物的短少、灭失、规格型号不符、品质不符等不承担责任。除非甲方有证据证明前述问题系乙方承运或仓储责任导致。

4.7 乙方应根据甲方要求及时向甲方通报货物运输进展或库存情况，在提供物流服务过程中货物出现任何问题，乙方应及时通知甲方，商议处理。在紧急情况下，乙方可以自行采取有利于甲方的处理办法，并将结果通知甲方。

5　操作流程和标准

乙方提供物流服务过程中涉及的货物交接、装卸、搬运、出库、入库、存储、运输、退运等操作细节及操作标准，甲、乙双方可以制定具体的标准操作流程或操作规范（见附件一），并严格遵照执行。

6　保密

履行本协议过程中，任何一方应当对从对方接收到的文件及信息负有保密义务，包括但不限于披露方的客户、市场、技术、价格、产品、供应商、合同条款、发展计划等信息。未取得披露方书面同意之前，任何一方不得将上述信息透露给第三方（有关法律、法规、政府部门、证券交易所或其他监管机构要求披露的除外），或用于本协议所述服务范围以外的用途。双方应采取一切

（续表）

合理措施以保证其雇员、代表、分包商遵守本条规定的保密义务。保密期限为本协议有效期间及协议终止后满两年。

7 费用及结算

7.1 乙方按照附件二中所规定的收费标准向甲方收费。在乙方提供服务过程中需要由甲方支付的其他费用，乙方根据甲方指令先行垫付的，甲方应在结算中一并付清该费用。

7.2 双方一致同意往来的费用按月进行结算，乙方应在每月 10 日前将上月结算清单交给甲方。甲方应在收到后 3 个工作日内书面审核确认，如甲方逾期未确认，视为甲方无异议，乙方可按照结算清单金额开具发票。甲方应于发票开出日期之日起 30 日内，向乙方付清运费及其他相关费用。

7.3 如果甲方在乙方的发票中发现错误和不当之处，应在收到发票后 3 个工作日内通知乙方，逾期乙方不负责修改发票错误。

7.4 对于交付乙方单次运输的货物，甲方应在发运前 3 日内付款。

7.5 如果甲方未按本条约定期限支付运费及其他相关费用的，每迟延 1 日，应向乙方支付该费用 0.3%的违约金。

7.6 未经乙方书面同意，甲方不得擅自扣留或抵减运费及相关费用。

7.7 乙方提供的仓储服务期限届满或协议终止的，甲方应于期限届满或终止后 7 日内将所有费用结清并将在乙方仓库的剩余仓储物全部提走。逾期提取仓储物，除应当依约支付超期仓储费用外，每逾期一日，还应按仓储费的 0.3% 支付违约金；逾期超过____日的，乙方有权自行处置所保管的仓储物，并从处置费用中优先受偿，不足部分，乙方有权继续向甲方追偿。

8 责任与赔偿

8.1 甲方责任

8.1.1 由于甲方提供的提货、送货信息有误而造成乙方损失的，甲方应承担赔偿责任；由于甲方原因而增加的额外费用由甲方承担。

8.1.2 甲方对下列过错行为自行承担责任，因此给乙方或第三方造成损失的，甲方应予赔偿：

a. 在运输、仓储的普通货物中夹带、匿报易燃、易爆危险品或有其他违反法律、法规规定的行为；

b. 错报超重货物重量，不申报或不如实申报货物价值；

c. 货物包装、标志不符合仓储、运输规定；

d. 未按规定提供运输、仓储资料或提供的资料不完整、不及时、不准确；

e. 货物临近失效期或有异状的，在乙方通知后未及时处理；

f. 凡原装、原封、原标记完好无异状而仓储物短缺、损坏或仓储物唛头标明的品名、规格、数量、花色与实际不符所造成的损失。

8.2 乙方责任

8.2.1 货物处于乙方直接掌管之下的期间，由于乙方过错造成甲方货物损坏、短少或灭失的，分别按以下情况进行处理：

8.2.1.1 乙方签发运单/提单的，按照运单/提单背书条款的约定进行赔偿；

（续表）

8.2.1.2 乙方未签发运单/提单的，按照货物直接损失赔偿，但金额不超过下列各项，并以金额较低者为准：

a. 货物如以重量计价的，按照不超过 20 元人民币/每公斤（毛重）计算；

b. 货物如以件数计价的，每个包装或货物单位按照不超过____元人民币计算；

c. 在货物不能归纳为包装或货物单位时，则每立方米按照不超过____元人民币计算；

d. 货物的发票净值；

e. 发生实际损坏时的合理修理费用；

f. 甲方就该货物已付或应付的物流服务费用。

8.2.2 甲方明确规定运送时限的，如由于乙方过错导致递送延迟，给甲方造成实际损失的，乙方的赔偿责任最高不超过操作本票货物应当收取的运费金额。

8.2.3 对于航空公司、船公司或乙方委托的其他第三方等实际承运人的原因造成货物灭失、损坏的，如果甲方接受了实际承运人直接签发的运单/提单等运输单据，则应由实际承运人向甲方承担赔偿责任，乙方应向甲方提供所掌握的各种索赔证据，积极协助甲方向责任人索赔；如果甲方接受了乙方签发的分运单/提单等运输单据，则应由乙方向甲方先行承担赔偿责任（赔偿标准依据本条第 8.2.1 款约定），乙方可就此向实际责任人追偿。

8.3 免责条款

由于下列原因造成货物灭失、短少、变质、污染、损坏或递送延误的，乙方不承担责任：

8.3.1 不可抗力。

8.3.2 货物本身的自然属性。

8.3.3 货物的合理损耗。

8.3.4 甲方或收货方本身的过错。

8.3.5 抢劫等意外事件。

9　不可抗力

9.1 本协议所称“不可抗力”是指：不可预见、不可避免、不可克服的事件或情形，包括但不限于洪水、地震、飓风、海啸、冰冻、大雾等自然灾害或战争、动乱、暴乱、骚动或其他公开的敌对行为、海盗行为、传染病、瘟疫、工人罢工、停工、政府或其职权部门限制或禁止、国家法律法规变更、公共交通或其他设施中断或阻塞等社会现象。

9.2 任何一方遭遇不可抗力事件，应当尽快通知对方，告知不可抗力的性质和程度及对本协议履行可能产生的影响，并在第一时间内提供有关不可抗力事件的详细资料和证据。

9.3 任何一方因遭遇不可抗力事件，导致迟延履行或未履行本协议项下义务的，只要其根据本协议约定及时将不可抗力事件告知对方，则其都不构成违约，无须向对方承担违约责任，且履行有关义务的时间可相应顺延。

9.4 遭遇不可抗力事件的一方应当采取适当措施，尽量减少或消除不可抗力事件的影响，并在不可抗力事件消失后的最短时间内，恢复履行受不可抗力事件影响而中断的义务。

10　特别约定

乙方就每单货物出具给甲方的运单/提单及其背面条款约定，是本协议的有效组成部分，与本

（续表）

协议具有同等法律效力。乙方已提醒甲方注意该运单/提单的所有规定及条款，尤其是其中关于免除及限制乙方责任的部分。运单/提单背面条款与本协议约定不一致的，以本协议约定为准。

11　争议解决

因本协议引起的或与本协议有关的任何争议，应当首先通过协商解决。经协商无法达成一致意见的，双方同意选择以下第____条款方式解决：

11.1 提交______________依照其仲裁规则在______进行仲裁。仲裁裁决是终局的，对双方均有约束力。

11.2 提交乙方所在地有管辖权的法院审理。

12　适用法律

本协议的效力、解释、履行、争议解决等均适用中华人民共和国法律，并受中华人民共和国法律管辖。

13　通知和送达

13.1 根据本协议需要发出的全部通知，可采用书面形式或电子信息形式（包括电子邮件、电子系统平台发送的手机短信等）。

13.2 上述通知按对方在本协议第13.4条款中所列的地址发出，并按本协议第13.3条款规定时间视为已经送达。如任何一方的地址有变更，须在变更前10日以书面形式通知对方。因迟延通知而造成的损失，由过错方承担责任。

13.3 双方将按如下规定确定通知被送达的日期：

a. 以专人递送的，接收人签收之日视为送达。

b. 以传真方式发出的，以发件方发送后打印出的发送确认单所示时间视为送达。

c. 以快递方式发出的，发往本市内的，发出后第 2 日视为送达；发往中国内地（大陆）其他地区的，发出后第 5 日视为送达；发往港、澳、台地区的，发出后第 8 日视为送达；发往境外其他国家或地区的，发出后第 10 日视为送达。

d. 以挂号方式发出的，发往本市内的，邮寄后第 5 日视为送达；发往中国内地（大陆）其他地区的，邮寄后第 8 日视为送达；发往港、澳、台地区的，邮寄后第 10 日视为送达；发往境外其他国家或地区的，邮寄后第 15 日视为送达。

e. 以电子信息形式发出的，以发件方发出信息后，发送信息的电子系统所记录的时间视为送达。

13.4 双方地址与联系方式如下：

甲方：

地址：

联系人：

电话：

传真：

E-mail：

（续表）

邮政编码：

乙方：
地址：
联系人：
电话：
传真：
E-mail：
邮政编码：

14　生效和终止

14.1 本协议自双方授权代表签字，并加盖公章之日起生效。

14.2 本协议有效期限为 1 年，自_____年____月____日起至_____年____月____日止。协议期满后，双方如无异议，协议自动续延一年。

14.3 在本协议有效期间，任何一方均有权终止协议，但必须提前以书面形式通知对方，对方接到该通知 60 天以后协议自动终止。

14.4 本协议终止后，协议双方仍承担协议终止前本协议规定的双方应当履行而尚未履行完毕的一切责任与义务。

15　其他

15.1 本协议一式四份，甲、乙双方各执两份，具有同等法律效力。

15.2 本协议如有未尽事宜，双方可以协商签订书面补充协议，补充协议与本协议具有同等法律效力。

15.3 本协议附件为本协议不可分割的组成部分，与本协议具有同等法律效力。

甲方：	乙方：
授权代表：	授权代表：
日　　期：	日　　期：

2. 货代合同的审核

货代合同一般都是货代公司拟定好的文本，只需要货主按实际情况填写。但有个别客户会根据自己企业法律部门的规定对合同条款进行修改。这样的情况下，就需要在签订合同的时候对合同条款进行审核（图 2-2-11）。

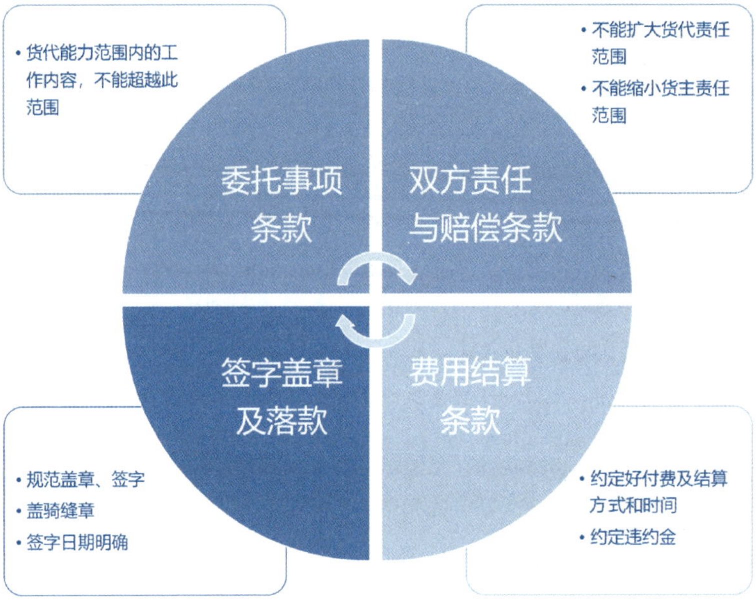

图 2-2-11 货代合同的审核要点

融会贯通

世赛模拟题实操

根据查询到的船期船公司报价表（表 2-2-9）、公司的费用清单（表 2-2-10）和报价单标准模板（表 2-2-8），为客户制作报价单。

2022 年 2 月 10 日，纽约 TIME 贸易公司与上海云峰贸易有限公司签订了一批积木（英文名：BRICKS）进口合同。该积木为纸箱包装，每箱 8 件，纸箱尺寸为 50 cm×20 cm×20 cm，货物总重量 16 000.00 kg，成交数量为 9 750 箱，成交单价为2 美元/箱，合同成交总价格为 19 500 美元，成交方式为 CIF NEW YORK。2022 年2 月12 日，上海云峰贸易有限公司向旅商货代询价。假设你是旅商货代小李，请根据查询到的船期船公司报价、公司的费用清单和旅商货代报价标准模板，为客户上海云峰贸易有限公司制作一份报价单，并以个人为单位提交报价单。

素材 1：旅商国际货运代理有限公司报价单

表 2-2-8　旅商国际货运代理有限公司报价单

旅商国际货运代理有限公司

LVSHANG INTERNATIONAL FREIGHT FORWARD CO.，LTD.

报价单

委托编号：B20200112011

客户名称：　　　　　　　　　　　　货物名称：

箱型：　　　　　　　　　　　　　　数量：

重量：　　　　　　　　　　　　　　体积：

报价有效期：2022 年 2 月 15 日至 2022 年 3 月 15 日

报价明细：

费用项目	单位	单价		费用总额（CNY）	费用备注
		20GP	40GP/40HQ		
1. 海运服务					
集装箱海运费 O/F	USD/箱				
订舱费 DCF	CNY/箱				
发货港码头操作费 THC	CNY/箱				
预付操作费	CNY/箱				
到付操作费	USD/箱				
VGM 传送费	CNY/箱				
设备交接单费 EIR	CNY/箱				
封志费 SEAL	CNY/箱				
燃油附加费 BAF	USD/箱				
国际船舶和港口安保设施附加费 ISPS	USD/箱				
文件费 DOC	CNY/票				
AMS 舱单申报费	USD/票				
2. 通关服务					
检验检疫服务费	CNY/票				
检验检疫费	CNY/票				
报检服务费	CNY/票				
报关服务费	CNY/票				
查验服务费	CNY/票				
海关查验费	CNY/票				
3. 其他费用					
集装箱操作费	CNY/箱				
提箱费	CNY/箱				
还箱费	CNY/箱				
装箱服务费	CNY/箱				
滞箱费	CNY/箱				
超期堆存费	CNY/箱				
坏污箱费	CNY/箱				
掏箱费	CNY/箱				
改单费	CNY/票				
改单服务费	CNY/票				
电放费	CNY/票				
仓储费	CNY/m^3·天				
入库费	CNY/m^3				
出库费	CNY/m^3				
报价合计					

注：1. 以上报价按照票收费的项目，单价填写时先合并单元格。发生即收和实报实销的费用填“＊＊＊”。

2. 以上报价已包含 ENS 费用：＄25/BL。

3. 以上报价汇率：1.00 美元＝6.80 人民币，单价为原币种报价，总价为人民币报价。

素材 2: 海运报价表

表 2-2-9 海运报价表

船公司		APL	COSCO	MAERSK	MSC	OOCL
起运港		SHANGHAI	SHANGHAI	SHANGHAI	SHANGHAI	SHANGHAI
目的港		NEW YORK	NEW YORK	NEW YORK	NEW YORK	NEW YORK
O/F (USD/箱)	20GP	2 800.00	2 400.00	2 700.00	2 750.00	2 500.00
	40GP/40HQ	3 400.00	2 950.00	3 300.00	3 350.00	3 100.00
订舱费 (CNY/箱)	20GP	250.00	220.00	250.00	250.00	250.00
	40GP/40HQ	390.00	335.00	390.00	390.00	390.00
发货港码头操作费(CNY/箱)	20GP	790.00	790.00	790.00	790.00	787.00
	40GP/40HQ	1 185.00	1 185.00	1 185.00	1 185.00	1 181.00
预付操作费 (CNY/箱)	20GP	70.00	70.00	70.00	70.00	70.00
	40GP/40HQ	140.00	140.00	140.00	140.00	140.00
到付操作费 (USD/箱)	20GP	35.00	35.00	35.00	35.00	35.00
	40GP/40HQ	70.00	70.00	70.00	70.00	70.00
VGM 传送费(CNY/箱) (客户委托旅商货代发送 VGM 时收取)		20.00	20.00	20.00	20.00	20.00
设备交接单费(CNY/箱)		50.00	50.00	50.00	50.00	50.00
封志费(CNY/箱)		40.00	30.00	40.00	40.00	40.00
燃油附加费 BAF(USD/箱)	20GP	100.00	100.00	100.00	100.00	100.00
	40GP/40HQ	200.00	200.00	200.00	200.00	200.00
国际船舶和港口安保设施附加费 ISPS(USD/箱)	20GP	10.00	10.00	10.00	10.00	10.00
	40GP/40HQ	20.00	20.00	20.00	20.00	20.00
文件费(CNY/票)		550.00	500.00	540.00	500.00	450.00
AMS(USD/票)		30.00	30.00	30.00	30.00	30.00

素材 3：旅商货代公司费用清单

表 2-2-10　旅商国际货运代理有限公司费用清单

费用项目	币种	收费单位	单价	备注
检验检疫服务费	CNY	票	300.00	如发生检验检疫，收取 300.00 元/票
检验检疫费	CNY	票	* * *	实报实销，按相关发票金额计算，含运输、装载工具检疫处理，货物的一般检疫、熏蒸、清洗降温等检疫处理
报检服务费	CNY	票	300.00	非法检货物收取 300.00 元/票；法检货物不超过 5 个品名收取 300.00 元/票，每增加 5 个品名加收 60.00 元/票（不足 5 个品名时按 5 个计算）
报关服务费	CNY	票	300.00	不超过 5 个品名时收取 300.00 元/票，每增加 5 个品名加收 60.00 元/票（不足 5 个品名时按 5 个计算）
查验服务费	CNY	票	300.00	如发生查验，收取 300.00 元/票
海关查验费	CNY	票	* * *	实报实销，按相关发票计算
集装箱操作费	CNY	箱	60.00/120.00/120.00	
提箱费	CNY	箱	350.00/700.00/700.00	发生空箱提箱时收取，提箱交箱点仅限上海市内，2 个 20GP 的费用按照 1 个 40GP 的费用收取
还箱费	CNY	箱	500.00/900.00/900.00	发生重箱还场时收取，重箱提箱点和交箱点仅限上海市内，2 个 20GP 的费用按照 1 个 40GP 的费用收取
装箱服务费	CNY	箱	350.00/700.00/700.00	
滞箱费	CNY	箱・天	* * *	免箱期 7 天，超过后按实际发生滞箱天数计算，滞箱天数＝重箱回场日－空箱提箱日－6；1（含）～7 天，55.00 元/TEU・天，8（含）～15 天，150.00 元/TEU・天，≥16 天，300.00 元/TEU・天
超期堆存费	CNY	箱・天	* * *	免堆期 5 天，超过后按实际发生超期天数计算，超期天数＝开船日－重箱回场日－4；1（含）～4（不含）天，100.00 元/TEU・天，4（含）～10（不含）天，300.00 元/TEU・天，≥10 天，500.00元/TEU・天
坏污箱费	CNY	箱	* * *	实报实销，按相关发票计算
掏箱费	CNY	箱	* * *	实报实销，按相关发票计算
改单费	CNY	票	400.00	如发生改单则收取 400.00 元/票

（续表）

费用项目	币种	收费单位	单价	备注
改单服务费	CNY	票	100.00	如发生改单则收取 100.00 元/票
电放费	CNY	票	250.00	如发生电放则收取 250.00 元/票
仓储费	CNY	件・天	15.00	按实际存储天数计算，仓储天数＝出仓日－进仓日＋1
入库费	CNY	件	25.00	发生仓储服务时收取
出库费	CNY	件	25.00	发生仓储服务时收取

注：1. 1.00 美元＝6.80 人民币。
2. "＊＊＊"表示发生则收和实报实销的费用。

学生实践评价表

班级		姓名		学号	
序号	任务	实践过程记录（时间及完成情况）				
		知识准备	熟悉业务	观摩、学习	操作、训练	自评
1	电话沟通					
2	拜访客户					
3	制作报价单					
4	审核与签订货运代理合同					

课后巩固

一、单选题

1. 电话沟通中通过对方语速判别，语速快者是（　　）形象。

A. 听觉型　　B. 视觉型　　C. 感觉型　　D. 听觉型和感觉型

2. 谈判中遇到专业知识强的客户，沟通技巧可选择（　　）策略。

A. 遇弱则弱，遇强则强　　B. 遇强则强，遇强则实

C. 遇强则强，遇弱则滑　　D. 遇弱则滑，遇弱则弱

3. 在职场礼仪中，拜访客户与客户握手时间一般应为（　　）。

A. 1～2 秒　　B. 2～3 秒或 4～5 秒

C. 4～5 秒或 5～6 秒　　D. 5～6 秒或 7～8 秒

二、多选题

1. 电话沟通的禁忌包含（　　）。

A. 有所保留　　B. 自说自话

C. 开放式句式　　D. 通话时间长

2. 货代业务人员在前期准备中要准备知识和工具，其中工具准备包含（　　）。

A. 衣服　　B. 名片

C. 签字笔　　D. 笔记本

3. 拜访客户要注意的商务礼仪包含（　　）。

A. 职业着装　　B. 仪表礼仪

C. 递送名片　　D. 职场称呼

4. 国际货代报价单包括的要素有（　　）。

A. 抬头　　B. 货物信息

C. 报价日期　　D. 费用构成

5. 国际货运代理报价单中的货物信息包括（　　）。

A. 货物名称　　B. 货物重量

C. 货物体积　　D. 货物成分

6. 货运代理合同条款包括（　　）。

A. 货运代理描述条款　　B. 保险条款

C. 双方责任条款　　D. 费用结算条款

E. 不可抗力条款

三、判断题

1. 与客户进行电话沟通，一般情况下时间控制在 2～3 分钟最为合适。（　　）

2. 所谓“知彼知己，百战不殆”，所以货代人员应与同行之间建立联系。（　　）

3. 搜集自身公司的关键信息时，辅助信息类能起到建立信赖、促进客户对本公司了解的作用。（　　）

4. 接待客户若主人乘车，则副驾驶为首席。（　　）

5. 运价就是运费。（　　）

6. 运价本主要由条款和规定、商品分类和费率三部分组成。（　　）

7. 运价是指单价标准，运费是指计算标准。（　　）

8. 国际货代一旦报价，则该报价永远有效。（　　）

9. 若货主不缴纳保险，则出现货物损失货代不承担任何索赔。（　　）

10. 在签订货代合同时要求签字盖章下必须明确时间。（　　）

11. 货代合同是货代公司拟定好的，所以不需要仔细审核。（　　）

学习笔记

任务三

客户需求响应

任务目标

1. 基本目标

- 能够掌握客户的需求；
- 能够运用国际物流知识进行客户需求响应；
- 能够在规定的时限内给客户反馈；
- 能够做好整个需求响应的记录。

2. 重点难点

- 客户需求响应的操作过程；
- 在规定的时限内给客户反馈的方法。

情境聚焦

旅商国际货运代理有限公司是一家一级货运代理公司，主要承办京津冀、长三角、珠三角地区的海运业务，包括短驳运输、订舱、报关报检、保险等服务。托运品类包括普通货物、大宗货物、生鲜食品等。

小李是旅商货代的客服专员，这一天他收到公司客户上海乐童贸易有限公司发来的一封邮件，询问：6 个 40 ft 集装箱的玩具从上海港装货到纽约港卸货，3 月份开航，3 月15 日前截关的船期有哪些，并要求小李提供一份船期选择方案。

任务一：明确客户需求。

任务二：制作船期选择方案。

任务三：反馈船期信息给客户。

任务四：记录客户需求响应过程。

工作过程

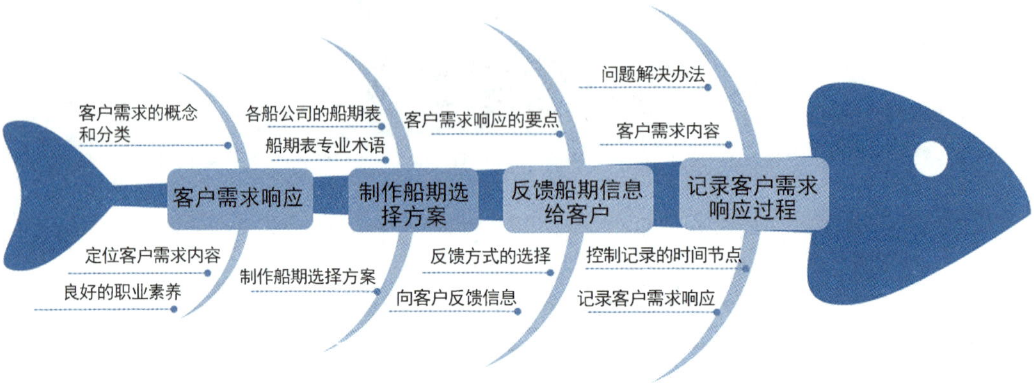

教学要点与任务实施

一、客户需求响应

明确客户需求

1. 定义客户需求

客户的需求往往是多方面、不确定的，需要去分析和引导。很少有客户，尤其是货运代理服务的购买者，对自己要购买的货代服务有非常精确的描述。在这种情况下，需要增强与客户的沟通，对客户的需求作出定义。

定义客户的需求就是指通过买卖双方的长期沟通，对客户购买产品的欲望、用途、功能、款式进行逐渐发掘，将客户内心模糊的认识以精确的方式描述并展示出来的过程。当然，在进行客户需求定义时要注意从不同的角度和侧面来分析，包含以下几个原则：

(1) 全面性原则：对于任何已被列入客户范畴的客户，要全面地定义其几乎所有的需求。之所以要全面了解，是要让客户完整地展现其业务需要，并根据客户的全面需要分析其生活习惯、消费偏好、购买能力等相关因素。

(2) 突出性原则：时刻不要忘记货代服务的销售者第一要务是为公司销售产品，帮助客户满足需求。所以，要突出服务和客户需求的结合点，清晰地定义出客户的需求，必要的时刻要给客户对本产品的需求形成一个“独特的名称”。

(3) 深入性原则：沟通不能肤浅，否则只能是空谈。对客户需求的定义同样如此，把客户需求的定义认为是简单的购买服务的欲望或者是单纯的购买过程明显过于局限，只有深入了解客户的生活、工作、交往的各个环节，才能发现其对产品的真正需求。

(4) 广泛性原则：广泛性原则不是对某一个特定客户需求定义时的要求，而是要求货代销售人员在与客户沟通时要了解所有接触客户的需求状况，学会对比分析，差异化地准备自己的相关工具和说服方法。

(5) 建议性原则：客户不是你的下属，所以命令他们是不会被接受的，当然货代销售人员也不可能这么做。在客户需求的定义过程中同样如此，客户所认同的观念跟我们或多或少存在一些差异，所以要对客户的需求进行定义只能是“我们认为您的需求是……，您认同吗?”

2. 在定义的过程中，做好以下几项工作：

(1) 调查——此乃产品销售和需求定义的基础。充分的调查是掌握大量信息的可靠渠道，而调查工作一般都是事前开始，运用各种工具或各种关系、采用各种方法具体详细地掌握客户的静态和动态信息。

需要强调的是，调查不能在正式接触之前就已经结束，或者说，调查到达一定的程度时货代销售人员就可以开始与客户沟通，在双向信息流动的同时继续丰富对客户需求的把握。显然，客户的需求都在发生变化。调查工作是每个销售人员的必做之事，一般情况下可以对自己所在的区域进行直接了解，更可以充分利用公司的资料和档案。现在很多销售人员缺乏的不是主动去了解客户，而是不会使用公司已有的客户档案和相关资料，这样会浪费大量的资源。在一个较为成熟的货运代理企业里，我们更强调使用和更新客户档案，重视调查的延续性。

(2) 分析——分析研究所得既定资料和信息，是科学界定需求定义的重要环节。货代销售人员要去伪存真、去粗存精，并根据客户的自身状况，包括工作性质、工作环境、同事关系、家庭环境、亲朋关系、事业发展状况等，来科学地研究其需求的变化趋势。掌握趋势，在沟通时就能站在更高的角度和客户讨论。此时的货代销售人员是客户眼中的专家，是他发现并满足自身需要的顾问。

(3) 沟通——这是定义客户需求的关键。所以货代销售人员必须重视这个环节，事前要设计好相关的沟通内容、沟通方式和引导客户的具体问题、手段等。其实，沟通的过程还要重视沟通环境的问题，如果是单纯拜访客户，估计很难挖掘其真实的想法。因为在接受销售人员的拜访时客户都处在高度戒备的状态中，时刻提防掉进销售人员的圈套，所以一般很难敞开心扉。所以沟通的关键是环境，越是非正式的环境，对于定义客户的需求越有利。

(4) 试探——试探是在有了对客户需求的基础性认识时进行归纳总结，并形成一定的规律性话语和结论。对于销售人员来讲，主要的工作是要大胆地讲出来你为客户形成的定义，试探你对客户的分析和沟通结果是否充分掌握。所以，假如你是一名培训课程的销售人员，基于对客户需求的认识，你就应该试探性地总结客户需要的是什么。

(5) 重复——无论客户对于试探性的总结认同与否，货代销售人员都要重复客户对自己的回答，这是表明对客户的尊重，更是为自己强化客户需求的印象，并根据最新的印象和后继的沟通修正自己的定义。重复一次，买卖双方就强化一次印象，就拉进一步距离，就明确一层需求，就取舍一份信息。

(6) 确定——销售人员不能永远跟着客户的思想走。所以，当你有充分的认识，已经基本克服了前述环节的障碍时，请大胆、无疑地确定下来，明确地告诉客户“您现在所要的就是这样或那样的服务”，此时的犹豫和停滞只能表明你不是专家，白白丧失了销售的大好机遇。

(7) 等待——耐心同样是一件重要的事情。客户的决策是需要时间的，货代销售人员可以刺激、鼓励，但是也要耐心等待客户来承认其需要确实如此。客户的承认就是交易条件磋商的开始，就是讨论产品运输、货款交付具体问题的时机。

二、制作船期选择方案

1. 船期表专业术语

船期表上一般都会有一些专业术语，它们常常采用英文缩写的形式。比如：

ETD 是 Expected Time of Delivery 的缩写，它代表预计交货时间。

船期的查询与选择

ETD 也是 Estimated Time of Departure 的缩写，它的意思是预计离港时间/预计开船日。

ETA 是 Estimated Time of Arrival 的缩写，一般翻译为“预计到达时间”。

POD 是 Port of Discharge 的缩写，代表的意思是卸货港。

ATD 是 Actual Time of Departure 的缩写，代表实际离港时间。

船公司报价操作

2. 各船公司的船期表

(1) COSCO 船公司

COSCO 船公司即中国远洋海运集团有限公司，综合运力排名世界第一。它成立于 2016 年 2 月 18 日，由中国远洋运输（集团）总公司与中国海运（集团）总公司重组而成，是国务院国有资产监督管理委员会直接管理的涉及国计民生和国民经济命脉的特大型中央企业，总部设在上海。该公司的船期表样式如表 2-3-1 所示，包含航线、船名、航次、截关时间、装货港、预计离港时间、卸货港、预计到港时间和在途时间。

(2) 马士基

马士基（MAERSK）是世界十大著名船公司之首，总部位于丹麦哥本哈根，它是全球最大的集装箱航运公司。马士基航运公司的船队由 500 多艘集装箱船舶组成，总容量超过 1 700 000TEU。马士基的船期表样式如表 2-3-2 所示，包含的项目比较多，有始发地、截关日期、装货港、作业区、装货港预计开航时间、卸货港、卸货港预计到达时间、最终目的地、预计到达最终目的地时间、预计航行时间、承运人、船名航

表 2-3-1　中远海运集运的船期表

中远海运集装箱运输有限公司 COSCO SHIPPING LINES CO., LTD.									
SEQ	SERVICE	VESSEL	VOYAGE	CUT OFF	POL	ETD	POD	ETA	TRANSIT TIME
序号	航线	船名	航次	截关时间	装货港	预计离港时间	卸货港	预计到港时间	在途时间
1	MDI	CSCL BOHAI SEA	005E	2021/02/21 17:00	SHANGHAI	2021/02/25	LONG BEACH	2021/03/23	26
2	AWE2	YM UNANIMITY	030E	2021/02/22 16:00	SHANGHAI	2021/02/25	NEW YORK	2021/03/22	25
3	CPS	EVER LEADING	0740E	2021/02/23 16:00	SHANGHAI	2021/02/27	LOS ANGELES	2021/03/26	27

表 2-3-2　马士基的船期表

Shanghai, China to New York, United States													
ORIGIN	CUT-OFF DATE	PORT OF LOAD (POL)	TERMINAL	ETD AT POL	PORT OF DISCHARGE (POD)	ETA AT POD	FINAL DESTINATION HUB (FND)	ETA AT FND	EST. TRANSIT TIME (DAYS)	OCEAN CARRIER	VESSEL VOYAGE	SERVICE	CONTAINER TYPE
始发地	截关日期	装货港	作业区	卸货港预计开航时间	卸货港	卸货港预计到达时间	最终目的地	预计到达最终目的地时间	预计航行时间(天)	承运人	船名航次	航线	集装箱类型
SHANGHAI	2021/02/25	SHANGHAI	SHANGHAI WAI GAO QIAO	2021/02/27	NEW YORK	2021/03/24	NEW YORK	2021/03/24	25	MAERSK	MERKUR PLANET 708N	NP5	20′DRY/ 40′DRY
SHANGHAI	2021/03/04	SHANGHAI	SHANGHAI WAI GAO QIAO	2021/03/06	NEW YORK	2021/03/31	NEW YORK	2021/03/31	25	MAERSK	MSC HEIDI 709N	NP5	20′DRY/ 40′DRY

次、航线、集装箱类型。

(3) 东方海外

东方海外（OOCL）是香港联交所上市公司东方海外（国际）有限公司的全资附属公司，它是世界最具规模的综合国际货柜运输、物流及码头公司之一，也为香港最著名的环球商标之一。它在全球超过 58 个国家设有 230 多家分支结构。OOCL 船公司的船期表样式如表 2-3-3 所示，包括始发地、截止日期、装货港、装货港预计开航时间、卸货港、卸货港预计到达时间、最终目的地、预计到达最终目的地时间、预计航行时间、承运人、船名航次、航线、货物种类。

3. 船期表的关键信息

每一家船公司，船期表样式不同。船期表包含的关键信息有：始发地、目的地、截港日、开航日期、到达日期、装货港、卸货港、货物种类。船期表包含的其他信息有：航线、船名航次、航程、船公司简介。

船期表中信息量很大，需要重点关注的关键信息有：“两港五时间”。

“两港”：装货港（Port of Loading）；卸货港（Port of Discharg）；

“五时间”：开舱时间（Open Date）；截关时间（Closing Date）；开船时间（ETD）；到达时间（ETA）；截止补料时间（SI Cut-off Date）。

装货港（Port of Loading）：装货港是出口货物装船的地点，在船期上体现为装货港是该船期航线挂靠的港口。

卸货港（Port of Discharge）：卸货港跟目的港一致，该船为直达。卸货港跟目的港不一致，卸货港即为中转港。信用证若有明确规定不允许转船时，在订舱时必须注意卸货港要与目的港一致。

开舱时间（Open Date）：指可以提空柜的最早时间，如果还没有到开舱时间，则不能向码头或船公司指定地点提取空柜。

截关时间（Closing Date）：船公司接受海关放行条的最晚时间。货物必须要在此时间之前做好报关放行的工作，递交海关放行条给船公司。否则货物上不了该航次。

开船时间（ETD）：Estimate Time of Delivery，预计开航时间，离港日。

到达时间（ETA）：Estimate Time of Arrive，到港日。

截止补料时间（SI Cut-off Date）：承运人补料的截止时间。过了这个时间再把补料信息发给承运人，意味着提单将按照初始提供的信息做单，再有修改，将会产生改单费用。

除了“两港五时间”以外，船期表关键信息还包括船公司（Carrier）；航次（Voyage）；船公司的服务代码（Service）；航行日期/船离开港口的日期（Sailing Date）。

4. 任务实施：制作船期选择方案

请帮助小李在以下船期表（表 2-3-4）中，挑选符合客户要求的船期，并结合海运报价表（表 2-3-5），最终选出运价最低的两家船公司，并将船公司与船期信息复制到新的 Excel 表格中。

表 2-3-3 OOCL 船公司的船期表

ORIGIN	CUT-OFF DATE	PORT OF LOAD (POL)	ETD AT POL	PORT OF DISCHARGE (POD)	ETA AT POD	FINAL DESTINATION HUB (FND)	ETA AT FND	EST. TRANSIT TIME (DAYS)	VESSEL VOYAGE	SERVICE	CARGO NATURE
始发地	截止日期	装货港	装货港预计开航时间	卸货港	卸货港预计到达时间	最终目的地	预计到达最终目的地时间	预计航行时间(天)	承运人、船名航次	航线	货物种类
SHANGHAI	2021/02/24 12:00	SHANGHAI	2021/02/25	TACOMA	2021/03/23	NEW YORK	2021/04/02	26	OOCL TIANJIN 098E	NP3	DRY
SHANGHAI	2021/02/21 20:00	SHANGHAI	2021/02/25	LONG BEACH	2021/03/21	NEWARK	2021/03/31	24	CMA CGM LAMARTINE 007E	CC2	REEFER

素材 1：各船公司船期表

表 2-3-4 各船公司的船期表

MAERSK LINE

Shanghai, China to New York, United States

ORIGIN 始发地	SHANGHAI	SHANGHAI	SHANGHAI	SHANGHAI	SHANGHAI
CUT-OFF DATE 截关日期	2022/02/25	2022/03/04	2022/03/11	2022/03/18	2022/03/25
PORT OF LOAD (POL) 装货港	SHANGHAI	SHANGHAI	SHANGHAI	SHANGHAI	SHANGHAI
TERMINAL 作业区	SHANGHAI WAI GAO QIAO	SHANGHAI WAI GAO QIAO	SHANGHAI WAI GAO QIAO	SHANGHAI WAI GAO QIAO	SHANGHAI WAI GAO QIAO
ETD AT POL 装货港预计开航时间	2022/02/27	2022/03/06	2022/03/13	2022/03/20	2022/03/27
PORT OF DISCHARGE (POD) 卸货港	NEW YORK	NEW YORK	NEW YORK	NEW YORK	NEW YORK
ETA AT POD 卸货港预计到达时间	2022/03/24	2022/03/31	2022/04/07	2022/04/14	2022/04/21
FINAL DESTINATION HUB (FND) 最终目的地	NEW YORK	NEW YORK	NEW YORK	NEW YORK	NEW YORK
ETA AT FND 预计到达最终目的地时间	2022/03/24	2022/03/31	2022/04/07	2022/04/14	2022/04/21
EST. TRANSIT TIME (DAYS) 预计航行时间（天）	25	25	25	25	25
OCEAN CARRIER 承运人	MAERSK	MAERSK	MAERSK	MAERSK	MAERSK
VESSEL VOYAGE 船名航次	MERKUR PLANET 708N	MSC HEIDI 709N	E.R. VANCOUVER 710N	CHICAGO 711N	KMARIN AZUR 712N
SERVICE 航线	NP5	NP5	NP5	NP6	NP6
CONTAINER TYPE 集装箱类型	20′DRY/ 40′DRY	20′DRY/ 40′DRY	20′DRY/ 40′DRY	20′DRY/ 40′DRY	20′DRY/ 40′DRY

ORIGIN NAME 始发地	DESTINATION NAME 目的地	CUT-OFF DATE 截港日	DEPART DATE 开航日期	ARRIVAL DATE 到达日期	LOAD PORT 装货港	DISCHARGE PORT 卸货港	LOAD SERV 航线	LOAD VESSEL 装运船名航次	DISCHARGE VESSEL 卸船船名航次	TRANSIT TIME (DAYS) 航程(天)	ATTENTION 注意
SHANGHAI	NEW YORK	2022/02/23	2022/02/25	2022/03/23	SHANGHAI	NEW YORK	CE2	CMA CGM MELISA 341	CMA CGM MELISA 341	26	DETAILS BOOK
SHANGHAI	NEW YORK	2022/03/02	2022/03/04	2022/03/31	SHANGHAI	NEW YORK	CE2	COSCO PRINCE RU 329	COSCO PRINCE RU 329	27	DETAILS BOOK
SHANGHAI	NEW YORK	2022/03/09	2022/03/11	2022/04/07	SHANGHAI	NEW YORK	CE2	CMA CGM BIANC 333	CMA CGM BIANC 333	27	DETAILS BOOK
SHANGHAI	NEW YORK	2022/03/16	2022/03/18	2022/04/14	SHANGHAI	NEW YORK	CE2	CSCL ASIA 337	CSCL ASIA 337	27	DETAILS BOOK
SHANGHAI	NEW YORK	2022/02/28	2022/03/02	2022/03/26	SHANGHAI	NEW YORK	NP2	HYUNDAI LOYALTY 043	HYUNDAI LOYALTY 043	24	DETAILS BOOK
SHANGHAI	NEW YORK	2022/03/07	2022/03/09	2022/04/02	SHANGHAI	NEW YORK	NP2	APL ANTWERP 026	APL ANTWERP 026	24	DETAILS BOOK
SHANGHAI	NEW YORK	2022/03/21	2022/03/23	2022/04/16	SHANGHAI	NEW YORK	NP2	BREMEN EXPRESS 054	BREMEN EXPRESS 054	24	DETAILS BOOK
SHANGHAI	NEW YORK	2022/03/14	2022/03/16	2022/04/09	SHANGHAI	NEW YORK	NP2	OOCL CANADA 047	OOCL CANADA 047	24	DETAILS BOOK
SHANGHAI	NEW YORK	2022/03/17	2022/03/19	2022/04/10	SHANGHAI	NEW YORK	YLX	COSCO OCEANIA 079	COSCO OCEANIA 079	22	DETAILS BOOK
SHANGHAI	NEW YORK	2022/03/03	2022/03/05	2022/03/27	SHANGHAI	NEW YORK	YLX	COSCO TAICANG 075	COSCO TAICANG 075	22	DETAILS BOOK
SHANGHAI	NEW YORK	2022/03/10	2022/03/12	2022/04/03	SHANGHAI	NEW YORK	YLX	COSCO EUROPE 077	COSCO EUROPE 077	22	DETAILS BOOK

中远海运集装箱运输有限公司
COSCO SHIPPING LINES CO., LTD.

SEQ 序号	SERVICE 航线	VESSEL 船名	VOYAGE 航次	CUT OFF 截关时间	POL 装货港
1	MD1	CSCL BOHAI SEA	005E	2022/02/21 17：00	SHANGHAI
2	AWE2	YM UNANIMITY	030E	2022/02/22 16：00	SHANGHAI
3	CPS	EVER LEADING	0740E	2022/02/23 16：00	SHANGHAI
4	NUE	EVER LIVEN	0785E	2022/02/24 16：00	SHANGHAI
5	CEN	COSCO GLORY	037E	2022/02/24 16：00	SHANGHAI
6	CEN	COSCO GLORY	037E	2022/02/24 16：00	SHANGHAI
7	PSW4	YM OAKLAND	063E	2022/02/25 12：00	SHANGHAI
8	CMEX	XIN DA LIAN	024E	2022/02/25 18：00	SHANGHAI
9	AAE1	CSCL AMERICA	007S	2022/02/27 03：00	SHANGHAI
10	CMEX	COSCO ROTTERDAM	118E	2022/02/28 00：00	SHANGHAI
11	MD1	COSCO TAICANG	043E	2022/02/28 17：00	SHANGHAI
12	AWE2	HOUSTON BRIDGE	025E	2022/03/01 16：00	SHANGHAI
13	CPS	EVER LOVELY	0741E	2022/03/02 16：00	SHANGHAI
14	NUE	EVER LUCKY	0786E	2022/03/03 16：00	SHANGHAI
15	CEN	COSCO EXCELLENCE	033E	2022/03/03 16：00	SHANGHAI
16	CEN	COSCO EXCELLENCE	033E	2022/03/03 16：00	SHANGHAI
17	PSW4	YM ENHANCER	087E	2022/03/04 12：00	SHANGHAI
18	AAE1	CMA CGM DALILA	381USS	2022/03/06 03：00	SHANGHAI
19	MD1	COSCO EUROPE	050E	2022/03/07 17：00	SHANGHAI
20	AWE2	COSCO PHILIPPINES	056E	2022/03/08 16：00	SHANGHAI
21	CPS	EVER LOTUS	0742E	2022/03/09 16：00	SHANGHAI
22	CEN	CSCL SPRING	005E	2022/03/10 00：00	SHANGHAI
23	CEN	CSCL SPRING	005E	2022/03/10 00：00	SHANGHAI
24	NUE	EVER LIFTING	0787E	2022/03/10 16：00	SHANGHAI
25	CMEX	COSCO ANTWERP	135E	2022/03/11 08：00	SHANGHAI
26	PSW4	YM MANDATE	044E	2022/03/11 12：00	SHANGHAI
27	AAE1	COSCO JAPAN	060S	2022/03/12 17：00	SHANGHAI
28	MD1	COSCO OCEANIA	052E	2022/03/14 17：00	SHANGHAI
29	AWE2	VECCHIO BRIDGE	096E	2022/03/15 16：00	SHANGHAI
30	CPS	HATSU COURAGE	0743E	2022/03/16 16：00	SHANGHAI
31	NUE	HANOI BRIDGE	021E	2022/03/17 16：00	SHANGHAI
32	CEN	COSCO FORTUNE	034E	2022/03/17 16：00	SHANGHAI
33	CEN	COSCO FORTUNE	034E	2022/03/17 16：00	SHANGHAI
34	CMEX	COSCO TIANJIN	124E	2022/03/18 08：00	SHANGHAI
35	PSW4	YM EFFICIENCY	102E	2022/03/18 12：00	SHANGHAI
36	AAE1	CMA CGM CENDRILLON	389USS	2022/03/20 03：00	SHANGHAI

（续表）

ETD 预计离港时间	POD 卸货港	ETA 预计到港时间	TRANSIT TIME （DAYS）在途时间（天）
2022/02/25	LONG BEACH	2022/03/23	26
2022/02/25	NEW YORK	2022/03/22	25
2022/02/27	LOS ANGELES	2022/03/26	27
2022/02/27	NEW YORK	2022/03/30	31
2022/02/27	PRINCE RUPERT	2022/03/21	22
2022/02/27	NEW YORK	2022/03/26	27
2022/02/27	LOS ANGELES	2022/03/24	25
2022/03/07	PRINCE RUPERT	2022/03/29	22
2022/03/01	NEW YORK	2022/04/03	33
2022/03/01	NEW YORK	2022/03/26	25
2022/03/04	LONG BEACH	2022/03/30	26
2022/03/04	NEW YORK	2022/03/28	24
2022/03/06	LOS ANGELES	2022/04/02	27
2022/03/06	NEW YORK	2022/04/06	31
2022/03/06	PRINCE RUPERT	2022/03/28	22
2022/03/06	NEW YORK	2022/04/02	27
2022/03/06	LOS ANGELES	2022/03/31	25
2022/03/08	NEW YORK	2022/04/10	33
2022/03/11	LONG BEACH	2022/04/06	26
2022/03/11	NEW YORK	2022/04/04	24
2022/03/13	LOS ANGELES	2022/04/09	27
2022/03/13	PRINCE RUPERT	2022/04/04	22
2022/03/13	LONG BEACH	2022/04/09	27
2022/03/13	NEW YORK	2022/04/13	31
2022/03/14	PRINCE RUPERT	2022/04/06	23
2022/03/13	LOS ANGELES	2022/04/07	25
2022/03/15	NEW YORK	2022/04/17	33
2022/03/18	LONG BEACH	2022/04/13	26
2022/03/18	NEW YORK	2022/04/11	24
2022/03/20	LOS ANGELES	2022/04/16	27
2022/03/20	NEW YORK	2022/04/20	31
2022/03/20	PRINCE RUPERT	2022/04/11	22
2022/03/20	LONG BEACH	2022/04/16	27
2022/03/21	PRINCE RUPERT	2022/04/13	23
2022/03/20	LOS ANGELES	2022/04/14	25
2022/03/22	NEW YORK	2022/04/24	33

MEDITERRANEAN SHIPPING COMPANY

DATE: Tues, 01 Mar 2022

Shanghai, China to New York, United States

VESSEL 船名	VOYAGE 航次	SERVICE 航线	CUT-OFF DATE 截单期	TERMINAL 作业区	DEPARTURE DATE 开航日期	TRANSIT TIME 航行时间	ARRIVAL DATE 到达日期	OCEAN CARRIER 承运人
MSC ELODIE	FG707E	EMPIRE	2022/02/24	SHANGHAI SHENGDONG INTERNATIONAL CONTAINER TERMINA	2022/02/25	25	2022/03/22	MSC
MAERSK SEOUL	708E	EMPIRE	2022/03/02	SHANGHAI SHENGDONG INTERNATIONAL CONTAINER TERMINA	2022/03/03	26	2022/03/29	MSC
ADRIAN MAERSK	708W	AMERICA-NEW ORIENT	2022/02/25	SHANGHAI SHENGDONG INTERNATIONAL CONTAINER TERMINA	2022/02/26	36	2022/04/03	MSC
MSC MAXINE	FG709E	EMPIRE	2022/03/09	SHANGHAI SHENGDONG INTERNATIONAL CONTAINER TERMINA	2022/03/10	26	2022/04/05	MSC
MAERSK STRALSUND	709W	AMERICA-NEW ORIENT	2022/03/04	SHANGHAI SHENGDONG INTERNATIONAL CONTAINER TERMINA	2022/03/05	36	2022/04/10	MSC
MAERSK SHEERNESS	710E	EMPIRE	2022/03/16	SHANGHAI SHENGDONG INTERNATIONAL CONTAINER TERMINA	2022/03/17	26	2022/04/12	MSC
ARNOLD MAERSK	710W	AMERICA-NEW ORIENT	2022/03/11	SHANGHAI SHENGDONG INTERNATIONAL CONTAINER TERMINA	2022/03/12	36	2022/04/17	MSC
NORTHERN JASPER	711E	EMPIRE	2022/03/23	SHANGHAI SHENGDONG INTERNATIONAL CONTAINER TERMINA	2022/03/24	26	2022/04/19	MSC
ARTHUR MAERSK	711W	AMERICA-NEW ORIENT	2022/03/18	SHANGHAI SHENGDONG INTERNATIONAL CONTAINER TERMINA	2022/03/19	36	2022/04/24	MSC
MSC LISBON	FG712E	EMPIRE	2022/03/30	SHANGHAI SHENGDONG INTERNATIONAL CONTAINER TERMINA	2022/03/31	26	2022/04/26	MSC

素材 2：船公司报价表

表 2-3-5 船公司的报价表

船公司	起运港	目的港	O/F（USD/箱）（对外报价时，在成本价上加 USD100 服务费）			文件费（CNY/票）	订舱费（CNY/箱）		
			20GP	40GP	40HQ		20GP	40GP	40HQ
APL	SHANGHAI	NEW YORK	2 800.00	3 400.00	3 400.00	550.00	250.00	390.00	390.00
COSCO	SHANGHAI	PRINCE RUPERT	1 700.00	1 900.00	1 900.00	500.00	220.00	335.00	465.00
COSCO	SHANGHAI	NEW YORK	2 400.00	2 950.00	2 950.00	500.00	220.00	335.00	465.00
COSCO	SHANGHAI	LOS ANGELES	1 300.00	1 600.00	1 600.00	500.00	220.00	335.00	465.00
COSCO	SHANGHAI	LONG BEACH	1 300.00	1 600.00	1 600.00	500.00	220.00	335.00	465.00
MAERSK	SHANGHAI	NEW YORK	2 700.00	3 300.00	3 300.00	540.00	250.00	390.00	390.00
MSC	SHANGHAI	TACOMA	1 400.00	1 700.00	1 700.00	500.00	250.00	390.00	390.00
MSC	SHANGHAI	NEW YORK	2 750.00	3 350.00	3 350.00	500.00	250.00	390.00	390.00

船公司	封志费（CNY/箱）	设备交接单费（CNY/箱）	发货港码头操作费(CNY/箱)			AMS（USD/票）	电放费(CNY/票)（发生则收）
			20GP	40GP	40HQ		
APL	40.00	50.00	790.00	1 185.00	1 185.00	30.00	350.00
COSCO	30.00	50.00	790.00	1 185.00	1 185.00	30.00	300.00
COSCO	30.00	50.00	790.00	1 185.00	1 185.00	30.00	300.00
COSCO	30.00	50.00	790.00	1 185.00	1 185.00	30.00	300.00
COSCO	30.00	50.00	790.00	1 185.00	1 185.00	30.00	300.00
MAERSK	40.00	50.00	790.00	1 185.00	1 185.00	30.00	340.00
MSC	40.00	50.00	790.00	1 185.00	1 185.00	30.00	300.00
MSC	40.00	50.00	790.00	1 185.00	1 185.00	30.00	300.00

三、反馈船期信息给客户

1. 客户需求响应

客户需求响应（Customer Demand Response），是指在为客户服务的过程中，企业对于满足客户需求的反应。

2. 客户需求响应的要点

(1) 客户提出需求，货代销售人员必须第一时间快速响应，反应速度要快；

(2) 如果不能马上回答客户的问题，则要有一定的时间限制，不能让客户等待时间过长；

(3) 对客户提出的问题回答要非常专业，并且要确保回答的准确性。

四、记录客户需求响应过程

1. 接到客户需求时

接到客户需求时，记录客户的需求内容。

2. 客户需求响应阶段

客户需求响应阶段，记录响应方案，如果无权限或无能力处理，要立即汇报上级主管并做好跟踪记录。

3. 反馈客户

反馈客户后，记录本次客户需求响应的处理结果。

融会贯通

小李于 2022 年 3 月 4 日收到客户上海文皮服装有限公司发来的一封邮件，询问其公司生产的 2 个 40 ft 集装箱的女式晚礼服，上海港装货、目的地纽约港，3 月 20 日前截关的船期都有哪些，并要求小李提供一份船期选择方案。

素材 1：各船公司船期表

表 2-3-6　各船公司的船期表

MAERSK LINE

ORIGIN 始发地	CUT-OFF DATE 截关日期	PORT OF LOAD (POL) 装货港	TERMINAL 作业区	ETD AT POL 装货港预计开航时间	PORT OF DISCHARGE (POD) 卸货港	ETA AT POD 卸货港预计到达时间
SHANGHAI	2022/03/04	SHANGHAI	SHANGHAI WAI GAO QIAO	2022/03/06	NEW YORK	2022/03/31
SHANGHAI	2022/03/11	SHANGHAI	SHANGHAI WAI GAO QIAO	2022/03/13	NEW YORK	2022/04/07
SHANGHAI	2022/03/18	SHANGHAI	SHANGHAI WAI GAO QIAO	2022/03/20	NEW YORK	2022/04/14

ORIGIN 始发地	FINAL DESTINATION HUB (FND) 最终目的地	ETA AT FND 预计到达最终目的地时间	EST. TRANSIT TIME (DAYS) 预计航行时间(天)	OCEAN CARRIER 承运人	VESSEL VOYAGE 船名航次	SERVICE 航线	CONTAINER TYPE 集装箱类型
SHANGHAI	NEW YORK	2022/03/31	25	MAERSK	MSC HEIDI 709N	NP5	20′DRY/ 40′DRY
SHANGHAI	NEW YORK	2022/04/07	25	MAERSK	E.R. VANCOUVER 710N	NP5	20′DRY/ 40′DRY
SHANGHAI	NEW YORK	2022/04/14	25	MAERSK	CHICAGO 711N	NP6	20′DRY/ 40′DRY

APL Moving Business Forward

ORIGIN NAME 始发地	DESTINATION NAME 目的地	CUT OFF DATE 截港日	DEPART DATE 开航日期	ARRIVAL DATE 到达日期	LOAD PORT 装货港	DISCHARGE PORT 卸货港
SHANGHAI	NEW YORK	2022/03/09	2022/03/11	2022/04/07	SHANGHAI	NEW YORK
SHANGHAI	NEW YORK	2022/03/16	2022/03/18	2022/04/14	SHANGHAI	NEW YORK
SHANGHAI	NEW YORK	2022/03/07	2022/03/09	2022/04/02	SHANGHAI	NEW YORK
SHANGHAI	NEW YORK	2022/03/14	2022/03/16	2022/04/09	SHANGHAI	NEW YORK
SHANGHAI	NEW YORK	2022/03/17	2022/03/19	2022/04/10	SHANGHAI	NEW YORK
SHANGHAI	NEW YORK	2022/03/03	2022/03/05	2022/03/27	SHANGHAI	NEW YORK
SHANGHAI	NEW YORK	2022/03/10	2022/03/12	2022/04/03	SHANGHAI	NEW YORK

ORIGIN NAME 始发地	LOAD SERV 航线	LOAD VESSEL 装运船名航次	DISCHARGE VESSEL 卸船船名航次	TRANSIT TIME (DAYS) 航程（天）	ATTENTION 注意
SHANGHAI	CE2	CMA CGM BIANC 333	CMA CGM BIANC 333	27	DETAILS BOOK
SHANGHAI	CE2	CSCL ASIA 337	CSCL ASIA 337	27	DETAILS BOOK
SHANGHAI	NP2	APL ANTWERP 026	APL ANTWERP 026	24	DETAILS BOOK
SHANGHAI	NP2	OOCL CANADA 047	OOCL CANADA 047	24	DETAILS BOOK
SHANGHAI	YLX	COSCO OCEANIA 079	COSCO OCEANIA 079	22	DETAILS BOOK
SHANGHAI	YLX	COSCO TAICANG 075	COSCO TAICANG 075	22	DETAILS BOOK
SHANGHAI	YLX	COSCO EUROPE 077	COSCO EUROPE 077	22	DETAILS BOOK

COSCO SHIPPING 中远海运集装箱运输有限公司 COSCO SHIPPING LINES CO., LTD.

SEQ 序号	SERVICE 航线	VESSEL 船名	VOYAGE 航次	POL 装货港	ETD 预计离港时间	POD 卸货港	ETA 预计到港时间	TRANSIT TIME 在途时间
18	AAE1	CMA CGM DALILA	381USS	SHANGHAI	2022/03/08	NEW YORK	2022/04/10	33
19	MD1	COSCO EUROPE	050E	SHANGHAI	2022/03/11	LONG BEACH	2022/04/06	26
20	AWE2	COSCO PHILIPPINES	056E	SHANGHAI	2022/03/11	NEW YORK	2022/04/04	24

（续表）

SEQ 序号	SERVICE 航线	VESSEL 船名	VOYAGE 航次	POL 装货港	ETD 预计离港时间	POD 卸货港	ETA 预计到港时间	TRANSIT TIME 在途时间
21	CPS	EVER LOTUS	0742E	SHANGHAI	2022/03/13	LOS ANGELES	2022/04/09	27
22	CEN	CSCL SPRING	005E	SHANGHAI	2022/03/13	PRINCE RUPERT	2022/04/04	22
23	CEN	CSCL SPRING	005E	SHANGHAI	2022/03/13	LONG BEACH	2022/04/09	27
24	NUE	EVER LIFTING	0787E	SHANGHAI	2022/03/13	NEW YORK	2022/04/13	31
25	CMEX	COSCO ANTWERP	135E	SHANGHAI	2022/03/14	PRINCE RUPERT	2022/04/06	23
26	PSW4	YM MANDATE	044E	SHANGHAI	2022/03/13	LOS ANGELES	2022/04/07	25
27	AAE1	COSCO JAPAN	060S	SHANGHAI	2022/03/15	NEW YORK	2022/04/17	33
28	MD1	COSCO OCEANIA	052E	SHANGHAI	2022/03/18	LONG BEACH	2022/04/13	26
29	AWE2	VECCHIO BRIDGE	096E	SHANGHAI	2022/03/18	NEW YORK	2022/04/11	24
30	CPS	HATSU COURAGE	0743E	SHANGHAI	2022/03/20	LOS ANGELES	2022/04/16	27
31	NUE	HANOI BRIDGE	021E	SHANGHAI	2022/03/20	NEW YORK	2022/04/20	31
32	CEN	COSCO FORTUNE	034E	SHANGHAI	2022/03/20	PRINCE RUPERT	2022/04/11	22
33	CEN	COSCO FORTUNE	034E	SHANGHAI	2022/03/20	LONG BEACH	2022/04/16	27
34	CMEX	COSCO TIANJIN	124E	SHANGHAI	2022/03/21	PRINCE RUPERT	2022/04/13	23
35	PSW4	YM EFFICIENCY	102E	SHANGHAI	2022/03/20	LOS ANGELES	2022/04/14	25
36	AAE1	CMA CGM CENDRILLON	389USS	SHANGHAI	2022/03/22	NEW YORK	2022/04/24	33

MEDITERRANEAN SHIPPING COMPANY

VESSEL 船名	VOYAGE 航次	SERVICE 航线	CUT-OFF DATE 截单期	TERMINAL 作业区
MSC MAXINE	FG709E	EMPIRE	2022/03/09	SHANGHAI SHENGDONG INTERNATIONAL CONTAINER TERMINA
MAERSK SHEERNESS	710E	EMPIRE	2022/03/16	SHANGHAI SHENGDONG INTERNATIONAL CONTAINER TERMINA
ARNOLD MAERSK	710W	AMERICA-NEW ORIENT	2022/03/11	SHANGHAI SHENGDONG INTERNATIONAL CONTAINER TERMINA
ARTHUR MAERSK	711W	AMERICA-NEW ORIENT	2022/03/18	SHANGHAI SHENGDONG INTERNATIONAL CONTAINER TERMINA

VESSEL 船名	DEPARTURE DATE 开航日期	TRANSIT TIME 航行时间	ARRIVAL DATE 到达日期	OCEAN CARRIER 承运人
MSC MAXINE	2022/03/10	26	2022/04/05	MSC
MAERSK SHEERNESS	2022/03/17	26	2022/04/12	MSC
ARNOLD MAERSK	2022/03/12	36	2022/04/17	MSC
ARTHUR MAERSK	2022/03/19	36	2022/04/24	MSC

素材 2：船公司报价表

表 2-3-7 船公司的报价表

船公司	起运港	目的港	O/F（USD/箱）（对外报价时，在成本价上加 USD100 服务费）			文件费（CNY/票）	订舱费（CNY/箱）		
			20GP	40GP	40HQ		20GP	40GP	40HQ
APL	SHANGHAI	NEW YORK	2 800.00	3 400.00	3 400.00	550.00	250.00	390.00	390.00
COSCO	SHANGHAI	PRINCE RUPERT	1 700.00	1 900.00	1 900.00	500.00	220.00	335.00	465.00
COSCO	SHANGHAI	NEW YORK	2 400.00	2 950.00	2 950.00	500.00	220.00	335.00	465.00
COSCO	SHANGHAI	LOS ANGELES	1 300.00	1 600.00	1 600.00	500.00	220.00	335.00	465.00
COSCO	SHANGHAI	LONG BEACH	1 300.00	1 600.00	1 600.00	500.00	220.00	335.00	465.00
MAERSK	SHANGHAI	NEW YORK	2 700.00	3 300.00	3 300.00	540.00	250.00	390.00	390.00
MSC	SHANGHAI	TACOMA	1 400.00	1 700.00	1 700.00	500.00	250.00	390.00	390.00
MSC	SHANGHAI	NEW YORK	2 750.00	3 350.00	3 350.00	500.00	250.00	390.00	390.00

（续表）

船公司	封志费（CNY/箱）	设备交接单费（CNY/箱）	发货港码头操作费（CNY/箱）			AMS（USD/票）	电放费（CNY/票）（发生则收）
			20GP	40GP	40HQ		
APL	40.00	50.00	790.00	1 185.00	1 185.00	30.00	350.00
COSCO	30.00	50.00	790.00	1 185.00	1 185.00	30.00	300.00
COSCO	30.00	50.00	790.00	1 185.00	1 185.00	30.00	300.00
COSCO	30.00	50.00	790.00	1 185.00	1 185.00	30.00	300.00
COSCO	30.00	50.00	790.00	1 185.00	1 185.00	30.00	300.00
MAERSK	40.00	50.00	790.00	1 185.00	1 185.00	30.00	340.00
MSC	40.00	50.00	790.00	1 185.00	1 185.00	30.00	300.00
MSC	40.00	50.00	790.00	1 185.00	1 185.00	30.00	300.00

学生实践评价表

班级		姓名		学号	
序号	任务	实践过程记录（时间及完成情况）				
		知识准备	熟悉业务	观摩、学习	操作、训练	自评
1	客户需求响应					
2	制作船期选择方案					
3	反馈船期信息给客户					
4	记录客户需求响应过程					

课后巩固

一、单选题

1. 下列需求中决定企业现实的服务差异化定位的是（　　）。

A. 必备需求　　B. 单向需求　　C. 吸引需求　　D. 客户需求

2. 下列需求中明确企业服务创新的方向的是（　　）。

A. 必备需求　　B. 单向需求　　C. 吸引需求　　D. 客户需求

3. 接到客户需求时，首先应做的是（　　）。

A. 记录客户需求　B. 向上级汇报　C. 记录响应方案

二、多选题

1. 根据顾客需求的特点将顾客需求分为（　　）。

A. 必备需求　B. 单向需求　C. 吸引需求　D. 心理需求

2. 查询船期的方法包括（　　）。

A. 船务周刊　B. 船公司网站　C. 订舱网站　D. 询问船舶代理

3. 选择船期一般依靠（　　）进行筛选。

A. 截港日期　B. 到达目的港时间　C. 截关日期　D. 船名航次

4. 欧基线基本港包括（　　）。

A. 汉堡　B. 鹿特丹　C. 奥克兰　D. 长滩

5. 非洲航线包含（　　）。

A. 东非线　B. 南非线　C. 西非线　D. 北非线

6. 日韩线的基本港有（　　）。

A. 釜山　B. 东京　C. 大阪　D. 仁川

7. 客户需求响应的要点是（　　）。

A. 快　B. 准　C. 稳　D. 慢

8. 货代工作人员给客户反馈船期选择方案信息可运用（　　）进行通知。

A. 邮件　B. 电话　C. 传真

9. 记录客户需求响应包含（　　）过程。

A. 接受客户需求　B. 客户需求响应

C. 反馈客户　D. 记录反馈结果

三、判断题

1. 必备需求是指既不会被顾客明确表达出来，也不会让顾客过分期望的需求，是企业为顾客提供的非承诺性利益。（　　）

2. 满足顾客的必备需求，客户会因此产生更高的满意度。（　　）

3. 货代公司有合作船公司，所以通过货代订舱会有更低的价格。（　　）

4. 客户联系货代销售人员提出需求，若不能马上回答客户的问题，可以不予以回答并采取拖延策略。（　　）

5. 对客户提出的问题回答要非常专业，并且要确保回答的准确性，体现了客户需求响应的“准”。（　　）

6. 货代工作人员将船期选择方案信息通过邮件或传真告知即可，因为方案信息复杂，不需电话告知。（　　）

7. 电话沟通是最快捷的方式，但因为船期选择方案复杂所以要通过邮件或传真的方式反馈。（　　）

8. 收到客户需求但无权限处理时，只需汇报给上级即可。（　　）

学习笔记

任务四

客户回访与关怀

任务目标

1. 基本目标

➢ 能够做好客户回访的准备工作；
➢ 能够与客户进行回访的沟通；
➢ 能够对回访的调查问卷结果进行统计分析；
➢ 能够根据回访结果改善服务质量。

2. 重点难点

➢ 能够对回访的调查问卷结果进行统计分析；
➢ 根据回访信息统计结果改善服务质量。

情境聚焦

旅商国际货运代理有限公司是一家一级货运代理公司，主要承办京津冀、长三角、珠三角地区的海运业务，包括短驳运输、订舱、报关报检、保险等服务。托运品类包括普通货物、大宗货物、生鲜食品等。

小张是旅商货代客户专员，负责北京地区的客户回访工作。小张需要对北京好时多贸易有限公司进行回访，此前这家公司刚刚委托旅商货代进口了一批美国饼干。小张需要完成以下任务：

任务一：回访前的准备。

任务二：与客户回访沟通。

任务三：对回访结果进行统计分析。

任务四：根据回访结果分析改善服务质量。

工作过程

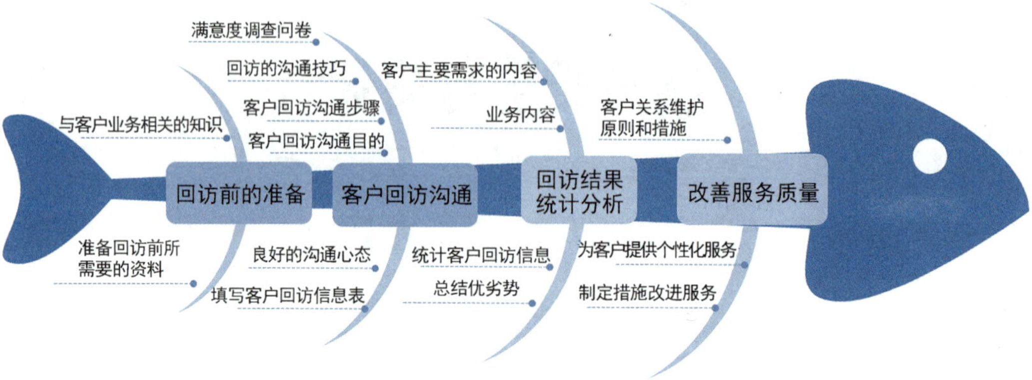

教学要点与任务实施

一、回访前的准备

1. 客户详细的档案资料；
2. 客户近期完成的业务；
3. 录音笔、签字笔和笔记本；
4. 平和的心态。

客户回访沟通

二、客户回访沟通

1. 开展客户回访工作的目的

（1）通过客户回访能够准确掌握每一个客户的基本情况和动态。

（2）在对客户有详实了解的基础上，有针对性地对不同客户进行不同方法的维系与跟踪回访。

（3）了解客户需求，便于为客户提供更多、更优质的增值服务。

（4）发现自身存在的不足，及时改进提高。

（5）提高客户满意度。

2. 开始客户回访沟通工作的步骤

（1）步骤一：向客户问好。

（2）步骤二：自我介绍，报公司名称。

（3）步骤三：询问对方是否收到本公司的服务手册、公司内刊或者礼品。如果客户说已收到，那么接着请客户提出意见和建议；如果客户说未收到，核实地址，将新的地址记下来进行更新；最后表示感谢。

（4）步骤四：可以询问客户对公司服务管理满意度如何。

（5）步骤五：对每一个回访做好电子文档回访记录并注明回访日期，每期回访记录依次添加在后面。

3. 回访中的话术

(1) 第一句："您好！我是××货运代理有限公司客服专员，请问您是××先生/小姐吗?"

(2) 第二句："您好！打扰了，请问您现在方便接电话吗?"如果对方说方便，那么回答可以是："好的，耽搁您2分钟时间！近期我公司给您邮寄了××期的公司内刊，请问您收到了吗?"如果对方说不方便，那么回答是："好的，那请问什么时候方便接听电话呢?"同时记下时间，回复说，"不好意思打扰您，谢谢您，祝您生活愉快!"

(3) 第三句："请问您对我们此次回访的服务态度满意吗?"如果对方答复"满意"，我们可以说："非常感谢，如果您有需要，可随时跟我们联系，祝您生活愉快，再见。"如果对方答复"不满意"或者"一般"，我们答复："非常感谢您的宝贵建议，我们会积极改进完善，如有需要，欢迎您随时跟我们联系，祝您生活愉快，再见。"如果临近节日，结束语我们可以说："××节临近，我代表公司为您和您的家人送上最诚挚的祝福，希望您度过一个愉快的假期。"

在回访客户的过程中，有的时候并不是很顺利，有的客户态度不是很好，不耐烦，有的甚至出言不逊，也有一些客户由于对物流知识并不是十分了解，有些质疑或者不理解，作为回访人员仍要耐心倾听，要做最好的听众。

发生客户投诉的时候，因为是程序或是服务出现了问题，所以客户的情绪十分激动，回访人员要给予理解，既要站在客户的角度上考虑问题，又要维护公司的合法权益。通过接收客户提出的意见投诉、合理化建议，做到信息及时向相关部门反馈、改进，加强内部合作意识，加强对客户的重视程度。

4. 成功回访

(1) 结构合理、精心编排的问卷

当你拿起电话打算打给客户做回访调查时，你是否已经想好了你要问对方的问题?你是否已经设计好何时用开放式问题?如果这些都没有事先准备好，那么这将是一次糟糕沟通的开始。

(2) 针对性地选择回访时间

不要在客户繁忙或休息的时候去回访。想象一下，凌晨三点，睡眼惺忪地接起电话，一个动听的声音告诉客户，要对他昨天买的某个产品进行满意度回访，那时客户是什么样的心情，可能再动听的声音也冲不熄他心中被人打扰的怒火，他会配合调查吗?

同样对于调查者来说，需要思考选择的沟通时间是否合适，是否选择了比较繁忙的工作时段去做背景调查，是否已经模拟过对方回答你的问题需要耽搁多长的时间。一般来说，上午的11点到12点的时间段，下午4点后的时间段，都是接近下班的时候，大多数人员会在那个时段把手上紧张的工作稍稍放松一点，那时进行客户回访，不配合的人员比较少。回访人员的声音听上去应该尽可能友好、自然，以便能很快取得客户的信任，客户便能和你坦率地说话。

（3）礼貌和甜美的声音

礼貌和甜美的声音是打动客户，让其听下去的动力。对于电话另一头的人来说，语音是标识修养与素质的唯一名片，拿起话筒前要先调节好自己的情绪，电话这头的微笑，对方是可以通过声音感受到的。注意礼貌的问候、语气和节奏的掌控，避免给对方一种冷冰冰、公事公办的态度，要知道对方无论告不告诉你答案，对他来说无半点损失。结束时，不妨加上一条祝福语，让对方感受到你获得帮助时的愉悦之情，这样客户当天都会有一个好心情。

5. 回访沟通的禁忌

（1）不要心不在焉。

（2）不要跟客户争辩。

（3）不过分强调自我，否定对方。

（4）不能不懂装懂，妄下断言。

6. 任务实施

模拟旅商货代小张客户回访过程，并填写旅商货代客户回访信息表。

表 2-4-1　旅商货代客户回访信息表

旅商货代客户回访信息登记表

客户名称：北京好时多贸易有限公司

地址：北京市海淀区倒座庙一号楼二层 202 室

联系电话：010-8269××××

日期：2020-07-31

一、满意度调查

➢ **部门：客服部**

服务评价：

1. 对我们的服务态度是否满意：

A. 十分满意　B. 满意　C. 一般　D. 不满意　E. 非常不满意

2. 对我们的响应速度是否满意：

A. 十分满意　B. 满意　C. 一般　D. 不满意　E. 非常不满意

3. 对我们的业务水平是否满意：

A. 十分满意　B. 满意　C. 一般　D. 不满意　E. 非常不满意

4. 其他服务是否满意（如选择 C、D 或 E 请备注服务内容）：__________

A. 十分满意　B. 满意　C. 一般　D. 不满意　E. 非常不满意

（续表）

➢ **部门：业务部**

服务评价：

1. 对我们的服务态度是否满意：

A. 十分满意　B. 满意　C. 一般　D. 不满意　E. 非常不满意

2. 对我们的响应速度是否满意：

A. 十分满意　B. 满意　C. 一般　D. 不满意　E. 非常不满意

3. 对我们的业务水平是否满意：

A. 十分满意　B. 满意　C. 一般　D. 不满意　E. 非常不满意

4. 其他服务是否满意（如选择 C、D 或 E 请备注服务内容）：________

A. 十分满意　B. 满意　C. 一般　D. 不满意　E. 非常不满意

➢ **部门：财务部**

服务评价：

1. 对我们的服务态度是否满意：

A. 十分满意　B. 满意　C. 一般　D. 不满意　E. 非常不满意

2. 对我们的响应速度是否满意：

A. 十分满意　B. 满意　C. 一般　D. 不满意　E. 非常不满意

3. 对我们的业务水平是否满意：

A. 十分满意　B. 满意　C. 一般　D. 不满意　E. 非常不满意

4. 其他服务是否满意（如选择 C、D 或 E 请备注服务内容）：________

A. 十分满意　B. 满意　C. 一般　D. 不满意　E. 非常不满意

二、意见及建议

相关部门：________________________________

意见或建议：________________________________

____

三、近期是否有业务需求

____

三、回访结果统计分析

帮助小张根据本季度客户回访统计数据完成表格（表 2-4-2），统计各个相关部门的客户满意度得分。（共采集 10 个样本，括号内为每个选项的得分）

表 2-4-2　本季度客户回访统计

部门	评价内容	A 十分满意 (10)	B 满意 (7.5)	C 一般 (5)	D 不满意 (2.5)	E 非常不满意 (0)	得分
客服部	服务态度						
	响应速度						
	业务水平						
	其他						
	合　计						
业务部	服务态度						
	响应速度						
	业务水平						
	其他						
	合　计						
财务部	服务态度						
	响应速度						
	业务水平						
	其他						
	合　计						

四、改善服务质量

改善服务质量

1. 客户关系

客户关系管理能帮助找到并锁定正确的客户，在正确的时间，以正确的价格，通过正确的渠道，提供正确的产品或服务，从而有效地满足客户的需要和愿望。

客户关系管理指的是企业通过有意义的交流沟通，理解并影响客户行为，最终实现提高客户获得、客户保留、客户忠诚和客户创利的目的。

(1) 客户管理的内容

客户管理的工作应尽量完整，主要有以下几项内容：

① 基础资料：主要包括客户的名称、地址、电话、所有者、经营管理者、法人代表及他们个人的性格、兴趣、爱好、家庭、学历、年龄、能力、创业时间、与公司交易时间、企业组织形式、业种、资产等。

② 客户特征：主要包括服务区域、销售能力、发展潜力、经销观念、经营方向、经营政策、企业规模、经营特点等。

③ 业务状况：主要包括销售业绩、经营管理者和业务人员的素质、与其他竞争者的关系、与本公司的业务关系及合作态度等。

④ 交易现状：主要包括客户的销售活动现状、存在的问题、保持的优势、未来的对策、企业形象、声誉、信用状况、交易条件以及出现的信用问题等方面。

(2) 客户资料卡

客户资料卡是业务的销售部门了解市场的重要工具之一。以上几项均是客户资料卡的重要内容（表 2-4-3）。

表 2-4-3　客户资料卡

<table>
<tr><td rowspan="9">客户基本资料</td><td>公司名称</td><td colspan="2"></td><td>代号</td><td></td><td>统一编号</td><td colspan="2"></td></tr>
<tr><td>公司地址</td><td colspan="2"></td><td>电话</td><td></td><td>公司执照</td><td colspan="2" rowspan="2">字第　号
字第　号</td></tr>
<tr><td>工厂地址</td><td colspan="2"></td><td>电话</td><td></td><td>工厂登记证</td></tr>
<tr><td>公司成立</td><td>年　月　日</td><td>资本额</td><td></td><td>员工人数</td><td colspan="3">职员　　人　作业员　　人</td></tr>
<tr><td>主要业务</td><td colspan="4"></td><td>行业类别</td><td colspan="2"></td></tr>
<tr><td>负责人</td><td></td><td>身份证号码</td><td></td><td>配偶</td><td></td><td>身份证号码</td><td></td></tr>
<tr><td>居住地址</td><td colspan="2"></td><td>电话</td><td></td><td>担任本职期间</td><td colspan="2"></td></tr>
<tr><td>执行业务者</td><td></td><td>身份证号码</td><td></td><td>配偶</td><td></td><td>身份证号码</td><td></td></tr>
<tr><td>转投资企业</td><td colspan="3"></td><td>转投资效益</td><td colspan="3">□良好　□尚可　□亏损</td></tr>
<tr><td rowspan="5">营运资料</td><td>产品种类</td><td colspan="7"></td></tr>
<tr><td>主要销售对象</td><td colspan="7"></td></tr>
<tr><td>年营业额</td><td colspan="2"></td><td>纯益率</td><td></td><td>资产总额</td><td colspan="2"></td></tr>
<tr><td>负债总额</td><td colspan="2"></td><td>负债比率</td><td></td><td>权益净值</td><td colspan="2"></td></tr>
<tr><td>最近三年每股盈余</td><td colspan="2"></td><td>流动比率</td><td></td><td>固定资产</td><td colspan="2"></td></tr>
<tr><td rowspan="8">银行往来情形</td><td colspan="2">金融机构名称</td><td>类别</td><td>帐号</td><td>开户日期</td><td colspan="2">退票及注销记录</td><td>金融机构评语</td></tr>
<tr><td colspan="2"></td><td></td><td></td><td></td><td colspan="2"></td><td></td></tr>
<tr><td colspan="2"></td><td></td><td></td><td></td><td colspan="2"></td><td></td></tr>
<tr><td colspan="2"></td><td></td><td></td><td></td><td colspan="2"></td><td></td></tr>
<tr><td colspan="2"></td><td></td><td></td><td></td><td colspan="2"></td><td></td></tr>
<tr><td colspan="2"></td><td></td><td></td><td></td><td colspan="2"></td><td></td></tr>
<tr><td colspan="2"></td><td></td><td></td><td></td><td colspan="2"></td><td></td></tr>
<tr><td colspan="2"></td><td></td><td></td><td></td><td colspan="2"></td><td></td></tr>
</table>

通过客户资料卡，销售部门可以持续地了解客户实情，从中看到客户的销售动态。据此，销售经理就可以对市场状态做出准确判断并采取相应的行动。

（3）对客户进行分析

进行客户管理，不只是对客户资料的收集，而且还需要对客户进行多方面的分析。具体包括：交易状况分析，例如商品的销售构成分析或者商品周转率分析；同时还可以分析客户等级，在分析客户等级时一般运用ABC分类法，ABC分类法也是世界技能大赛货运代理项目必考项；除此之外，还可以分析客户信用和客户投诉处理。

例如作为某货运代理企业的业务经理，有一位大客户的订单数量极为庞大。可以考虑派遣手下的王牌业务专员，施展灵活的交际手腕，不断地拜访客户，同客户联系，还要接近客户手下的重要人员。这就是所谓的“紧迫盯人”，也只有这样，在竞争日益激烈的当下，大客户才不至于流失。此外，还可以邀请大客户参观企业、仓库、档口，或者安排几次商务宴请，由公司经理级的人物负责招待。

客户关系管理能获得更多的客户，保留更好的客户，创造更大的客户价值，保持客户持久的忠诚。从而，为企业带来更丰厚的利润和持续的竞争优势。

2. 个性化服务

个性化服务是根据用户的设定来实现的，依据各种渠道对资源进行收集、整理和分类，向客户提供和推荐相关信息，以满足用户的需求。从整体上说，个性化服务打破了传统的被动服务模式，能够充分利用各种资源优势，优化产业链，主动开展以满足客户个性化需求为目的的全方位服务。

企业应根据所估计的客户的终身价值和吸引及保持顾客所需成本进行成本收益权衡，确定“金牌”客户、“银牌”客户及一般客户。个性化服务初期，企业首先对能给自己带来丰厚收益的“金牌”客户、“银牌”客户提供个性化服务，等条件具备之后，再逐渐地扩大服务范围。

个性化服务要经历四个过程，也就是四个步骤，从低到高依次是信任（Trust）、价值（Value）、情感（Emotion）、眼界（Vision）。

（1）信任。信任是托付的前提，这一道理同样适用于销售。一个小订单，客户可能会交给一个喜欢的人，但是对于大订单，他更会选择一个他深信能够完成任务的人，因为他担不起失败的责任。信任的含义是对人诚实、正直，信守承诺。对于客户的要求，不但要尽力完成，还要完成得漂亮。信任和承诺是此步骤的关键，以口头、书面、个人或公司信用为标准。

（2）价值。在建立了好感和信任的基础上，要让客户感觉到你的价值所在。你的价值不仅仅要对客户的业务有帮助，还要让你的价值成为客户个人的价值，这样客户的选择就必定是你了。价值和增值是此步骤的关键词，以产生增值或额外价值为标准。

（3）情感。与客户建立情感银行账户，这是最终境界。如同真正的银行账户一样，你的投入越多，你能支取出来的就越多，当你的投入积累到一定程度之后，你甚至可以透支。而有别于真正银行账户的是，这种情感的积累需要从点滴做起，要日积月累。情感和品牌是此步骤的关键词，品牌的忠诚度和情感账户是这个层次的主要衡量指标。

(4) 眼界。开阔眼界是一个公司更长远的规划、发展前景、资源互换的一种方式。远景和战略是此步骤的关键，股份、资源整合、共同的发展方向是衡量此阶段的标准。

了解四个步骤有助于搞好客户关系，做好每一步的货代服务销售工作。

3. 任务实施

根据表 2-4-4，分析各部门分别需要在哪些方面进行服务改进。

表 2-4-4　统计分析表

部门	评价内容	A 十分满意（10）	B 满意（7.5）	C 一般（5）	D 不满意（2.5）	E 非常不满意（0）	得分
客服部	服务态度	8	2				95
	响应速度	1	6	3			70
	业务水平		3	5	2		52.5
	其他		5	5			62.5
	合　计						280
业务部	服务态度	1	3	6			62.5
	响应速度	2	6	2			75
	业务水平	5	3	2			82.5
	其他	3	6	1			80
	合　计						300
财务部	服务态度		3	6	1		55
	响应速度		2	6	1	1	47.5
	业务水平	2	6	2			75
	其他		4	6			60
	合　计						237.5

融会贯通

世赛模拟题实操

根据客户回访信息统计表制作情况分析和整改说明。

表 2-4-5　旅商货代 2022 年度第一季度客户回访信息统计

部门	评价内容	A 十分满意（10）	B 满意（7.5）	C 一般（5）	D 不满意（2.5）	E 非常不满意（0）	得分
客服部	服务态度	7	2	1			
	响应速度	2	5	3			
	业务水平		2	6	2		
	其他		5	5			
	合计						
业务部	服务态度	1	2	7			
	响应速度	2	6	2			
	业务水平	6	3	1			
	其他	3	6	1			
	合计						
财务部	服务态度		6	3	1		
	响应速度		3	5	1	1	
	业务水平	2	6	2			
	其他		4	6			
	合计						

请同学们各自对表 2-4-5 客户回访统计的数据进行汇总，统计各部门的得分情况，并制作一份情况分析和整改说明。

学生实践评价表

班级		姓名		学号	
序号	任务	实践过程记录（时间及完成情况）				
		知识准备	熟悉业务	观摩、学习	操作、训练	自评
1	回访前的准备					
2	客户回访沟通					
3	回访结果统计分析					
4	改善服务质量					

课后巩固

一、单选题

1. (　　) 是沟通的禁忌。

A. 不懂装懂，以便获得客户好感

B. 多听少说

C. 避开客户休息时间

D. 语气温和

2. (　　) 就是要做到及时更新信息，在客户不必言传的情况下，给出中肯的服务和建议。

A. 全面资料　　B. 动态管理

C. 内部共享　　D. 沟通协调

二、多选题

1. 客户回访前需要做准备工作，打电话前要（　　）。

A. 明确通话的目的　　B. 熟悉客户情况

C. 平稳自己的情绪　　D. 强调自我

2. 回访客户沟通内容包括（　　）。

A. 客服人员态度是否满意

B. 合作中问题反映

C. 对服务有什么建议

D. 公司发展介绍

3. 客户关系维护的原则包括（　　）。

A. 主动关怀　　B. 承诺信任

C. 互惠互利　　D. 独特创新

4. 客户关系维护的措施包括（　　）。

A. 分级维护　　B. 细节分析

C. 写作监督　　D. 调整更新

5. 关注客户服务体验包括（　　）。

A. 全程服务　　B. 客户测评

C. 重视关键岗位　　D. 体验调查

三、判断题

1. 客户关系维护是指利用技术手段建立起来的链接企业与客户，能够促进双方及时、有效沟通的管理机制。(　　)

2. 重要客户维护频率相对较低。(　　)

3. 内部共享是为了全面收集客户资料。(　　)

学习笔记

任务五

订单受理

任务目标

1. 基本目标

- 能够审核货物托运单；
- 能够与客户沟通托运单的问题点；
- 能够将托运单信息录入系统，形成订单。

2. 重点难点

- 审核货物托运单；
- 与客户沟通托运单的问题点。

情境聚焦

旅商国际货运代理有限公司是一家一级货运代理公司，主要承办京津冀、长三角、珠三角地区的海运业务，包括短驳运输、订舱、报关报检、保险等服务。托运品类包括普通货物、大宗货物、生鲜食品等。

上海乐童贸易有限公司（以下简称“乐童公司”）计划从上海出口一批儿童玩具到纽约。乐童公司向旅商货代公司提出托运要求，旅商货代接到托运需求后向客户发送了托运单样本，客户填好后将托运单发到了公司客户邮箱。旅商货代操作部的杨经理将此票货物交给小李，安排其完成客户订单受理工作。

任务一：审核托运单。

任务二：明确客户托运需求。

任务三：录入信息生成订单。

工作过程

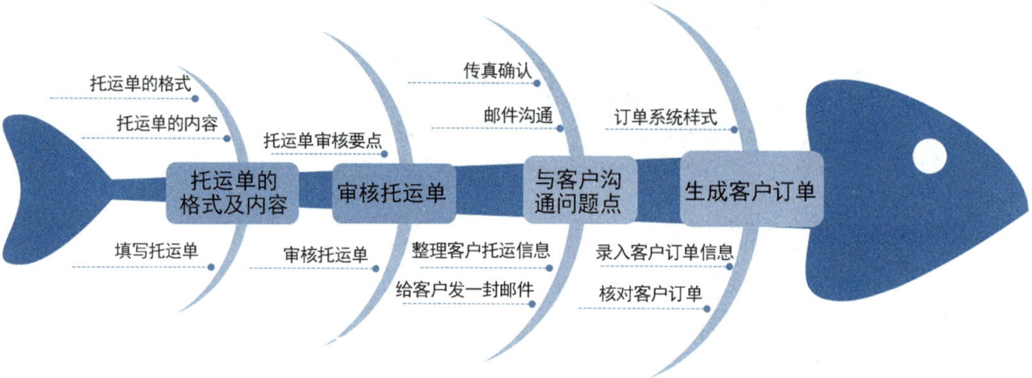

教学要点与任务实施

一、托运单的格式及内容（表 2-5-1）

表 2-5-1　托运单的格式及内容

<table>
<tr><td colspan="2">托运人：① 英文填写发货人名称、地址</td><td>旅商国际货运代理有限公司
出口货物托运单</td></tr>
<tr><td colspan="2" rowspan="2">收货人：② 英文填写收货人名称及地址、联系电话、传真</td><td>联系人：④ 填写货代公司联系人及联系方式
电话：　　传真：</td></tr>
<tr><td>委托单号：⑤ 填写委托协议单号码</td></tr>
<tr><td colspan="2" rowspan="3">通知人：③ 英文填写通知人</td><td>委托日期：⑥ 填写委托协议单签字日期</td></tr>
<tr><td>运输方式：⑦ 英文填写运输方式</td></tr>
<tr><td>运输条件：⑧ 填写英文缩写</td></tr>
<tr><td rowspan="2">船名/航次
⑪ 英文填写本次船名、航次</td><td rowspan="2">起运港
⑫ 英文填写港口、国家</td><td>订舱条款：⑨ 填写船公司船期、集装箱规格数量、船名、付费方式</td></tr>
<tr><td>提单份数：⑩ 填写正本提单份数</td></tr>
<tr><td>卸货港
⑬ 英文填写卸货港</td><td>目的地
⑭ 英文填写目的地</td><td></td></tr>
</table>

<table>
<tr><td>标记与号码</td><td>件数和包装</td><td>品名</td><td>重量</td><td>体积</td></tr>
<tr><td>⑮ 唛头即运输标志，既要与实际货物一致，还应与提单一致，并符合信用证规定</td><td>⑯ 阿拉伯数字填写件数、英文缩写填写包装</td><td>⑰ 货物内容一般包括货物的名称、规格、数量、单价、贸易术语、包装等项目，制单时应与信用证的内容严格一致</td><td>⑱ 填写毛重</td><td>⑲ 填写体积数</td></tr>
<tr><td colspan="5">集装箱数或件数合计（大写）：⑳ 英文大写数量合计</td></tr>
<tr><td colspan="5">备注：</td></tr>
</table>

二、审核托运单

审核托运单

缮制商业发票

1. 内容要齐全

（1）托运信息填写齐全：包括托运人、收货人、通知人的填制。

（2）订舱要求填制齐全：包括船名航次、起运港、卸货港、目的港；委托日期、运输方式、订舱要求以及提单份数填写齐全。

（3）货物信息填写齐全：标记与号码、件重尺、品名填写齐全。

（4）集装箱数以及件数合计填写齐全。

2. 内容正确无误

原则：单单核对，保证所有单据的信息统一，准确无误。

（1）托收人：托运人、收货人栏目公司名称、地址要用英文正确填写。

（2）订舱信息：预订船名航次、港口信息、运输方式、提单要求以及订舱要求要填写正确。

（3）货物信息：货物信息要填写规范，核对所预定的集装箱能否满足配载。

（4）大写数量：集装箱数量以及货物合计英文要符合规范、大写内容应与货物总量一致。

（5）备注：有特殊要求的要在备注一栏标注。

3. 落款齐全

托运人签字、联系人、联系方式、单位签章要填写齐全。

4. 任务实施一

学习并核对以下单据的内容是否一一对应。

（1）销售合同（表 2-5-2）

表 2-5-2　销售合同

<table>
<tr><td colspan="4">SALES CONTRACT</td></tr>
<tr><td colspan="2" rowspan="2"></td><td>S/C NO</td><td>① 合同号码，合同号码应与信用证上列明的一致</td></tr>
<tr><td>DATE</td><td>② 销售确认书下发的日期</td></tr>
<tr><td>THE SELLER</td><td>③ 填写卖方的名称，即交易出口方，一般情况下中英文名称都写</td><td>THE BUYER</td><td>④ 填写买方的名称，即交易进口方，一般情况下中英文名称都写</td></tr>
<tr><td>ADDRESS</td><td>⑤ 卖方单位的详细地址</td><td>ADDRESS</td><td>⑥ 买方单位的详细地址</td></tr>
</table>

（续表）

E-MAIL	⑦ 卖方的电子邮箱	E-MAIL	⑧ 买方的电子邮箱		
ITEM NO.	DESCRIPTION OF GOODS	UNIT	QUANTITY	UNIT PRICE (US$)	AMOUNT (US$)
⑨ 销售货物的具体名称	⑩ 商品规格，包括商品的质量、体积、包装样式等，制单时应与信用证的内容严格一致	⑪ 用来描述货物的单位，即货物的计量单位	⑫ 数量指计价的数量单位	⑬ 单价，指每个货号的成交单价	⑭ 金额，填写每个货号的总金额
TOTAL CONTRACT VALUE		⑮ 填写所交易货物的总价值			
PACKING		⑯ 包装，指运输包装的种类和数量。应注明包装的材质，如木质包装			
PORT OF LOADING		⑰ 装运口岸填写信用证规定的起运地。如信用证未规定具体的起运港口，则填写实际装运港名称			
PORT OF DESTINATION		⑱ 目的地口岸，最终抵达目的地停靠口岸的名称			
TIME OF SHIPMENT		⑲ 装运期，即货物的发货期			
TERMS OF PAYMENT		⑳ 付款条件，一般规定买方将即期信用证开到卖方的时间，并告知信用证议付有效期延至时间，该信用证中必须注明允许分运及运转			
INSURANCE		㉑ 保险，须注明保险的险种			
REMARKS: ㉒ 备注，填写销售确认书需注意事项或附加条款					

（2）商业发票（表 2-5-3）

表 2-5-3　商业发票

COMMERCIAL INVOICE		
SELLER	INVOICE NO.	INVOICE DATE
① 卖方栏目要按合同和信用证的规格填写名称和地址的全称。一般名称和地址要分行打，此栏要求填写具体并正确	③ 发票号码可以代表整套单据的号码，尤其要填写正确	④ 发票日期一般都是在装运之前，要求尽量接近装运日期，发票日期不晚于汇票日期和信用证的交单议付日期
	L/C NO.	DATE
	⑤ 信用证方式下的发票需填写信用证号码，作为出具该发票的依据。若不是信用证方式支付，本项留空	⑥ 填写信用证的开证日期
	ISSUED BY	⑦ 开证行，填写信用证的开证行

（续表）

<table>
<tr><td colspan="2">BUYER</td><td>CONTRACT NO.</td><td colspan="2">DATE</td></tr>
<tr><td colspan="2" rowspan="5">② 买方的名称和地址，此栏必须与信用证申请人严格一致（除非信用证另有规定）。在其他支出方式下，可以按合同规定列入买方名称和地址</td><td>⑧ 合同号码应与信用证上列明的一致，一笔交易牵涉几个合同的，应在发票上表示出来</td><td colspan="2">⑨ 签定合同的日期</td></tr>
<tr><td>FROM</td><td colspan="2">TO</td></tr>
<tr><td>⑩ 起运地，按信用证规定填写，并与提单所列明的一致</td><td colspan="2">⑪ 目的地。按信用证填写，同时要注意目的地的规定要明确具体，不能笼统；有重名的目的地后面要加打国别</td></tr>
<tr><td>SHIPPED BY</td><td colspan="2">PRICE TERM</td></tr>
<tr><td>⑫ 运输工具，在得到船运公司或运输代理的配载通知后，按其配载内容列明运输工具和航次</td><td colspan="2">⑬ 价格术语应表明交易方式，它涉及买卖双方的责任、费用和风险的划分问题，同时也是进口地海关核定关税的依据，因此，商业发票必须标出价格术语。信用证中的价格术语一般在货物内容的单价中表示出来</td></tr>
<tr><td>MARKS</td><td>DESCRIPTION OF GOODS</td><td>QTY.</td><td>UNIT PRICE</td><td>AMOUNT</td></tr>
<tr><td>⑭ 唛头即运输标志，既要与实际货物一致，还应与提单一致，并符合信用证规定。如信用证没有规定，可按买卖双方和厂商定的方案或由受益人自定。如无唛头，应注“N/M”或“No Mark”</td><td>⑮ 货物内容一般包括货物的名称、规格、数量、单价、贸易术语、包装等项目，制单时应与信用证的内容严格一致，省略或增加货物的字或句，都会造成单证不符，开证银行有权拖延或拒付货款</td><td>⑯ 填写货物的包装件数、商品规格、重量及包装情况。货物的数量与计量单位连用，如：××××PCS。货物包装的实际情况应如实地反映在发票上，如有内包装，亦应原句照填</td><td>⑰ 单价由四个部分组成：计价货币、计量单位、单位数额和价格术语。如果信用证有规定，应与信用证保持一致；若信用证没规定，则应与合同保持一致</td><td>⑱ 列明币种及各项商品总金额。除非信用证上另有规定，否则货物总值不能超过信用证金额。若信用证没规定，则应与合同保持一致</td></tr>
<tr><td colspan="5">ISSUED BY：⑲ 填写发票的出具人或出具单位</td></tr>
<tr><td colspan="5">SIGNATURE：⑳ 根据《跟单信用证统一惯例》（Uniform Customs and Practice for Documentary Credits UCP600，简称《UCP600》）条款规定，如果信用证没有特殊要求，发票无需签字，但是必须表明系由受益人出具。如果信用证要求签字（Signed）发票，由出口公司的法人代表或者经办制单人员代表公司在发票右下方签名，上方空白栏填写公司英文名称，下方则填写公司法人英文名称</td></tr>
</table>

（3）装箱单（表 2-5-4）

表 2-5-4　装箱单

<table>
<tr><td colspan="8">PACKING LIST</td></tr>
<tr><td colspan="3">SELLER</td><td colspan="3">INVOICE NO.</td><td colspan="2">INVOICE DATE</td></tr>
<tr><td colspan="3" rowspan="3">① 填写出口商的名称和地址的全称</td><td colspan="3">③ 填写发票号</td><td colspan="2">④ 发票开具日期，不能迟于信用证的有效期及提单日期</td></tr>
<tr><td colspan="3">FROM</td><td colspan="2">TO</td></tr>
<tr><td colspan="3">⑤ 出单人的名称与地址。在信用证支付方式下，此栏应与信用证受益人的名称和地址一致</td><td colspan="2">⑥ 受单方的名称和地址，与发票的受单方相同。多数情况下填写进口商的名称和地址，并与信用证申请人的名称和地址保持一致</td></tr>
<tr><td colspan="3">BUYER</td><td colspan="5">TOTAL PACKAGES（IN WORDS）</td></tr>
<tr><td colspan="3">② 填写进口商的名称和地址全称</td><td colspan="5">⑦ 填写货物及包装的详细资料，包括货物名称、规格、数量和包装说明等内容</td></tr>
<tr><td>MARKS & NOS.</td><td>C/NOS.</td><td>NOS. & KINDS OF PKGS.</td><td>ITEM</td><td>QTY.</td><td>G.W.</td><td>N.W.</td><td>MEAS</td></tr>
<tr><td>⑧ 运输标志，又称唛头，是出口货物包装上的装运标记和号码。要符合信用证的要求，与发票、提单一致</td><td>⑨ 箱号，又称包装件号码。在单位包装货量或品种不固定的情况下，需注明每个包装件内的包装情况，因此包装件应编号</td><td>⑩ 填写货物及包装的详细资料，包括货物名称、规格、数量和包装说明等内容</td><td>⑪ 填写这批货物的不同货号</td><td>⑫ 填写货物的包装件数、商品规格、重量及包装情况。货物的数量与计量单位连用，如：××××PCS。货物包装的实际情况应如实地反映在票据上，如有内包装，亦应原句照填</td><td>⑬ 注明每个包装件的毛重和此包装件内不同规格、品种、花色货物各自的总毛重（Sub Total），最后在合计栏处注总货量。信用证或合同未要求，不注亦可。如为“Detailed Packing List”，则此处应逐项列明</td><td>⑭ 注明每个包装件的净重和此包装件内不同规格、品种、花色货物各自的总净重（Sub Total），最后在合计栏处注总货量。信用证或合同未要求，不注亦可。如为“Detailed Packing List”，则此处应逐项列明</td><td>⑮ 注明每个包装件的尺寸，注意单位是 m^3</td></tr>
<tr><td colspan="8">TOTAL：⑯ 填写货物总量</td></tr>
<tr><td colspan="8">PACKING IN NEUTRAL SEAWORTHY EXPORT CARTONS SUITABLE FOR LONG DISTANCE OCEAN TRANSPORTATION</td></tr>
<tr><td colspan="8">TOTAL NUMBER OF PACKAGE：⑰ 填写包装的总件数</td></tr>
<tr><td colspan="2" rowspan="2">EACH ITEM/ PACKAGE</td><td colspan="2">G.W.</td><td>N.W.</td><td>MEAS</td><td></td><td></td></tr>
<tr><td colspan="2">⑱ 单个包装的毛重</td><td>⑲ 单个包装的净重</td><td>⑳ 单个包装的尺寸</td><td></td><td></td></tr>
<tr><td colspan="8">ISSUED BY：㉑ 填写装箱单的出具人或出具单位</td></tr>
<tr><td colspan="8">SIGNATURE：㉒ 由出口公司的法人代表或者经办制单人员代表公司在装箱单右下方签名，上方空白栏填写公司英文名称，下方则填写公司法人英文名称</td></tr>
</table>

5. 任务实施二

“情境聚焦”中，请帮助小李对托运单进行审核，标注托运单中的问题点。

素材 1：上海乐童贸易有限公司出口货物托运单

表 2-5-5　上海乐童贸易有限公司出口货物托运单

<table>
<tr><td>经营单位（托运人）</td><td colspan="4">上海乐童贸易有限公司</td><td colspan="2">托运人编号</td><td></td></tr>
<tr><td rowspan="3">提单项目要求</td><td colspan="7">发货人（SHIPPER）：</td></tr>
<tr><td colspan="7">收货人（CONSIGNEE）：
BLOOMINGDALE'S
NO. 504, BROADWAY, NEW YORK, USA
TEL/FAX：+01-212-729-5900</td></tr>
<tr><td colspan="7">通知人（NOTIFY PARTY）：</td></tr>
<tr><td>运费预付
FREIGHT PREPAID</td><td colspan="2">FREIGHT PREPAID
CY-DOOR</td><td>运费到付</td><td></td><td>提单份数（正本）</td><td colspan="2">3</td></tr>
<tr><td>起运港</td><td></td><td>目的港</td><td>NEW YORK</td><td>可否转船</td><td>NO</td><td>可否分批</td><td>NO</td></tr>
<tr><td colspan="2">集装箱预配数</td><td colspan="2">20×1　　40×</td><td>装运期限</td><td></td><td>有效期限</td><td></td></tr>
<tr><td>标记唛码</td><td>件数及包装式样</td><td>中英文货号
Description of goods</td><td>毛重（kg）</td><td>尺码（m³）</td><td colspan="3">成交条件（总价）</td></tr>
<tr><td rowspan="2">N/M</td><td rowspan="2"></td><td rowspan="2"></td><td>1 155.00</td><td>15.75</td><td colspan="3">USD 83 585.00</td></tr>
<tr><td rowspan="2">特种货物
□冷藏货
□危险品</td><td colspan="4">2.31 kg 重　件：每件重量</td></tr>
<tr><td rowspan="2">内装箱（CFS）地址</td><td colspan="2" rowspan="2">上海市闵行区沪闵路 6088 号</td><td>大　件（长×宽×高）</td><td colspan="3"></td></tr>
<tr><td colspan="5">特种集装箱：（　　　　）</td></tr>
<tr><td rowspan="2">集装箱装运</td><td colspan="2" rowspan="2">20 ft×1　只 1 GP
40 ft×　只</td><td colspan="2">资物备妥日期</td><td colspan="3"></td></tr>
<tr><td colspan="5">资物进栈（√）　自送（　）或金发派送（　）</td></tr>
<tr><td rowspan="3">外币结算帐号</td><td colspan="2" rowspan="3"></td><td colspan="2">人民币结算单位帐号</td><td colspan="3"></td></tr>
<tr><td colspan="2">托运人签章</td><td colspan="3"></td></tr>
<tr><td colspan="2">电　话</td><td colspan="3">020-88513545</td></tr>
<tr><td colspan="3" rowspan="5">声明事项

出具 ON BOARD B/L</td><td colspan="2">传　真</td><td colspan="3">020-88513545</td></tr>
<tr><td colspan="2">联系人</td><td colspan="3">张三</td></tr>
<tr><td colspan="2">地　址</td><td colspan="3">上海市闵行区沪闵路 6088 号</td></tr>
<tr><td colspan="5">制 单 日 期：2022/02/15</td></tr>
</table>

素材2：上海乐童贸易有限公司销售合同

表 2-5-6 上海乐童贸易有限公司销售合同

合同
CONTRACT

Contract No.：LTHT2022-02

Date：Feb20th，2022

卖方：	上海乐童贸易有限公司	地址：	上海市闵行区沪闵路6088号
The Seller：	SHANGHAI LETONG TRADING CO.，LTD.	Address：	NO. 6088，HUMIN ROAD，MINHANG DISTRICT，SHANGHAI，CHINA
Tel.：	+86-21-34688527	Fax：	+86-21-34688527
买方：	BLOOMINGDALE'S	地址：	NO. 504，BROADWAY，NEW YORK，USA
The Buyer：		Address：	
Tel.：	+01-212-729-5900	Fax：	+01-212-729-5900

兹双方同意按下列条款由卖方出售，买方购进下列货物：

The Seller agrees to sell and the Buyer agrees to buy the under mentioned goods on the terms and conditions stated below：

货物名称及规格、包装及装运唛头 Description of Commodity，Specifications，Packing and Shipping Marks	数量 Quantity	单价 Unit Price	总值 Total Amount
DDP NEW YORK			
益智玩具3合一 TAF TOYS 3-IN-1 BABY BOOK	500 CARTONS	USD 167.17	USD 83 585.00 ======== SAY EIGHTY-THREE THOUSAND FIVE HUNDRED AND EIGHTY-FIVE DOLLARS ONLY

1. 装运条款和发货期

以海运形式于4月15日前到达纽约，发货港为上海港口。

（续表）

Delivery Time：（DDP NEW YORK）：From SHANGHAI seaport to NEW YORK seaport in USA by vessel，and LATEST DATE OF DELIVERY：APR15th，2022. 2. 最终目的地

Final Destination of Products：NO. 504，BROADWAY，NEW YORK，USA

3. 付款条件

信用证结算，30 天内（以提单日期为准）付清货款，运费预付于开船前。

Term of Payment：By L/C within 30 days after the B/L date and freight must be prepaid before departure.

4. 保险

按发票金额 110% 参保一切险及战争险（中国人民保险集团股份有限公司条款）。

Insurance：To be covered by the Seller for 110% of invoice value against all risks and war risk as per the clause of the People's Insurance Co. of China.

5. 品质、数量及重量的异议与索赔

货到最终目的地后，买方如发现货物品质、数量及重量与合同规定不符，除属于保险公司货船公司的责任外，买方可以凭双方同意的检验机构出具的检验证明向卖方提出异议，品质异议须于货到最终目的地起 60 天内提出，数量/重量异议须于货到最终目的地起 30 天内提出。

Quality/Quantity/Weight Discrepancy and Claim：In case the quality and/or quantity/weight are found by the Buyer not to conform with the contract after arrival of the goods at the final destination，the Buyer may lodge a claim against the Seller supported by a survey report issued by an inspection organization agreed upon by both parties with the exception of those claims for which the insurance company and/or the shipping company are to be held responsible. Claim for quality discrepancy should be filed by the Buyer within 60 days after arrival of the goods at the final destination while for quantity/weight discrepancy claim should be filed by the Buyer within 30 days after arrival of the goods at the final destination.

6. 人力不可抗拒

本合同内所述全部或部分商品，如因人力不可抗拒原因，使卖方不能履约或延期交货，卖方不负任何责任。

Force Majeure：The Seller shall not be held responsible for failure or delay in delivery of the entire or portion of the goods under this contract in consequence of any Force Majeure incidents.

7. 仲裁

凡执行本合同或与合同有关事项所发生的一切争执，应由双方通过友好方式协商解决。如果协商不能达成一致时，应提交中国国际贸易促进委员会中国国际经济贸易仲裁委员会，根据该仲裁委员会的仲裁程序暂行规定进行仲裁，仲裁裁决是终局的，对双方都有约束力。仲裁费用除仲裁另有决定外，均由败诉一方承担。

（续表）

Arbitration: All disputes inconnection with this Contract or the execution thereof shall be settled through friendly negotiations. If no settlement can be reached, the case shall then be submitted to the China International Economic and Trade Arbitration Commission of the China Council for the Promotion of International Trade, Beijing, for settlement by arbitration in accordance with the Commission's Provisional Rules of Procedure. The award rendered by the Commission shall be final and binding on both parties. The arbitration expenses shall be borne by the losing party unless otherwise award by the arbitration organization.

The Seller:	The Buyer:
上海乐童贸易有限公司	
SHANGHAI LETONG TRADING CO., LTD.	BLOOMINGDALE'S

三、与客户沟通问题点

上海乐童贸易有限公司计划从上海出口一批儿童玩具到纽约。乐童公司向旅商国际货运代理有限公司提出托运要求，并且将相关单据传送至货代公司客服，货代公司客服操作员在对客户的单据审核过程中发现客户填写的出口货物明细单有问题，同装箱单不符，故联系客户进行更改。

与客户沟通问题点

1. 邮件沟通

根据审单结果，旅商货代审单员李宗要给客户联系人发送邮件，请客户对不符单据进行修改，邮件内容如图 2-5-1 所示。

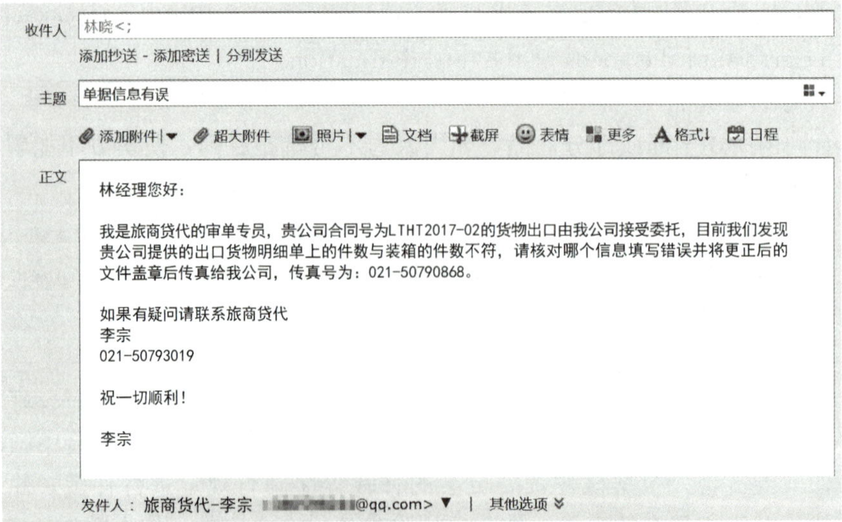

图 2-5-1　邮件内容

与客户邮件沟通需注意的要点：客户名字不要写错；称呼一般为某总、某经理、某工等；邮件开头要问候“您好”，结尾要送上祝福；言简意赅，明确说明事项，不要长篇大论。

2. 传真确认

客户检查发现，数据应以装箱单为准，出口货物明细单的件数填写错误，故立即修改更正数据，并将正确的单据签字确认盖章后发送至邮件中提到的传真号码，如图2-5-2所示。

To：旅商货代-李宗（021-50790868）

From：乐童贸易-林晓（021-34688527）

出口货物明细单

<table>
<tr><td>经营单位（托运人）</td><td colspan="3">上海乐童贸易有限公司</td><td colspan="2">托运人编号</td><td colspan="2">ZHNB090375</td></tr>
<tr><td rowspan="3">提单项目要求</td><td colspan="7">发货人（Shipper）：
SHANGHAI LETONG TRADING CO.，LTD.
NO.6088，HUMIN ROAD，MINHANG DISTRICT，SHANGHAI，CHINA
TEL/FAX：+86－21－34688527</td></tr>
<tr><td colspan="7">收货人（Consignee）：
TO ORDER OF SHIPPER</td></tr>
<tr><td colspan="7">通知人（Notify Party）：
BLOOMINGDALE'S
NO.504，BROADWAY，NEW YORK，USA
TEL/FAX：+01－212－729－5900</td></tr>
<tr><td>运费预付
FREIGHT PREPAID</td><td>FREIGHT PREPAID
CY-DOOR</td><td>运费到付</td><td></td><td colspan="2">提单份数（正本）</td><td colspan="2">3</td></tr>
<tr><td>起运港</td><td>SHANGHAI</td><td>目的港</td><td>NEW YORK</td><td>可否转船</td><td>NO</td><td>可否分批</td><td>NO</td></tr>
<tr><td colspan="2">集装箱预配数</td><td colspan="2">20×40×2</td><td>装运期限</td><td></td><td>有效期限</td><td></td></tr>
<tr><td>标记唛码</td><td>件数及包装式样</td><td colspan="2">中英文货号
Description of goods</td><td>毛重（千克）</td><td colspan="2">尺码（立方米）</td><td>成交条件（总价）</td></tr>
<tr><td rowspan="2">N/M</td><td rowspan="2">SOOCTNS</td><td colspan="2" rowspan="2">益智玩具 3 合一
TAF TOYS 3－IN－1
BABY BOOK</td><td>1 155.00</td><td colspan="2">15.75</td><td>USD
83 585.00</td></tr>
<tr><td></td><td colspan="3"></td></tr>
</table>

图 2-5-2　传真确认

若发传真，需注意的要点：要醒目标清收件人信息及发件人信息；最好提前通知或发送后告知收件方；发送版本要清晰。

3. 任务实施

请针对乐童公司托运单存在的问题，编制一封邮件，向乐童公司张经理进行说明。

四、生成客户订单

1. 客服接单（图 2-5-3）

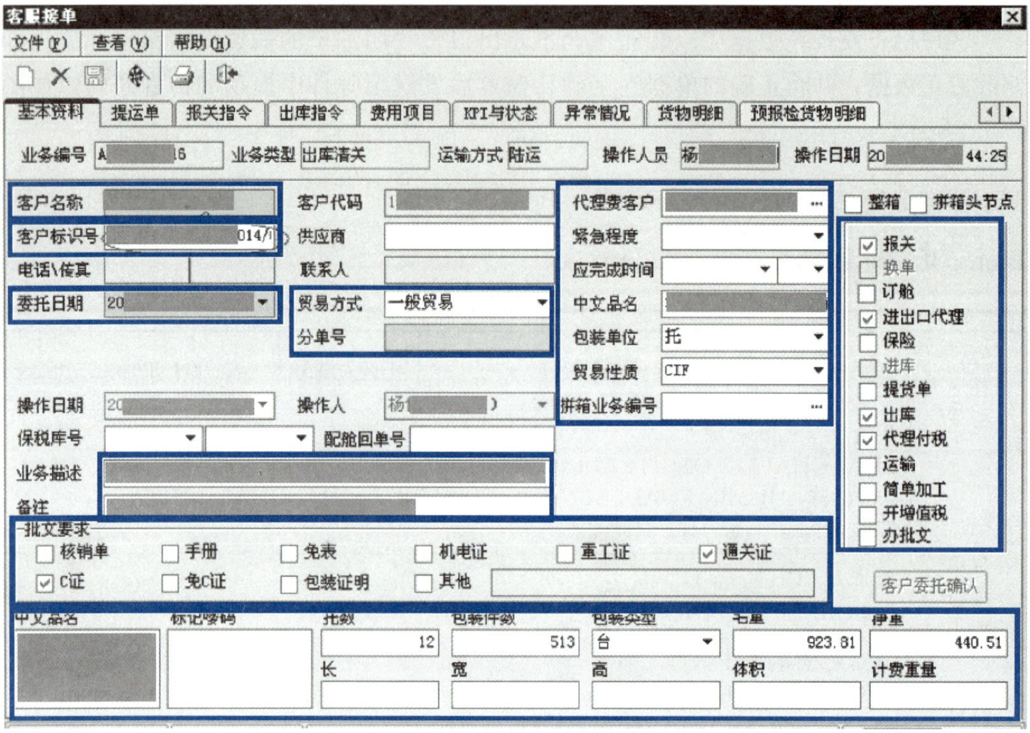

图 2-5-3　客服接单

2. 新建订单（图 2-5-4）

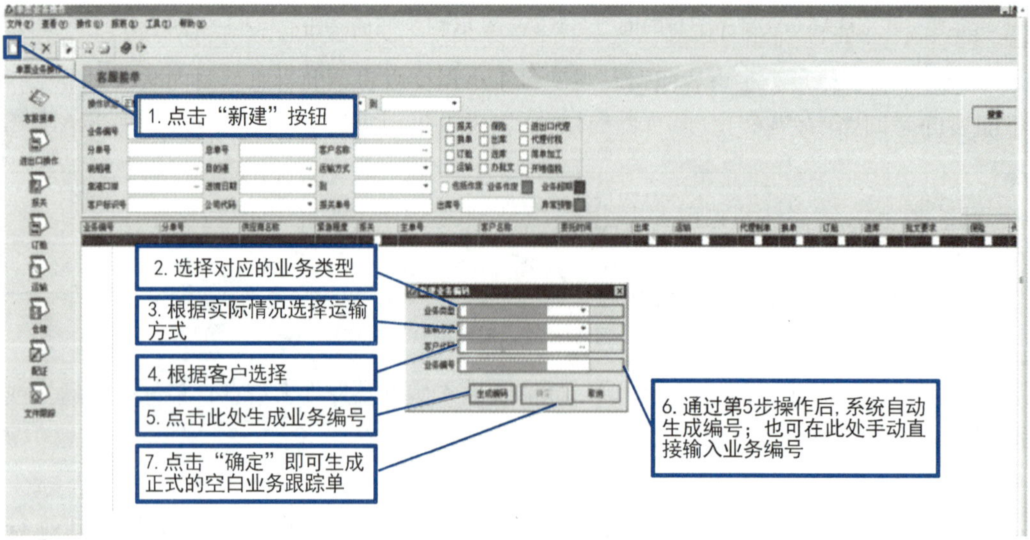

图 2-5-4　新建订单

3. 录入委托明细（图 2-5-5）

根据委托内容，填写每票订单的基本资料信息。

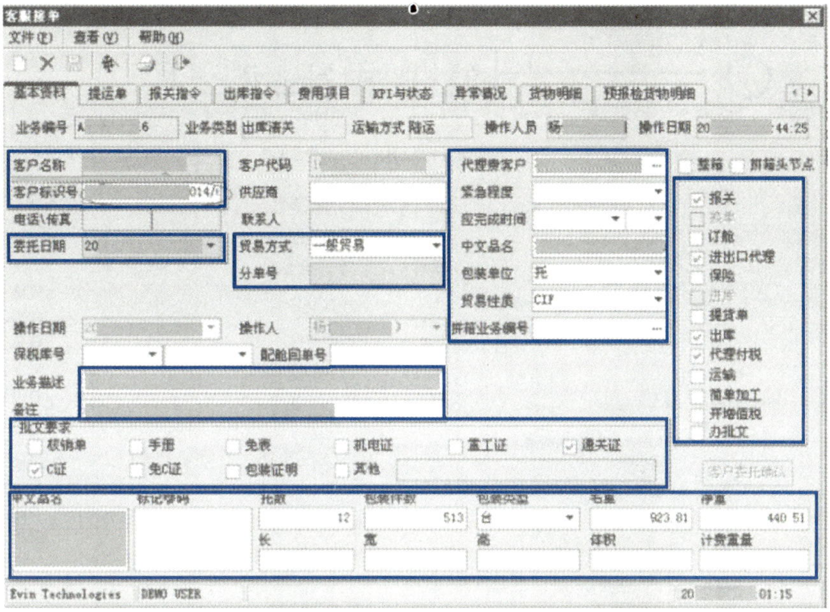

图 2-5-5　录入委托明细

4. 录入提单/运单信息（图 2-5-6）

根据委托内容，填写每票订单的提单、运单等信息。

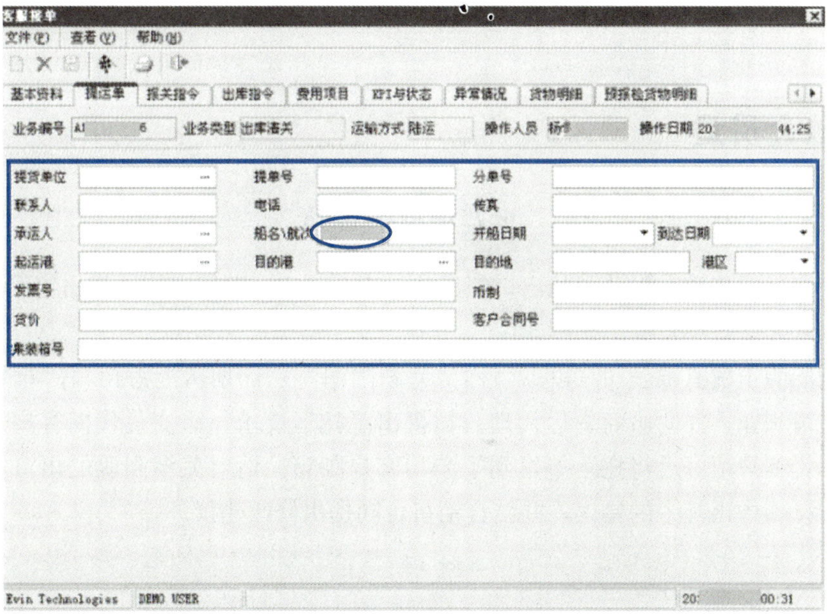

图 2-5-6　录入提单/运单信息

5. 生成业务跟踪表（图 2-5-7）

填写完毕后，打印生成纸质版的业务跟踪表。

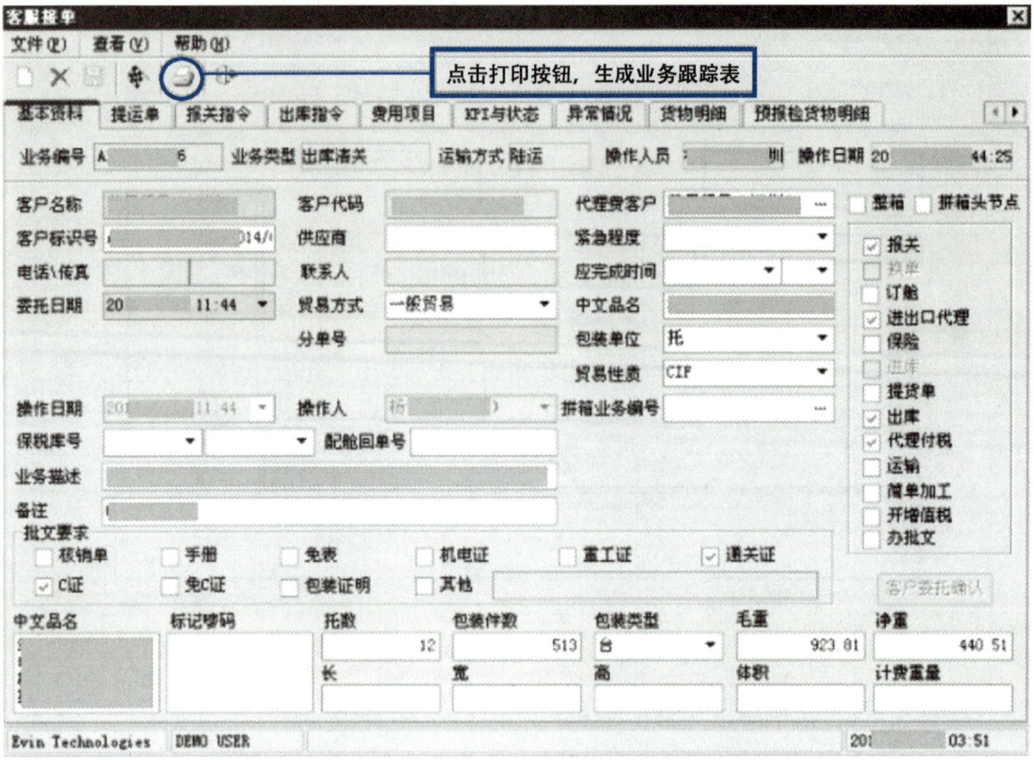

图 2-5-7　生成业务跟踪表

融会贯通

世赛模拟题实操

对芜湖阳明工贸有限公司的出口托运单（表 2-5-7）进行审核，指出错误，并根据销售合同（表 2-5-8）提出修改建议。

芜湖阳明工贸有限公司（以下简称“芜湖阳明”）计划从上海出口一批钻头到土耳其的安塔利亚，并向旅商货运代理公司提出了托运要求。旅商货代向客户发送了托运单样本，客户填好后将托运单发到了公司客户邮箱。请对芜湖阳明的出口货物托运单进行审核，指出其中的错误，并结合销售合同提出修改建议。

素材 1：托运单

表 2-5-7 托运单

<table>
<tr><td colspan="2">托运人：
WUHU YANGMING INDUSTRY &
TRADE CO.，LTD.
NO. 69，FUQIANG ROAD，
JIUJIANG DISTRICT，WUHU，CHINA
TEL/FAX：+86 553-596××××</td><td rowspan="2">旅商国际货运代理有限公司
出口货物托运单</td></tr>
<tr><td colspan="2" rowspan="3">收货人：
NOVAMED GMBH
LIMAN SB MAHALLESI，B1 CAD. /4.
SOK.，07070 KONYAALTI，ANTALYA，
TURKEY
TEL/FAX：+90 242-249××××</td></tr>
<tr><td>联系人：李弘
电话：020-8618××××　传真：020-8618××××</td></tr>
<tr><td>委托单号：××××××××</td></tr>
<tr><td colspan="2" rowspan="3">通知人：</td><td>委托日期：2022/04/07</td></tr>
<tr><td>运输方式：BY SEA</td></tr>
<tr><td>运输条件：CY/CY</td></tr>
<tr><td>船名/航次
APL ANTWERP
V. 005RDW</td><td>起运港</td><td>订舱条款：
2022/04/24</td></tr>
<tr><td rowspan="2">卸货港</td><td rowspan="2">目的地
ANTALYA，TURKEY</td><td>提单份数：3</td></tr>
<tr><td></td></tr>
</table>

<table>
<tr><td>标记与号码</td><td>件数和包装</td><td>品名</td><td>重量</td><td>体积</td></tr>
<tr><td>N/M</td><td></td><td>DRILL BITS 15MM</td><td>119 647.52 KGS</td><td>369.38 CBM</td></tr>
<tr><td colspan="5">集装箱数或件数合计（大写）：SAY THIRTY THOUSAND SEVEN HUNDRED AND EIGHTY-TWO CARTONS ONLY（40 GP×6）</td></tr>
<tr><td colspan="5">备注：</td></tr>
</table>

素材 2：销售合同

表 2-5-8 销售合同

销售合同
SALES CONTRACT

卖方：

The Seller:
WUHU YANGMING INDUSTRY & TRADE CO.,
LTD.
NO. 69, FUQIANG ROAD, JIUJIANG DISTRICT,
WUHU, CHINA
TEL/FAX: +86 553-596××××

合同号：

S/C No.: WHYM2022040501

日期：

Date: 2022/04/05

买方：

The Buyer:
NOVAMED GMBH
LIMAN SB MAHALLESI, B1 CAD. /4. SOK.,
07070 KONYAALTI, ANTALYA, TURKEY
TEL/FAX: +90 242-249××××

签约地点：中国上海

Place of issue:
SHANGHAI, CHINA

本合同由买卖双方根据下列条款和条件，经买卖双方共同协商签订，以便共同遵守：

This contract is made by and between the Buyer and the Seller whereby the Buyer and the Seller agree to the under-mentioned goods subject to the terms and conditions as stipulated below:

Description	Quantity	G.W.	Measurement	Unit Price	Amount
CIF ANTALYA					
DRILL BITS 15MM	30 782 CTNS	119 647.52 KGS	369.38 CBM	USD 20.00	USD 615 640.00
				Total	USD 615 640.00

1. 包装方式

Packing: 2 PCS IN EACH CARTON (SIZE: 40.00 cm×25.00 cm×12.00 cm)

2. 交付条件

Delivery Term: CIF ANTALYA

（续表）

3. 装运期限

Delivery Date：NOT LATER THAN Jun. 1，2022

4. 到货口岸

Port of Destination：ANTALYA，TURKEY

5. 付款条件

Terms of Payment：100% of the total value will be paid by L/C at 30 days after sight.

6. 包装

需用适合长途海运，防潮、防湿、防震、防锈、耐粗暴搬运的包装，由包装不良所发生的损失，由于采用不充分或不妥善的防护措施而造成的任何锈损，卖方应负担由此产生的一切费用和损失。

Packing：The packages should be suitable for long distance freight transportation and well protected against dampness，moisture，shock，rust and rough handling. The Seller shall be liable for any damage to the goods on account of improper packing and for any rust damage attributable to inadequate or improper protective measures taken by the Seller.

7. 装运条款

卖方保证按时将合同所述货物运往买方港口。

Terms of Shipment：The Seller shall ship the goods within the shipping date from the port of shipment to the port of destination.

8. 装运通知

货物全部装船后，卖方将于 10 个工作日内将合同编号、商品名称、数量、毛重、发票金额、船名和开船日期传真通知买方。

Shipping Advice：The Seller shall within 10 working days after the completion of the loading of the goods advise by fax the Buyer of the contract No.，commodity，quantity，invoice value，gross weight，name of vessel and date of sailing.

9. 保险

卖方应按发票金额的 110%投保一切险。

Insurance：Insurance shall be covered by the Seller for 110% of the invoice value against ALL Risks.

10. 检验

货到目的港后，由买方委托土耳其进出口货物检验机构进行检验。

Inspection：The Buyer may have the goods reinspected by TURKEY import and export inspection institutions after the goods arrived at the destination.

11. 索赔

货物到达买方后，买方应向土耳其出入境检验检疫局申请对重量、规格、数量

（续表）

进行初步检验，并出具检验证明书，如发现货物品质、规格、数量与合同不符，除保险公司或船运公司应负责的以外，买方在货到 90 天内有权换货或索赔，一切费用（如商检费、相关的运费、保险费等）由卖方承担。

Claims: Within 90 days after the arrival of goods at destination should be quality, specifications or quantity be found not in conformity with the stipulations of the contract except those claims for which the insurance company or the owners of the vessel are liable. The Buyer shall, on the strength of the inspection certificate issued by Entry-Exit Inspection and Quarantine of TURKEY have the right to claim for replacement with new goods or for compensation and all the expenses (such as inspection charges, freight for returning the goods and for sending the replacement insurance premium, etc.) shall be borne by the Seller.

12. 仲裁

凡有关本合同或执行本合同而发生的一切争执，应通过友好协商解决。如不能解决，则应申请进行仲裁。仲裁将在中国国际经济贸易仲裁委员会进行。其作出的裁决是最终的，买卖双方均应受其约束，任何一方不得向法院或其他机关申请变更。仲裁费用由败诉方负担。

Arbitration: All disputes in connection with this contract or the execution thereof shall be settled through friendly negotiation, in case no settlement can be reached through negotiations, the case under dispute shall be submitted for arbitration to the China International Economic and Trade Arbitration Commission in accordance with the provisional rules of procedures promulgated by the said arbitration commission. The award of the arbitration shall be final and binding upon both parties for revising the decision. The arbitration fee shall be borne by the losing part.

13. 不可抗力

由于不可抗力事故，导致卖方交货延迟或不能交货时，责任不在卖方，但卖方应立即将事故通知买方，并于事故发生后 14 天内将事故发生地政府主管机关出具的事故证明用空邮寄交买方为证。

Force Majeure: The Seller shall not be held responsible for any delay in delivery or non-delivery of the goods due to force majeure, which might occur during the process of manufacturing or in the course of loading or transit. However, the Seller shall advise the Buyer immediately of such occurrence and within 14 days thereafter, the Seller shall send by airmail to the Buyer for their acceptance a certificate of the accident issued by the competent government authorities of the place where the accident occurs as evidence thereof.

14. 附加条款

本合同一式两份，买卖双方各执一份，具有同等法律效力。

（续表）

Supplements and Other Terms: This contract is made in two originals, one original to be held by each party. The original pieces have the same law effect to each party. 卖方： The Seller: WUHU YANGMING INDUSTRY & TRADE CO., LTD. 买方： The Buyer: NOVAMED GMBH

学生实践评价表

班级		姓名		学号	
序号	任务	实践过程记录（时间及完成情况）				
		知识准备	熟悉业务	观摩、学习	操作、训练	自评
1	审核托运单					
2	明确客户托运需求					
3	录入信息生成订单					

课后巩固

一、单选题

国际货运代理与客户之间的第一份原始单据是（　　）。

A. 海运提单　　B. 报关单　　C. 报价单　　D. 托运单

二、多选题

1. 托运单中收货人处应填写信息包括（　　）。

A. 收货人名称　　B. 收货人地址　　C. 联系电话　　D. 传真

2. 托运单品名填写应严格按照信用证要求，一般情况下包括（　　）。

A. 货物名称　　B. 规格、数量　　C. 贸易术语　　D. 包装

3. 下列属于发货人填写托运单时的必填项目的是（　　）。

A. 装、卸货港口　　B. 装运日期　　C. 签字盖章　　D. 箱型箱量

4. 托运单填写落款需包含的托运人信息有（　　）。

A. 托运人签字　　B. 单位盖章　　C. 联系人　　D. 联系方式

三、判断题

1. 托运单中标记与号码填写要符合信用证规定，还应与提单和实际货物保持一致。（　　）

2. 托运单经承运人或国际货运代理的签认，即表示已接受这一托运，承运人与托运人之间对货物运输的相互关系即告成立。（　　）

3. 托运单只要填写正确无误，委托人是否签章都不影响其法律效力。（　　）

学习笔记

任务六

海运货物出口操作

任务目标

1. 基本目标

- 能够掌握海运整箱出口货物订舱操作的流程；
- 能够根据订单中货物的尺寸与数量信息，选择集装箱类型，计算集装箱数量；
- 能够根据订单中时间与成本要求信息，查询船公司、船期信息，选择船公司及船期；
- 能够根据货物相关信息，向船公司订舱。

2. 重点难点

- 集装箱数量的计算；
- 船公司与船期的选择；
- 根据计算的集装箱数量、船公司、船期完成订舱。

情境聚焦

旅商国际货运代理有限公司是一家一级货运代理公司，主要承办京津冀、长三角、珠三角地区的海运业务，包括短驳运输、订舱、报关报检、保险等服务。托运品类包括普通货物、大宗货物、生鲜食品等。

上海乐童贸易有限公司计划从上海出口一批儿童玩具到纽约。乐童公司向旅商货代提出托运要求，旅商货代接到托运需求后向客户发送了托运单样本，客户填好后将托运单发到了公司客户邮箱。旅商货代操作部的杨经理将此票货物交给小王，安排其完成客户订单受理工作。请同学们思考，如果你是小王的话，要完成杨经理交代的任务，需要做好哪些工作呢?

任务一：选择集装箱类型。

任务二：计算集装箱数量。

任务三：选择船公司及船期。

任务四：向船公司订舱。

工作过程

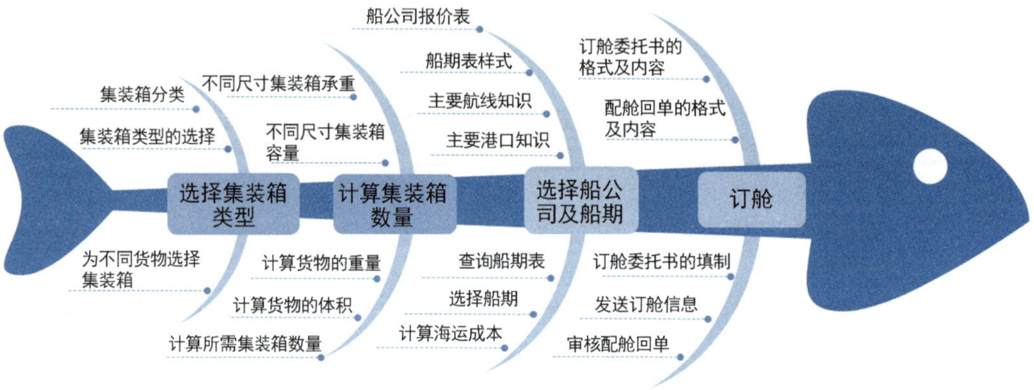

教学要点与任务实施

一、选择集装箱类型

1. 集装箱分类

集装箱分类的认知

随着集装箱运输的发展，为适应装载不同种类货物的需要，出现了不同种类的集装箱。这些集装箱不仅外观不同，而且结构、强度、尺寸等也不相同。根据集装箱的用途不同可分为以下几种。

(1) 干货集装箱 (Dry Cargo Container)

也称杂货集装箱，这是一种通用集装箱，用以装载除液体货、需要调节温度货物及特种货物以外的一般件杂货。这种集装箱使用范围极广，常用的有 20 ft 和 40 ft 两种，其结构特点是常为封闭式，一般在一端或侧面设有箱门。

(2) 开顶集装箱 (Open Top Container)

也称敞顶集装箱，这是一种没有刚性箱顶的集装箱，但有可折式顶梁支撑的帆布、塑料布或涂塑布制成的顶篷，其他构件与干货集装箱类似。开顶集装箱适于装载较高的大型货物和需吊装的重货。

(3) 台架式及平台式集装箱 (Platform Based Container)

台架式集装箱是没有箱顶和侧壁，甚至有的连端壁也去掉而只有底板和四个角柱的集装箱。台架式集装箱有很多类型。它们的主要特点是：为了保持其纵向强度，箱底较厚；箱底的强度比普通集装箱大，而其内部高度则比一般集装箱低；在下侧梁和角柱上设有系环，可把装载的货物系紧；台架式集装箱没有水密性，怕水湿的货物不能装运，适合装载形状不一的货物。台架式集装箱可分为敞侧台架式、全骨架台架式、有完整固定端壁的台架式、无端仅有固定角柱和底板的台架式集装箱等。平台式集装箱是仅有底板而无上部结构的一种集装箱。该集装箱装卸作业方便，适于装载长、重大件货物。

(4) 通风集装箱（Ventilated Container）

通风集装箱一般在侧壁或端壁上设有通风孔，适于装载不需要冷冻而需通风、防止汗湿的货物，如水果、蔬菜等。如将通风孔关闭，可作为杂货集装箱使用。

(5) 冷藏集装箱（Reefer Container）

这是专为运输要求保持一定温度的冷冻货或低温货而设计的集装箱。它分为带有冷冻机的内藏式机械冷藏集装箱和没有冷冻机的外置式机械冷藏集装箱，适用于装载肉类、水果等货物。冷藏集装箱造价较高，营运费用较高，使用中应注意冷冻装置的技术状态及箱内货物所需的温度。

(6) 散货集装箱（Bulk Container）

散货集装箱除了有箱门外，在箱顶部还设有 2～3 个装货口，适用于装载粉状或粒状货物。使用时要注意保持箱内清洁干净，两侧保持光滑，便于货物从箱门卸货。

(7) 动物集装箱（Pen Container）

这是一种专供装运牲畜的集装箱。为了实现良好的通风，箱壁用金属丝网制造，侧壁下方设有清扫口和排水口，并设有喂食装置。

(8) 罐式集装箱（Tank Container）

这是一种专供装运液体货物而设置的集装箱，如酒类、油类及液状化工品等货物。它由罐体和箱体框架两部分组成，装货时货物由罐顶部装货孔进入，卸货时，则由排货孔流出或从顶部装货孔吸出。

(9) 汽车集装箱（Car Container）

这是专为装运小型轿车而设计制造的集装箱。其结构特点是无侧壁，仅设有框架和箱底，可装载一层或两层小轿车。由于集装箱在运输途中常受各种力的作用和环境的影响，因此集装箱的制造材料要有足够的刚度和强度，应尽量采用质量轻、强度高、耐用、维修保养费用低的材料，并且材料既要价格低廉，又要便于取得。

2. 集装箱类型的选择

2022 年 7 月 6 日，旅商货代接到天天日化的委托，委托为其代理出口一批化妆品到美国纽约。共 1 200 套化妆品，每 3 件装一个包装箱，共有 600 箱。毛重为 1 800 KGS，净重 1 745 KGS；现天天日化委托旅商货代为选择集装箱。如何确定选择哪一种集装箱进行运输呢？

(1) 分析货物性质：分析货物属于普通货物还是特殊货物。化妆品用箱进行包装，件尺重属于常规类型，不属于大宗货物，不属于散货，不是液体以及气体货物，也不在危险品之列，是可按件计数的货物，所以属于普通货物。

(2) 分析货物托运要求：分析货物属于干货还是冷藏货物。化妆品不需要用特殊方法进行装卸和保管，对运输工具的温度没有特殊要求，所以属于干货。

（3）选择集装箱：化妆品属于普通干货货物，所以选择干货集装箱。

（4）认知干货集装箱：干货集装箱，又称普通集装箱，用来装运不受温度变化影响的各类固体箱式货物、散货、颗粒或粉末状的货物。

3. 任务实施

图 2-6-1 中的货物该分别使用哪种集装箱运输呢？

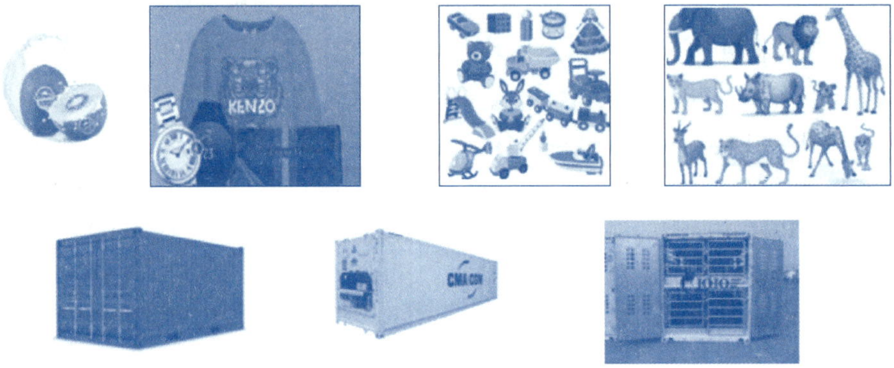

图 2-6-1　选择合适的集装箱

二、计算集装箱数量

1. 订舱前，确定集装箱的数量

（1）区分轻货与重货

货主在托运货物时，首先要对货物密度进行估算，确定货物计费重量。重货：货物密度大于集装箱的单位容重。轻货：货物密度小于集装箱的单位容重。

计算集装箱数量

（2）计算集装箱有效容积

集装箱有效容积计算公式：集装箱有效容积＝集装箱箱容利用率×集装箱容积。集装箱单位容重：箱容利用率为 100%时的单位容量。实际上装载率 100%是不存在的，一般存在一个小于 1 的箱容利用率。

（3）计算集装箱的数量

重货用货物总重量除以集装箱的最大载货重量，即这批货物所需集装箱数量。轻货用货物总体积除以集装箱有效容积，即可求得这批货物所需集装箱数量。

2. 例题

现有一批纸板包装的化妆品，共 8 500 箱，体积为 84.73 m^3，重量为 3 804.5 kg。

已知：20 ft 箱容利用率为 80%，集装箱容积为 33.2 m^3，单位容重为 820.4 kg/m^3。

问题：需要多少个 20 ft 杂货集装箱？

（1）判断是重货还是轻货

计算货物密度：3 804.5÷84.73≈44.9 kg/m^3。货物密度小于集装箱的单位容重，故货物为轻货。

(2) 计算集装箱有效容积

公式：集装箱有效容积＝集装箱箱容利用率×集装箱容积。代入数据：集装箱有效容积＝33.2×80％＝26.56 m^3。

(3) 计算集装箱数量

公式：集装箱数量＝货物总体积÷集装箱有效容积。代入数据：84.73÷26.56≈3.19，取整需要 4 个集装箱。

3. 任务实施

现有一批纸箱包装的玩具，纸箱尺寸为 78.6 cm×20.8 cm×30.2 cm，每箱毛重为 7.20 kg，净重为 7.00 kg，成交数量为 8 000 箱。

已知：40 ft 集装箱的箱容利用率为 88％，集装箱容积为 77.02 m^3，单位容重为 325.97 kg/m^3。

问：需 40 ft 集装箱多少个？

常见港口航线知识

三、选择船公司及船期

1. 海运成本计算

如果已确定了集装箱数量，已知货物总计需要 3 个 40 GP 集装箱和 1 个 20 GP 集装箱，那么选择哪一家船公司订舱呢？还需要计算船公司的海运成本。

计算海运成本

(1) 查询船公司报价（表 2-6-1 为 5 家船公司上海至纽约的海运报价）

表 2-6-1　船公司报价

船公司		APL	COSCO	MAERSK	MSC	OOCL
起运港		SHANGHAI	SHANGHAI	SHANGHAI	SHANGHAI	SHANGHAI
目的港		NEW YORK	NEW YORK	NEW YORK	NEW YORK	NEW YORK
O/F (USD/箱)	20GP	2 800.00	2 400.00	2 700.00	2 750.00	2 500.00
	40GP	3 400.00	2 950.00	3 300.00	3 350.00	3 100.00
	40HQ	3 400.00	2 950.00	3 300.00	3 350.00	3 100.00
文件费(CNY/票)		550.00	500.00	540.00	500.00	450.00
订舱费 (CNY/箱)	20GP	250.00	220.00	250.00	250.00	250.00
	40GP	390.00	335.00	390.00	390.00	390.00
	40HQ	390.00	465.00	390.00	390.00	390.00
封志费(CNY/箱)		40.00	30.00	40.00	40.00	40.00
设备交接单费(CNY/箱)		50.00	50.00	50.00	50.00	50.00
发货港码头操作费 (CNY/箱)	20GP	790.00	790.00	790.00	790.00	787.00
	40GP	1 185.00	1 185.00	1 185.00	1 185.00	1 181.00
	40HQ	1 185.00	1 185.00	1 185.00	1 185.00	1 181.00
AMS(USD/票)		30.00	30.00	30.00	30.00	30.00
电放费(CNY/票)		350.00	300.00	340.00	300.00	300.00

备注：美元与人民币汇率：1 USD=6.8 CNY

(2) 确定海运成本明细

① O/F：整箱出口的海运费用按照集装箱类型对应的海运运输费用收取。

② 文件费：船东收，用以提高承运人与订舱者的效率，按票收取。

③ 订舱费：订舱时船公司向订舱人收取。

④ 封志费：又名铅封费或封条费。集装箱用来封门而买的一个铅封而产生的费用。

⑤ 设备交接单费：集装箱或机械设备在集装箱码头堆场（或货运站）借出或回收时，由码头堆场（或货运站）签发设备交接的凭证。

⑥ 发货港码头操作费（THC）：付给船公司的费用。

⑦ AMS：美国海关反恐舱单。只有出口至美国的业务才会产生的费用。

⑧ 电放费：发生即收，申请电放提单时需要收取的费用。

2. 任务实施

上海乐童公司需从上海出口一批儿童玩具到纽约（经计算需 1 个 20 ft 普通集装箱），根据销售合同，此批货物需以海运形式于 4 月 15 日前到达纽约。2 月 3 日，旅商货代接到上海乐童公司的委托，如果你是旅商货代的小王，请根据船公司的船期表（表 2-6-2）与各船公司的费用报价表（表 2-6-3），为此票货物选择合适的船公司与船期。

表 2-6-2　各船公司的船期表

APL Moving Business Forward

CUT OFF DATE	DEPART DATE	ARRIVAL DATE	LOAD PORT	DISCHARGE PORT	LOAD SERV
2022/03/09	2022/03/11	2022/04/07	SHANGHAI	NEW YORK	CE2
2022/03/21	2022/03/23	2022/04/16	SHANGHAI	NEW YORK	NP2

CUT OFF DATE	LOAD VESSEL	DISCHARGE VESSEL	TRANSIT TIME (DAYS)	ATTENTION
2022/03/09	BIANC 333	BIANC 333	27	DETAILS BOOK
2022/03/21	BREMEN EXPRESS 054	BREMEN EXPRESS 054	24	DETAILS BOOK

COSCO SHIPPING 中远海运集装箱运输有限公司 COSCO SHIPPING LINES CO., LTD.

SERVICE	VESSEL	VOYAGE	CUT OFF	POL
CPS	EVER LOTUS	0742E	2022/03/09 16:00	SHANGHAI
CEN	COSCO FORTUNE	034E	2022/03/17 16:00	SHANGHAI
AAE1	CENDRILLON	389USS	2022/03/08 03:00	SHANGHAI

SERVICE	ETD	POD	ETA	TRANSIT TIME (DAYS)
CPS	2022/03/13	LOS ANGELES	2022/04/09	27
CEN	2022/03/20	LONG BEACH	2022/04/16	27
AAE1	2022/03/11	NEW YORK	2022/04/05	25

MAERSK LINE

ORIGIN	CUT-OFF DATE	PORT OF LOAD (POL)	TERMINAL	ETD AT POL	PORT OF DISCHARGE (POD)	ETA AT POD	FINAL DESTINATION HUB (FND)
SHANGHAI	2022/03/11	SHANGHAI	SHANGHAI WAI GAO QIAO	2022/03/13	NEW YORK	2022/04/07	NEW YORK
SHANGHAI	2022/03/25	SHANGHAI	SHANGHAI WAI GAO QIAO	2022/03/27	NEW YORK	2022/04/21	NEW YORK

ORIGIN	ETA AT FND	EST. TRANSIT TIME (DAYS)	OCEAN CARRIER	VESSEL VOYAGE	SERVICE	CONTAINER TYPE
SHANGHAI	2022/04/07	25	MAERSK	E. R. VANCOUVER 710N	NP5	20′DRY/ 40′DRY
SHANGHAI	2022/04/21	25	MAERSK	KMARIN AZUR 712N	NP6	20′DRY/ 40′DRY

表 2-6-3 各船公司的报价表

船公司	起运港	目的港	O/F (USD/箱)(对外报价时，在成本价上加 USD100 服务费)			文件费 (CNY/票)	订舱费 (CNY/箱)		
			20GP	40GP	40HQ		20GP	40GP	40HQ
APL	SHANGHAI	NEW YORK	2 800.00	3 400.00	3 400.00	550.00	250.00	390.00	390.00
COSCO	SHANGHAI	NEW YORK	2 400.00	2 950.00	2 950.00	500.00	220.00	335.00	465.00
COSCO	SHANGHAI	LOS ANGELES	1 300.00	1 600.00	1 600.00	500.00	220.00	335.00	465.00
COSCO	SHANGHAI	LONG BEACH	1 300.00	1 600.00	1 600.00	500.00	220.00	335.00	465.00
MAERSK	SHANGHAI	NEW YORK	2 700.00	3 300.00	3 300.00	540.00	250.00	390.00	390.00

船公司	封志费 (CNY/箱)	设备交接单费 (CNY/箱)	发货港码头操作费(CNY/箱)			AMS (USD/票)	电放费 (CNY/票) (发生则收)
			20GP	40GP	40HQ		
APL	40.00	50.00	790.00	1 185.00	1 185.00	30.00	350.00
COSCO	30.00	50.00	790.00	1 185.00	1 185.00	30.00	300.00
COSCO	30.00	50.00	790.00	1 185.00	1 185.00	30.00	300.00
COSCO	30.00	50.00	790.00	1 185.00	1 185.00	30.00	300.00
MAERSK	40.00	50.00	790.00	1 185.00	1 185.00	30.00	340.00

备注：美元兑人民币汇率按 1∶6.8 计算。

四、订舱

订舱操作（动画）

订舱操作（实录）

1. 订舱的依据

订舱的依据是客户填写的托运单。

2. 订舱的关键信息

(1) 发货人、收货人与通知人信息；

(2) 货物品名、唛头、件数与包装、毛重与尺码；

(3) 起运港、目的港；

(4) 装箱类型（整箱/拼箱等）、箱型箱量；

(5) 运费预付/到付；

(6) 交接方式（CY-CY、CFS-CFS 等）。

3. 订舱业务操作

详见教学配套视频——订舱操作（动画），订舱操作（实录）。

融会贯通

世赛模拟题实操

根据客户订单中货物的相关信息选择集装箱类型，计算集装箱数量，选择合适的船期，并核算海运成本。

上海天天日化贸易有限公司（以下简称“天天日化”）是一家专门从事进出口日化贸易的公司，其日化产品远销欧美国家。2022 年 7 月 6 日，旅商货代接到天天日化的委托，委托为其代理出口一批化妆品到美国纽约。货物包装尺寸：50 cm×20 cm×20 cm；共 9 750 箱，总毛重 16 000.00 kg，总体积 195.00 m^3，货物总价值 USD19 500.00。旅商货代操作部的杨经理将此票货物交给小王，安排其帮助客户办理订舱业务。

在天天日化的案例中，买方要求货物需在 8 月 20 日前到达纽约，请同学们帮助小王完成此票货物的部分订舱操作工作。要求如下：

(1) 说明要选择的集装箱类型及原因，计算所需集装箱数量；

(2) 结合船期表（表 2-6-4）与船公司费用列表（表 2-6-5），选择合适的船公司与船期。

注：20 ft 集装箱的箱容利用率为 80%，集装箱容积为 33.2 m^3，单位容重为 820.4 kg/m^3。40 ft 集装箱的箱容利用率为 88%，集装箱容积为 77.02 m^3，单位容重为325.97 kg/m^3。

素材 1：各船公司船期表

表 2-6-4　各船公司船期表

MAERSK LINE

ORIGIN	CUT-OFF DATE	PORT OF LOAD (POL)	TERMINAL	ETD AT POL	PORT OF DISCHARGE (POD)	ETA AT POD
SHANGHAI	2022/07/18	SHANGHAI	SHANGHAI WAI GAO QIAO	2022/07/20	NEW YORK	2022/08/14
SHANGHAI	2022/07/25	SHANGHAI	SHANGHAI WAI GAO QIAO	2022/07/27	NEW YORK	2022/08/21

ORIGIN	FINAL DESTINATION HUB (FND)	ETA AT FND	EST. TRANSIT TIME (DAYS)	OCEAN CARRIER	VESSEL VOYAGE	SERVICE	CONTAINER TYPE
SHANGHAI	NEW YORK	2022/08/14	25	MAERSK	E.R. VANCOUVER 710N	NP5	20′DRY/ 40′DRY
SHANGHAI	NEW YORK	2022/08/21	25	MAERSK	KMARIN AZUR 712N	NP6	20′DRY/ 40′DRY

COSCO SHIPPING 中远海运集装箱运输有限公司 COSCO SHIPPING LINES CO., LTD.

SERVICE	VESSEL	VOYAGE	CUT OFF	ETD	POD	ETA	TRANSIT TIME (DAYS)
CPS	EVER LOTUS	0742E	2022/07/15 16:00	2022/07/19	LOS ANGELES	2022/08/15	27
CEN	COSCO FORTUNE	034E	2022/07/15 16:00	2022/07/18	LONG BEACH	2022/08/14	27
AAE1	CMA CGM CENDRILLON	389USS	2022/07/26 03:00	2022/07/28	NEW YORK	2022/08/30	33

APL Moving Business Forward

ORIGIN NAME	DESTINATION NAME	CUT OFF DATE	DEPART DATE	ARRIVAL DATE	LOAD PORT	DISCHARGE PORT
SHANGHAI	NEW YORK	2022/07/12	2022/07/14	2022/08/10	SHANGHAI	NEW YORK
SHANGHAI	NEW YORK	2022/07/30	2022/08/01	2022/08/25	SHANGHAI	NEW YORK

ORIGIN NAME	LOAD SERV	LOAD VESSEL	DISCHARGE VESSEL	TRANSIT TIME (DAYS)	ATTENTION
SHANGHAI	CE2	CMA CGM BIANC 333	CMA CGM BIANC 333	27	DETAILS BOOK
SHANGHAI	NP2	BREMEN EXPRESS 054	BREMEN EXPRESS 054	24	DETAILS BOOK

素材 2：船公司报价表

表 2-6-5　各船公司报价表

船公司	起运港	目的港	O/F（USD/箱）（对外报价时，在成本价上加 USD100 服务费）			文件费（CNY/票）	订舱费（CNY/箱）		
			20GP	40GP	40HQ		20GP	40GP	40HQ
APL	SHANGHAI	NEW YORK	2 800.00	3 400.00	3 400.00	550.00	250.00	390.00	390.00
COSCO	SHANGHAI	NEW YORK	2 400.00	2 950.00	2 950.00	500.00	220.00	335.00	465.00
COSCO	SHANGHAI	LOS ANGELES	1 300.00	1 600.00	1 600.00	500.00	220.00	335.00	465.00
COSCO	SHANGHAI	LONG BEACH	1 300.00	1 600.00	1 600.00	500.00	220.00	335.00	465.00
MAERSK	SHANGHAI	NEW YORK	2 700.00	3 300.00	3 300.00	540.00	250.00	390.00	390.00

船公司	封志费（CNY/箱）	设备交接单费（CNY/箱）	发货港码头操作费(CNY/箱)			AMS（USD/票）	电放费（CNY/票）（发生则收）
			20GP	40GP	40HQ		
APL	40.00	50.00	790.00	1 185.00	1 185.00	30.00	350.00
COSCO	30.00	50.00	790.00	1 185.00	1 185.00	30.00	300.00
COSCO	30.00	50.00	790.00	1 185.00	1 185.00	30.00	300.00
COSCO	30.00	50.00	790.00	1 185.00	1 185.00	30.00	300.00
MAERSK	40.00	50.00	790.00	1 185.00	1 185.00	30.00	340.00

备注：美元兑人民币汇率按 1∶6.8 计算。

学生实践评价表

班级		姓名		学号		
序号	任务	实践过程记录（时间及完成情况）				
		知识准备	熟悉业务	观摩、学习	操作、训练	自评
1	选择集装箱类型					
2	计算集装箱数量					
3	选择船期					
4	向船公司订舱					

课后巩固

一、单选题

1. 干货集装箱也称为（　　）。

A. 杂货集装箱　　B. 冷藏集装箱　　C. 散货集装箱　　D. 台架式集装箱

2. 重型机械适用的集装箱为（　　）。

A. 杂货集装箱　　B. 台架式集装箱　　C. 散货集装箱　　D. 敞顶集装箱

3. 选择集装箱时优先考虑（　　）箱型。

A. 40 GP/40 HQ　　B. 20 GP/20 HQ

4. 适用于装水果的集装箱为（　　）。

A. 隔热集装箱　　B. 通用干货集装箱　　C. 通风集装箱　　D. 散货集装箱

二、多选题

1. 散货集装箱适用于装载的货物类型有（　　）。

A. 粉状　　B. 粒状　　C. 汽车　　D. 钢材

2. 货物按照性质分为（　　）。

A. 大宗货物　　B. 散货　　C. 液体　　D. 气体

3. 选择集装箱需要分析（　　）。

A. 货物性质　　B. 货物托运要求　　C. 集装箱类型　　D. 货物成分

4. 箱装化妆品适合用（　　）运输。

A. 干货集装箱　　B. 散货集装箱　　C. 冷藏集装箱　　D. 普通集装箱

5. 船公司船期表“两港”是指（　　）。

A. 装货港　　B. 起始港　　C. 目的港　　D. 卸货港

6. 船期表中“五时间”包含（　　）。

A. 开舱时间　　B. 截关时间　　C. 开船时间　　D. 到达时间

E. 提单补料时间

三、判断题

1. 重货的货物密度大于集装箱的单位容重。（　　）

2. 根据实际工作可知，集装箱100%装载率是最效果最好的。（　　）

3. 若某批货物用货物总体积除以集装箱有效容积，即可求得这批货物所需集装箱数量，则该种货物属于轻货。（　　）

4. 在计算集装箱数量时，直接用货物体积除以箱容积，即可得出具体集装箱数量。（　　）

5. 因为单个40 GP集装箱装箱量是20 GP集装箱的两倍多，运费低于20 GP集装箱的两倍，所以要尽可能多装40 GP。（　　）

6. 在选择船公司时，只要满足装货港和卸货港即可选择该船期。（　　）

学习笔记

任务七

海运出口货物装箱集港

任务目标

1. 基本目标

- 能够熟练完成提空箱操作；
- 能够完成整箱货物的装箱；
- 能够正确安排集装箱返场。

2. 重点难点

- 空箱适载检验；
- 集装箱货物装箱技巧；
- 提空箱、装箱及集港过程单据的交接。

情境聚焦

旅商国际货运代理有限公司是一家一级货运代理公司，主要承办京津冀、长三角、珠三角地区的海运业务，包括短驳运输、订舱、报关报检、保险等服务。托运品类包括普通货物、大宗货物、生鲜食品等。

上海乐童贸易有限公司计划从上海出口一批儿童玩具到纽约，乐童公司向旅商货代公司提出托运要求。旅商货代操作部的小李在确认订舱完成之后，需安排空箱的提取与重箱的入港。具体而言，小李需要完成以下任务：

任务一：安排拖车到指定堆场提取空箱。

任务二：安排拖车到工厂完成装箱。

任务三：安排重箱进港。

工作过程

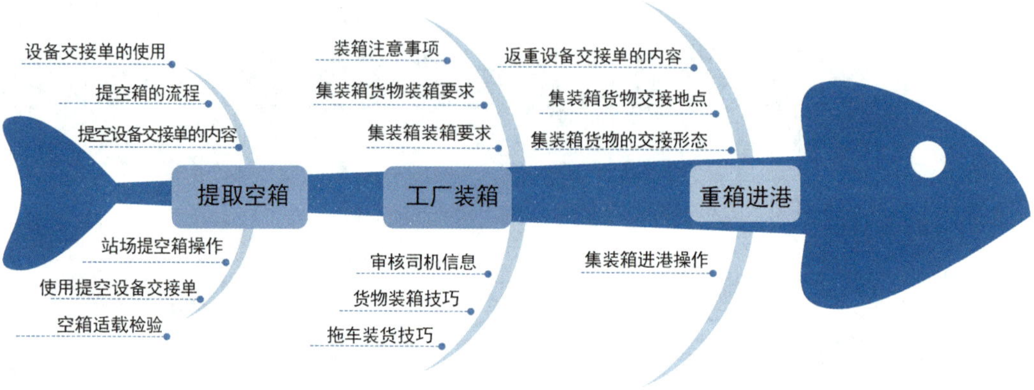

教学要点与任务实施

一、提取空箱

1. 货代将提箱联系单传送给提货人（货主/拖车公司）（图 2-7-1）

旅商货运代理有限公司　Logistics CO.，LTD.　热线：000-600-6660

拖车通知

派车单号：SN170600061A

TO：上海市兄弟联物流有限公司

FM：旅商货运代理有限公司　李慧

柜量：1×40′GP

订舱号：4042652026

拖车时间：2022/6/8　9：00　船公司：东方海外

装货地点：港迎路 46 号（艾尼达鞋厂旁佛山市合劦金属科技有限公司）

联系人：范先生/1351656××××

船名/航次：　POL：YANTIAN，CHINA　POD：CHICAGO，US

提还柜码头：　截关日期：2022-06-11

报关地点：　是否要司机本：不要司机本

重柜还纸：

拖车费：1 950 RMB

备注：提供柜门照片＋要求过磅
水柜号 00LU7848135，封条 00LEFG8375，订仓号 4042652026，
车牌：BAV749，司机 1342424××××

1、请出车后务必将车牌号告知我司，做柜后请将柜号和封条传真我司。
2、还柜后，速将重柜纸回传我司，以便我司报关，谢谢合作！

TEL：86-755-8367××××　0755-8367××××　FAX：86-755-8366××××　0755-8300××××

图 2-7-1　拖车通知

2. 缴纳押箱费

由提箱联系单换取设备交接单和正式提箱单。

设备交接单（EIR）是提箱的凭证，是进出港区、场站时，用箱人、运箱人与管箱人或其代理人之间交接集装箱和特殊集装箱及其设备的凭证。没有设备交接单，无法进场提箱。

产装-货主提空

（1）设备交接单样式（图 2-7-2）

集装箱设备交接单

EQUIPMENT INTERCHANGE RECEIPT OUT 出场

日期（DATE）： 0019582

<table>
<tr><td colspan="4">用箱人/运箱人（CONTAINER USER/HANDLER)</td><td colspan="4">提箱地（PLACE OF DELIVERY）</td></tr>
<tr><td>箱号 CONTAINER No.</td><td>尺寸/类 SIZE/TYPE</td><td colspan="2">铅封号 SEAL No.</td><td colspan="4">船名/航次（VESSEL/VOYAGE No.）
营运人（CNTR OPTR）
提单号（B/L No.）
免费期限（FREE TIME PERIOD）</td></tr>
<tr><td colspan="2">出场时间（TIME OUT）</td><td colspan="2">出场目的/状态 (PPS OF GATE-OUT/STAUS）</td><td colspan="2">返场时间（TIME IN）</td><td colspan="2">返场目的/状态（PPS OF GATE-IN /STATUS）</td></tr>
<tr><td colspan="2"></td><td colspan="2"></td><td colspan="2"></td><td colspan="2"></td></tr>
<tr><td colspan="8">出场检查记录（INSPECTION AT THE TIME OF INTERCHANGE）</td></tr>
<tr><td colspan="2">普通箱（GP CONTAINER）</td><td colspan="2">冷藏箱（RF CONTAINER）</td><td colspan="2">特种箱（SP CONTAINER）</td><td colspan="2">发电机（GEN SET）</td></tr>
<tr><td colspan="2">□ 正常
□ 异常</td><td colspan="2">□ 正常
□ 异常</td><td colspan="2">□ 正常
□ 异常</td><td colspan="2">□ 正常
□ 异常</td></tr>
<tr><td colspan="8">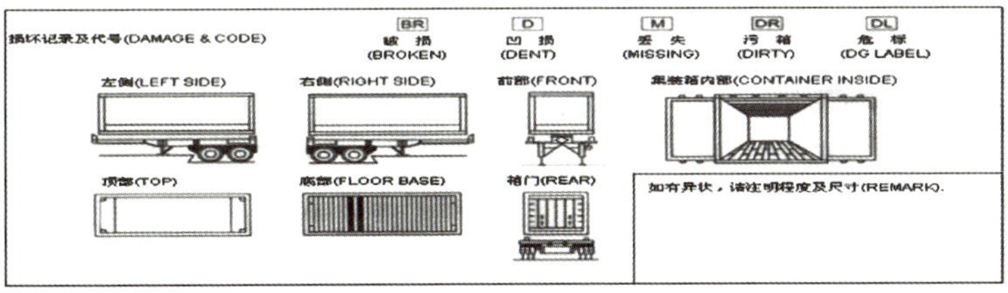</td></tr>
</table>

图 2-7-2 设备交接单样式

（2）设备交接单内容（图 2-7-3）

提空柜专用(OUT)

截重日期：2017/03/20 12:00　**提空有效期**：2017-03-20　**打印时间**：2017/03/16 09:05　**打印人**：aa918057663

箱主	WHL	装货港	Shekou, CNSHK	0307A03851-WE7VJ	
提柜地点	蛇口集装箱码头((0755)26688688) 地址：深圳市蛇口港湾大道蛇口集装箱码头				
船名/航次	EVER PRIMA/N212				
卸货港	JPUKB/KOBE			柜型	20GP86
				柜号	
目的港	JPUKB/KOBE			封条号	
温度		通风口		危险品级别	
外堆场备注	*;				
码头备注	*;				

承运拖车公司（加盖章）	拖车车牌	司机姓名	司机电话

1.提柜前，请登陆http://pay.sunisco.com点击页面右下角的"公共查询"查询提柜地点。
2.提空柜出闸时，务必配合码头或堆场做好箱体检查。
3.当货柜如有损坏或者丢失，货主和拖车公司需按照船公司要求作出赔偿。
4.提柜时如遇提柜地没资料或其他单证原因无法提柜请联系万海箱管，电话:26815807（蛇口）

返重柜专用(IN)

截重日期：2017/03/20 12:00　**打印时间**：2017/03/16 09:05

箱主	WHL	装货港	Shekou, CNSHK	0307A03851	
还柜地点	蛇口集装箱码头((0755)26688688) 地址：深圳市蛇口港湾大道蛇口集装箱码头				
船名/航次	EVER PRIMA/N212	柜型	20GP86	温度	
卸货港	JPUKB/KOBE	通风口		危险品级别	
目的港	JPUKB/KOBE	卸货港火车代码			
特殊配载					
备注	*;				

柜号	封条号	实际箱重（VGM）KGM	称重方法	托运人签名（加盖章）
			□方法一，整体称重法 □方法二，累加计算法	
承运拖车公司（加盖章）		拖车车牌	司机姓名	司机电话

1.请核对以上数据和自行填报总重量，如与实际数据不符，所有责任由贵客自负。
2.提柜后必须在规定期限内还柜，否则货主及拖车公司必须承担所有的责任与费用。
3.请核对以上数据和自行填报总重量，如与实际数据不符，所有责任由贵客自负。针对下述声明Shipper请打勾选择并签名/盖章
•方法一，使用整体称重法声明："本托运人声明：该文件资料所含载货集装箱重量信息系按照《1974年国际海上人命安全公约》第VI/2.4.1条所述方法获得，称重点的称重设备已取得计量监督部门颁发的计量检定证书，且获得重量的日期在证书的有效期范围内。"
•方法二，使用累加计算法声明："本托运人声明：该文件资料所含载货集装箱重量信息系按照《1974年国际海上人命安全公约》第VI/2.4.2条所述方法获得，该方法符合主管机关制定并公布的《载货集装箱累加计算法重量验证指南》的要求。
4.本公司在此保證上述貨櫃與及其所裝載貨物加總之重量正確無誤，並同意支付貴司因申報貨櫃與及其所裝載貨物加總之重量不實所產生或有關的任何成本與費用，此外本公司亦承擔賠償貴司因貨櫃及其所裝載貨物加總之重量不實所產生任何毀損及(或)滅失的責任，且應使貴司免於被任何人求償以及替貴司對抗因此所產生的任何求償並承擔所有的後果。

图 2-7-3　设备交接单内容

传统的多联设备交接单，成本高且交接流程复杂。如今船公司已经开放打单系统，提供电子 EIR 服务，对传统的工作模式予以创新。该服务用 A4 纸取代传统的多联单证，以电子数据为依据进行验放箱操作，实现足不出户，自助打单，闸口快速验单放箱。

打印的出口设备交接单分上下两联，上联供场站提空箱，下联供装箱结束后，重箱返场使用。

（3）提空设备交接单

进场提空设备交接单使用：拖车到港口外堆场提箱时，堆场闸口在提还箱预约系统验证 S/O 预登记信息的有效性，进行放箱作业。

提空出场设备交接单使用：提完箱体，检查无误出堆场时，场站工作人员在设备交接单记录提取集装箱的具体信息、准确的提箱出场时间，并放行。

场站提空箱操作

（4）返重设备交接单

返重设备交接单使用：重箱返场时，需要提交设备交接单返重柜专用单。堆场扫描设备交接单二维码，更新集装箱进场信息。

3. 持有正式提箱单和设备交接单后，就可以到堆场提取空箱

4. 仔细检查空箱箱况，提箱出场

空箱提取及适载检验

5. 任务实施

小李为乐童公司安排拖车公司到堆场提取空箱并到乐童工厂进行装箱，中途接到客户的投诉电话，开始装箱时，发现集装箱顶部有洞，导致未能按照预定时间完成装箱。请思考：导致客户投诉的原因是什么？如何预防类似的投诉问题？

二、工厂装箱

1. 核对司机资料

（1）司机本

司机本指对可以在港澳与内地行驶的运输车辆，其驾驶者经交通主管部门及海关审核同意后核发的可以做交通记录、承运货物记录以及海关验放情况记录的专用登记本。司机本经过海关监管备案登记，也叫“白卡”。从事海关监管货物境内运输的企业、车辆及驾驶员，都应向海关申请登记备案。

工厂装箱

（2）核对内容

司机本人和照片信息、车辆和车辆信息、驾照证件和司机信息。

2. 集装箱装箱要求

（1）集装箱限重的规定

① 集装箱自身限重：每个集装箱箱体上都会明确标注此集装箱的最大限度；

工厂装箱操作

② 装卸设备作业能力：集装箱装箱时还需考虑码头和堆场的机械设备负荷的限制；

③ 公路运输限重：如果货物到达目的港后需要门到门运输，那么配套的公路运输

限重也是集装箱限重的重要依据；

④ 船舱重量平衡：每条集装箱船都有一定的舱位和重量限制。

（2）集装箱超重的后果

超过船公司舱位载重平衡，可能会对运输安全产生影响，若超过此限制，船公司会拒绝超重货物装船，造成货物延期发运及附加费用。如果集装箱装箱时超过自身限重，可能导致箱体变形、底板脱落、顶梁弯折等损坏，由此产生的一切损失将由装货人全部承担。码头直接拒收超重箱，要求装货人返箱重装。超过机械设备负荷，可能导致集装箱脱落，容易发生人员伤亡、机械事故、货物及箱体的损坏。超过公路运输的限重规定，可能造成路面损坏、交通事故，另外超限运输会产生罚金。

3. 集装箱货物装载要求

（1）满足载荷

任何情况下箱内所装货物的重量不能超过集装箱的最大装载量。把外包装坚固和质量较大的货物装在下面，外包装脆弱、质量较轻的货物装在上面，使货物的质量在箱底上平均分布。箱内负荷不得偏于一端或一侧，特别是要严格禁止负荷重心偏在一端的情况。

（2）衬垫

夹衬采用缓冲材料，防止装在下面的货物被压坏。装载脆弱货物或易碎商品以及湿货（包括桶装或罐装液体货）等，应采用适宜的隔热物料。装箱时不要用不同包装的货物填塞集装箱的空位，除非这种包装的货物是完全适合拼装的。

（3）固定

① 支撑：用方形木条等支柱使货物固定。

② 塞紧：用方木等支柱在水平方向加以固定，或者插入填塞物、缓冲垫、楔子等防止货物移动。

③ 系紧：用绳索、带子等索具把货物捆绑。在任何情况下，都不能把货物直接固定在集装箱内部任何一个平面上，因为把集装箱钻孔会破坏箱子的水密性。

集装箱介绍

（4）缓冲材料

能够充当缓冲材料的有货板、木框、缓冲垫等填塞物。最新的方法是使用合成橡胶制成的空气垫。空气垫除了能固定货物外，同时还起着缓冲作用，但有价格昂贵的缺点。

（5）容易引发事故的货物混载情况

① 有水分的货物与干燥货物混装。

② 一般货物与污臭货物及粉末货物混装。

③ 危险货物与非危险货物混装。

④ 两种及以上不同的危险货物混装。

（6）货物的装载

采用与该包装相适应的装载方法，保障货物安全。

① 箱装货：采用纵横交叉法摆放。

② 桶装货：以竖直方式堆装（桶口向上），层与层之间应铺垫木板。

③ 捆绑货：捆包不易过大；防止突出物损坏包件；防止金属捆扎带摩擦产生火花。

④ 袋装货：压缝方式堆积（砌墙式）。

⑤ 货板（托盘）货：装载纸箱货和袋装货。

4. 拖车装箱技巧

(1) 摆尾

摆在车架最末端，这种情况就叫作摆尾，为了方便叉车直接装货，一般工厂都会提前告知拖车司机提空箱后摆尾来取货。

需注意的是：并不是所有货物都可以摆尾，过于重的货物，比如大理石、瓷砖等，摆尾容易造成重心不稳，存在安全隐患。集装箱放在车架末端时，要考虑到装货的需求，将柜门朝车尾方向摆放。

(2) 孖拖

有些比较重的货如果按体积可以装在一个 40 ft 集装箱中，但是根据集装箱限重，这样装货就超重了，所以重货只能装在 2 个 20 ft 集装箱中。为了节约运输成本和时间，这种情况下就用 40 ft 的拖车去装 2 个 20 ft 的集装箱，故称这种方式为孖拖。

有问必答

提问：孖拖方式下，在不挪动集装箱的前提下，货物要怎样装箱？

回答：集装箱 1 的门朝车尾方向放置；集装箱 2 的门朝车头方向放置。装货的时候，先装集装箱 1，装完后再把车身调过来，把拖车头卸下或扭到侧面，就可以继续装集装箱 2 的货物了（图 2-7-4）。

图 2-7-4 货物装箱

三、重箱进港

集装箱货物的交接

1. 集装箱货物的交接形态

(1) 整箱交，整箱接

整箱货的交接是发货人自行装箱或者由货运代理公司代为装箱，

并办好加封等手续。

承运人接收的货物是外表状态良好、铅封完整的集装箱。货物运抵目的地时，承运人将同样的集装箱交付收货人，收货人自行将货物从箱中掏出。

（2）拼箱交，拆箱接

承运人根据流向相同的原则将一个或多个发货人的少量货物装入同一个集装箱进行运输。到达目的地之后，承运人将货物掏箱，以原来的形态向各收货人交付。

（3）整箱交，拆箱接

货主在工厂或仓库把装满货后的整箱交给承运人，在目的地的集装箱货运站或内陆转运站由承运人负责拆箱后，各收货人凭单接货。

（4）拼箱交，整箱接

货主将不足整箱的小票托运货物在集装箱货运站或内陆转运站交给承运人，由承运人分类调整，把同一收货人的货集中拼装成整箱。运到目的地后，承运人以整箱交，收货人以整箱接。

上述各种交接方式中，“整箱交，整箱接”效果最好，也最能发挥集装箱的优越性。

2. 集装箱货物交接地点

（1）发货人或收货人的工厂或仓库交接（Door 交接）

集装箱货物都是整箱交接。发货人或收货人自行装（拆）箱。运输经营人负责自接收货物地点到交付货物地点的全程运输。

（2）集装箱码头堆场交接（CY 交接）

发货人自行负责装箱及集装箱到发货港码头堆场的运输。承运人或其代理人在码头堆场接收货物。收货人自行负责集装箱货物到最终目的地的运输和掏箱。

（3）集装箱货运站交接（CFS 交接）

发货人自行负责将货物送到集装箱货运站。承运人或其代理人在货运站接收货物，安排装箱，然后组织海上运输或陆海联运。运输经营人负责拆箱并以货物的原来形态向收货人交付。

3. 集装箱货物的交接方式

（1）门到门

指的是从发货人工厂或仓库至收货人工厂或仓库。一般是货物批量较大，能装满一箱的货主，把空箱拉到自己的工厂或仓库装箱后，由海关在工厂或仓库内加封验收，运输经营人在发货人工厂或仓库整箱接货，然后把重箱运到集装箱码头堆场，等待装船。在目的港，由运输经营人负责把货物运到收货人的工厂或仓库整箱交货。收货人在其工厂或仓库整箱接货。因此，采用门到门交接方式的一般为整箱货运输。

（2）门到场

指的是从发货人工厂或仓库至目的地或卸货港的集装箱堆场。发货人负责装箱并在在其工厂或仓库整箱交货，运输经营人在发货人工厂或仓库整箱接货，并负责运抵卸货港，在集装箱堆场整箱交货；收货人负责在卸货港集装箱堆场整箱提货。这种交接方式表示承运人不负责目的地的内陆运输。在这种交接方式下，货物也都是整箱交接。

(3) 门到站

指的是从发货人工厂或仓库至目的地或卸货港的集装箱货运站。发货人负责装箱并在其工厂或仓库整箱交货，运输经营人在发货人工厂或仓库整箱接货，并负责运抵卸货港集装箱货运站，经拆箱后按件向各收货人交付。在这种交接方式下，运输经营人一般是以整箱形态接收货物，以拼箱形态交付货物。

(4) 场到门

指的是从起运地或装货港的集装箱堆场至收货人工厂或仓库。发货人负责装箱并运至装货港集装箱堆场整箱交货，运输经营人在装货港集装箱堆场整箱接货，并负责运抵收货人工厂或仓库整箱交货；收货人在其工厂或仓库整箱接货。在这种交接方式下，货物也都是整箱交接。

(5) 场到场

指的是从起运地或装货港的集装箱堆场至目的地或卸货港的集装箱堆场。发货人负责装箱并运至装货港集装箱堆场整箱交货，运输经营人在装货港集装箱堆场整箱接货，并负责运抵卸货港集装箱堆场整箱交货。收货人负责在卸货港集装箱堆场整箱提货。在这种交接方式下，货物的交接形态一般是整箱交接，运输经营人不负责内陆运输。

(6) 场到站

指的是从起运地或装货港的集装箱堆场至目的地或卸货港的集装箱货运站。发货人负责装箱并运至装货港集装箱堆场整箱交货，运输经营人在装货港集装箱堆场整箱接货，并负责运抵卸货港集装箱货运站或内陆货运站拆箱按件交货；收货人负责在卸货港集装箱货运站按件提取货物。在这种交接方式下，运输经营人一般是以整箱形态接收货物，以拼箱形态交付货物。

(7) 站到门

指的是从起运地或装货港的集装箱货运站至收货人工厂或仓库。发货人负责将货物运至集装箱货运站按件交货，运输经营人在装货港集装箱货运站按件接收货物并装箱，负责运抵收货人工厂或仓库整箱交货，收货人在其工厂或仓库整箱接货。在这种交接方式下，运输经营人一般是以拼箱形态接收货物，以整箱形态交付货物。

(8) 站到场

指的是从起运地或装货港的集装箱货运站至目的地或卸货港的集装箱堆场。发货人负责将货物运至集装箱货运站按件交货，运输经营人在集装箱货运站按件接收货物并装箱，负责运抵卸货港集装箱堆场整箱交货。收货人负责在卸货港集装箱堆场整箱提货。在这种交接方式下，运输经营人一般是以拼箱形态接收货物，以整箱形态交付货物。

(9) 站到站

指的是从起运地或装货港的集装箱货运站至目的地或卸货港的集装箱货运站。发货人负责将货物运至集装箱货运站按件交货，运输经营人在集装箱货运站按件接收货物并装箱，负责运抵卸货港集装箱货运站拆箱后按件交货，收货人负责在卸货港集装箱货运站按件提取货物。在这种交接方式下，货物的交接形态一般是拼箱交接。

以上 9 种交接方式，可进一步归纳为 4 种方式：

门到门：这种运输方式的特征是，在整个运输过程中，完全是集装箱运输，并无货物运输，故最适宜于整箱交、整箱接。

门到场站：这种运输方式的特征是，由门到场站为集装箱运输，由场站到门是货物运输，故适宜于整箱交、拆箱接。

场站到门：这种运输方式的特征是，由门至场站是货物运输，由场站至门是集装箱运输，故适宜于拼箱交、整箱接。

场站到场站：这种运输方式的特征是，除中间一段为集装箱运输外，两端的内陆运输均为货物运输，故适宜于拼箱交、拆箱接。

融会贯通

请同学们 4 个人（A、B、C、D）一组进行演绎。A 扮演发货人，B 扮演货代操作员小李，C 扮演拖车司机，D 扮演场站工作人员。完成以下几个任务：

（1）B 安排 C 去场站提空，演绎需要包括交接的单据以及交接的信息。

（2）C 去 A 仓库装箱，C 需要叙述装箱的整个过程以及与 A 的沟通。

（3）C 将重箱返回场站，需要完成单据的交接并交代重箱的交接程序。

学生实践评价表

班级		姓名		学号	
序号	任务	实践过程记录（时间及完成情况）				
		知识准备	熟悉业务	观摩、学习	操作、训练	自评
1	安排拖车到指定堆场提取空箱					
2	安排拖车到工厂完成装箱					
3	安排重箱进港					

课后巩固

一、单选题

1. 重箱返场需提供(　　)。

A. 设备交接单　B. 正式提箱单　C. 托运单　D. 订舱单

2. 根据国际标准，目前集装箱的重量为(　　)。

A. 16 t　B. 20 t　C. 24 t　D. 28 t

3. 为节约运输成本和时间，用 40 ft 的拖车装 2 个 20 ft 的集装箱的方式叫(　　)。

A. 摆尾　B. 孖拖　C. 装箱　D. 拖车

4. 集装箱放在车架末端时要考虑装货的需求，将柜门朝(　　)摆放。

A. 车尾　B. 车头　C. 车中　D. 车身

5. 集装箱进港所需通过通道为(　　)。

A. 重箱进场　B. 空箱出场

二、多选题

1. 缴纳押箱费之后，由提箱联系单换取(　　)。

A. 设备交接单　B. 正式提箱单　C. 托运单　D. 订舱单

2. 设备交接单分为两联，分别是(　　)。

A. 场站提空箱　B. 重箱返场　C. 集装箱号　D. 集装箱信息

3. 集装箱限重规定包括(　　)。

A. 集装箱自身限重　B. 装卸设备作业能力

C. 公路运输限重　D. 船舱重量平衡

4. 集装箱装载要求包括(　　)。

A. 满足载荷　B. 固定　C. 内置缓冲材料　D. 衬垫

5. 能够充当缓冲材料的有(　　)。

A. 货板　B. 木框　C. 缓冲垫　D. 报纸

6. 以下货物不适合采取摆尾操作方式的有(　　)。

A. 大理石　B. 瓷砖　C. 自行车　D. 皮鞋

7. 集装箱进港所需单据包括(　　)。

A. 设备交接单　B. 称重单　C. 正式提箱单　D. 海运提单

8. 集装箱进港操作流程包括(　　)。

A. 重箱进场　B. 人工确认　C. 过磅

D. 办理交接　E. 空箱出场

三、判断题

1. 提取空箱的第一步是货代将提货联系单发送给提货人。(　　)

2. 持设备交接单就可到堆场提取空箱。(　　)

3. 没有设备交接单提取不了空箱。(　　)

4. 集装箱最大总重量是指最大装载货物的重量。(　　)

5. 为最大化利用集装箱容积，可将两种以上危险货物混装。(　　)

6. 空气垫缓冲材料价格便宜，还能固定货物，缓冲效果好。(　　)

7. 为方便叉车直接装货，所有货物都以摆尾方式装货。(　　)

学习笔记

任务八

海运提单的缮制

任务目标

1. 基本目标

➢ 能根据业务材料缮制海运提单。

2. 重点难点

➢ MBL 与 HBL 的区别；
➢ 熟悉海运提单的作用、分类；
➢ 了解运输单据的必要填写栏目；
➢ 海运业务操作能力。

情境聚焦

旅商国际货运代理有限公司是一家一级货运代理公司，主要承办京津冀、长三角、珠三角地区的海运业务，包括短驳运输、订舱、报关报检、保险等服务。托运品类包括：普通货物、大宗货物、生鲜食品等。

业务员小李目前已完成货物的装箱集港工作，已落实提取空箱、完成装箱、重箱进港任务。现阶段，主管安排小李完成海运提单的缮制工作。

工作过程

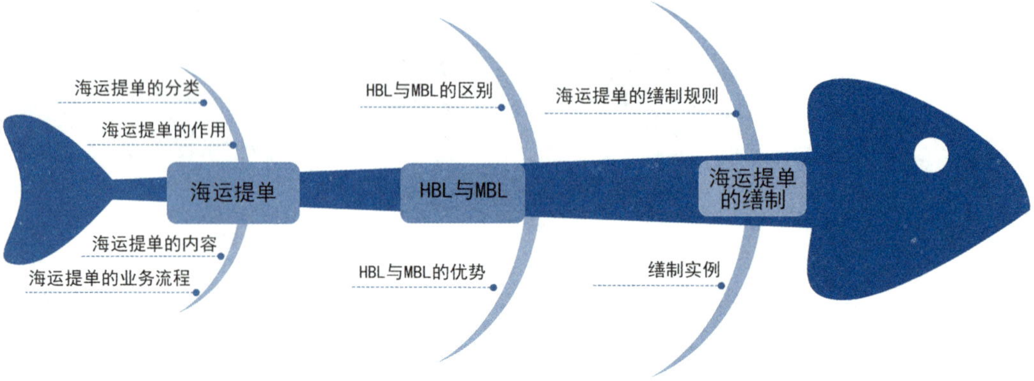

教学要点与任务实施

一、海运提单

（一）海运提单的定义

海运提单（Marine Bill of Lading，B/L）简称提单，是货物的承运人或其代理人收到货物后，签发给托运人证明货物表面状况良好的一种证件。提单是托运人凭以向银行办理议付、结汇的主要单据之一，并在运输费用的结算和对外索赔中具有重要作用。

海运提单

（二）海运提单的作用

1. 提单是承运人或其代理人签发的货物收据（Receipt for the Goods）。证明承运人或其代理人已按提单所载内容收到货物。

2. 提单是一种货物所有权的凭证（Document of Title）。提单代表货物，掌握了提单就掌握了货物。提单合法持有人有权凭提单在目的港向承运人提货。

3. 提单是托运人与承运人之间所订立的运输契约的证明（Evidence of the Contract of Carriage）。承运人和托运人之间的有关运输条件，双方的权利和义务、责任与豁免都以提单作为合约凭证，它是处理承运人与货方运输方面的争议、纠纷的法律依据。

（三）海运提单的分类

1. 清洁已装船提单（Clean On Board B/L，Clean Shipped B/L）

提单上必须以文字表明货物已装船，且提单上还需记载已装船日期。提单签发时未加注任何货损或包装不良之类批注。《UCP600》中规定：银行只接受清洁已装船运输单据。

2. 备运提单（Received for Shipment B/L）

提单上只说明货物已经收到，暂代存入码头仓库，准备装船。承运人先签发提单，待船到港后再装船。此种提单虽列有承运船名，但该船是否如期到达，船公司并不负责。所以，备运提单实际上等于货运收据，而不构成运输契约。目前集装箱使用的提单和联合运输提单多属于备运提单。为满足银行只接受已装船提单的要求，这类提单需加“已装船批注”（Laden on Board the Vessel）。

3. 指示提单（Order B/L）

在提单收货人一栏带有“凭指示”（To Order）的字样。这种提单通过指示人的背书而转让、流通。银行一般接受指示提单作为议付的凭证。在实务中，指示提单被广泛采用。

4. 记名提单（Straight B/L）

提单收货人是指明特定的，提单收货人一栏填上具体的收货人。记名提单又叫直交式提单，收货人可以不凭正本提单，只需证明自己的收货人身份便可以提货，但不能转让提单。此类提单只在运送价值较高的货物或展品时使用。

5. 不记名提单（Open B/L）

提单的收货人一栏表示“货交持票人”（To Bearer）。这种提单无需证明收货人身份就可以提货，风险很大。提单一旦丢失，货物很容易被人提走。

6. 多式或联合运输提单（Multimodal or Combined Transport Bill of Lading, CTB/L）

国际多式联运（International Multimodal Transport）是一种利用集装箱进行联运的运输方式，它通过采用海、陆、空等两种及以上的运输手段，完成国际间的货物运输，从而打破了过去海、铁、公、空等单一运输方式互不连贯的传统做法。国际多式联运能集中发挥各种运输方式的优势，使国际货物运输既快捷又安全，同时它简化了手续，减少了中间环节，加快了货运速度，降低了运输成本，并提高了货运质量，为实现“门到门”运输创造了有利条件。多式联运提单指货物由海上、内河、铁路、公路、航空等两种及以上运输方式进行联合运输而签的适用于全程运输的提单。

目前我国使用的多式联合运输提单往往具有如下功能：

(1) 适用于不同方式的联合运输——陆海陆联合运输、海空联运、海铁联运等。联运承运人的责任是从接收货物起至交付货物为止，其接收货物地点可能是集装箱码头、内陆堆场、工厂或仓库、集装箱货运站等，因此在联运提单上印有货物收妥或接管的地点（Place of Receipt）。由于多式联运提单是在多式联运经营人收到货物后签发的，收货地不同，经营人签发的地点、时间也不同，承担的责任也就不同。另外，在提单上还印有最终交付货物的内陆交货地（Place of Delivery）。

(2) 在多式联运中有海运方式。多式联合运输提单上通常包括六个运输项目：

① 前程运输（Pre Carriage）；

② 收货地点（Place of Receipt）；

③ 装货港（海运）（Port of Loading）；

④ 船名（Ocean Vessel）；

⑤ 卸货港（Port of Discharge）；

⑥ 内陆交货地（陆运）（Place of Delivery）。

（3）多式联运提单还适用于我国港口单一运输方式直达各国港口的集装箱运输。联合运输提单上包括三个项目：

① 集装箱号（Container No.）；

② 铅封号（Seal No.）；

③ 集装箱运输应在这种提单上加“已装船批注”，批注包括：a. 装船日期，b. 船名，c. 承运人签字。

（四）海运提单正反面内容

各国海运提单的格式不一，但其内容大致由正面内容和背面条款组成。

1. 正面内容

（1）承运人或其代理人印定的文字声明。包括表明提单（Bill of Lading）字样；船公司名称（Name of the Shipping Company）；承运人收到表面状况良好的货物，并已装船，将运往目的港卸货；船方对在提单上所装货物的重量、数量、价值等内容不负责核对，概不知悉；对托运人、收货人等在提单正面印定的条款表示接受；承运人或其代理人为证明以上各个内容，签发正本提单，凭其中一份提货后，其余各份即行失效。

（2）由托运人及承运人或其代理人填写的部分。包括：

① 提单号（B/L No.）；

② 托运人（Shipper）；

③ 收货人（Consignee）与背书（Endorsement）；

④ 被通知人（Notify party）；

⑤ 船名（Name of Vessel）；

⑥ 装货港（Port of Loading）；

⑦ 卸货港（Port of Discharge）；

⑧ 唛头（Marks & Numbers）；

⑨ 大小写件数和包装种类（Number and Kind of Packages & In Words）；

⑩ 货名（Description of Goods）；

⑪ 毛重（Gross Weight）；

⑫ 尺码（Measurements）；

⑬ 运费（Freight and Charges）；

⑭ 运费预付和到付地点（Prepaid at & Freight Payable at）；

⑮ 正本提单份数（Number of Original Bs/L）；

⑯ 提单签发地点及日期（Place and Date of Issue）；

⑰ 承运人签字（Signed for the Carrier）。

2. 背面条款

船公司通常在提单背面印有承运人的责任、权利、义务的豁免，是托运人和承运人处理争议时的依据。承运人收到提单，如不表示异议，即被认为对此印定条款同意接受。《UPC600》第 20 条规定：载有承运条款和条件，或提示承运条款和条件参见别处（简式/背面空白的提单），银行将不予审核承运条款和条件的内容。

海运提单除正面的内容外，背面一般是托运人与承运人的运输条款，理论上应是托运人与承运人双方约定的事项，但实际上是承运人单方面印定的，托运人很少有修改的机会。这也就是为什么说提单是双方运输契约的证明，而不能说是运输契约或合同的原因。

由于各国航运公司提单的格式不同，其条款的规定内容也互不一样，内容较多，如托运人与承运人的定义、承运人责任条款、运费和其他费用条款、责任限额、共同海损等等，其内容大同小异。

二、HBL 与 MBL

HBL 与 MBL

（一）HBL 与 MBL

船方提单（Master Bill of Lading，Master B/L）的英文缩写为 MBL，船方提单俗称船公司提单、船东提单。如果有分单的话，MBL 通常也被称为主单。

货代提单（House Bill of Lading，House B/L）的英语缩写为 HBL，俗称货代单。如果要出分单，那么分单肯定是由货代出的，既然是货代出的，因此所有分单都是 HBL——但并不是所有 HBL 都是分单，因为有很多是不出分单的。也有少部分人把货代提单叫作 Forwarder Bill of Loading。

要注意的是，提单（无论 MBL 还是 HBL）只是针对海运而言的。航空、铁路的运输单据，严格来说，应该叫运单——航空运单是 Airway Bill（简称 AWB），铁路运单是 Railway Bill，跟海运的 Bill of Lading（MBL & HBL）有本质区别。所以航空运单、铁路运单不应叫提单。提单（Bill of Lading，简称 B/L 或 BL）最主要的特点是“物权凭证”，这是海运特有的。所谓“物权凭证”是指证明物权人拥有物权的证明、单据、证书等书面形式的凭证。MBL、HBL 等由于其可以背书转让，是一种物权凭证；多式联运提单、铁路运单、航空运单、邮包或快运收据都不属于物权凭证，这几种单据也都是承运人出具的承运货物的收据。

简单来说，运单只不过是货物收据而已；而海运提单（MBL、HBL 等）才具备代表货物所有权的属性。

（二）HBL 与 MBL 的区别

1. 签发人不同

MBL 是船公司签发的提单，HBL 是货代基于 MBL 出的提单，由货代公司签发。货代单不是想签发就签发，签发货代单的主体至少要在目的港有代理。

2. 填写内容不同

MBL 的发货人是货代；收货人是目的港货代。HBL 的发货人是货主；收货人是进口商。

3. 货权不同

船东单可以直接向船公司提货。货代单提货时必须先在目的港向货代的代理换取船公司提单，然后再凭着船公司提单去提货，俗称换单；或者由目的港客户凭货代单直接找货代的代理提货。

4. 法律地位不同

MBL 是货运人与货主的运输契约，HBL 不是运输契约。

5. 使用情况不同

集装箱班轮运输中，MBL 只适用于 FCL 整箱运输，船公司不会签发拼箱提单（分单）。而 HBL 则既可以用于整箱，也可以用于 LCL 拼箱，而且拼箱运输必须使用 HBL，因为拼箱要出分单，分单由拼箱货代签发。

有问必答

1. 既然有了 MBL，为什么还要 HBL？

从提单的签发主体来说，一个是船公司，一个是货代。MBL 往往不容易更改，也不容易根据客户的要求（尤其是 L/C 信用证条款）签发提单。虽然说船东单（MBL）是最基本的物权凭证，但是里面的许多条款你无法左右。

另外，在不是客户指定货代时，签发货代提单也更方便控制货权。因为毕竟是自己找的货代，比较好沟通。

还有一个可能原因，存在中间商时，中间商可能不想让最终客户知道货物的来源等关键信息，往往通过签发 HBL，并且只给最终客户 HBL，从而达到保守商业秘密的目的。

2. MBL 的优势有哪些？

签发船东单对发货人和货代来说都是比较安全的选择。对发货人来说，船东的信誉和安全系数肯定要比货代强，一般情况下都会相信船东。对货代来说也比较安全，不需要用到代理，不会有代理卷货走人的风险。所以整柜出口不到万不得已货代不是很愿意签发货代单。第二个是费用问题，船东单目的港提货一般不会产生什么费用，货代单提货肯定会收取目的港客户的换单费。

三、海运提单的缮制（表 2-8-1）

表 2-8-1 海运提单

<table>
<tr><td colspan="2">Shipper</td><td colspan="3">B/L NO.</td></tr>
<tr><td colspan="2">Consignee or Order</td><td colspan="3" rowspan="5">中国对外贸易运输总公司
CHINA NATIONAL FOREIGN TRADE
TRANSPORTATION CORP.
直运或转船提单
BILL OF LADING
OF
DIRECT OR WITH TRANSHIPMENT
SHIPPED on board apparent goods order and condition (unless otherwise indicated) the goods or packages specified here in and to be discharged at the mentioned port of discharge or as near there to as the vessel may safely get and be always afloat.
The weight, measurement marks and number, quality, contents and value, being particulars furnished by the Shipper, are not checked by the Carrier on loading.
The Shipper, Consignee and the Holder of this Bill of lading hereby expressly accept and agree to all printed, written or stamped provisions, exceptions and conditions of this Bill of Lading, including those on the back hereon.</td></tr>
<tr><td colspan="2">Notify Address</td></tr>
<tr><td>Pre-carriage by</td><td>Port of Loading</td></tr>
<tr><td>Vessel</td><td>Port of Transshipment</td></tr>
<tr><td>Port of Discharge</td><td>Final Destination</td></tr>
<tr><td>Container, Seal No. or Marks and Nos.</td><td>Number and Kind of Packages</td><td>Description of Goods</td><td>Gross Weight (kg)</td><td>Measurement (m^3)</td></tr>
<tr><td colspan="3">Freight and Charges</td><td colspan="2">REGARDING TRANSHIPMENT
INFORMATION
PLEASE CONTACT</td></tr>
</table>

<table>
<tr><td rowspan="2">Ex. Rate</td><td>Prepaid at</td><td>Freight Payable at</td><td>Place and Date of Issue</td></tr>
<tr><td>Total Prepaid</td><td>Number of Original B/L</td><td>Signed for on Behalf of the Master
As Agent for Carrier</td></tr>
</table>

1. 提单号（B/L No.）

（1）填写内容：提单号（B/L No.）位于提单右上角。提单上必须注明承运人及代理人规定的提单号，以便核查和工作联系，否则提单无效。

海运提单的缮制（上）

（2）实例

B/L No.：CDE567420

2. 托运人（Shipper）

（1）填写内容：在信用证项下，托运人一般为受益人。以托收支付方式成交的，托收的委托人为托运人。

海运提单的缮制（下）

（2）实例

Shipper:

HUNAN TEXTILE IMP & EXP CORP.

4E WUYI RD., CHANGSHA, CHINA

3. 收货人（Consignee）与背书（Endorsement）

1） 收货人（Consignee）

（1）填写内容：提单的收货人又称“抬头人”。提单的抬头决定了海运提单的性质和货权的归属。所以，信用证项下的提单必须严格按照信用证规定的提单条款缮制。

一般信用证支付时多使用指示式抬头。这种抬头的特征是有“凭指示”（To Order）字样。指示式收货人将收货人以广义的形式表示出来，掩饰了具体的收货人的名称、地址，使单据可以背书转让、流通。指示式的抬头人又分为两种：不记名指示式（To Order）和记名指示式（To Order of ×× Bank/Shipper）。

① 不记名指示式（To Order）

“To Order”（凭指示或称空白抬头）没有具体的收货人名称。常见信用证规定为：“信用证要求提单空白抬头、空白背书”。

② 记名指示式（To Order of ×× Bank/Shipper）

记名指示式由银行或托运人背书转让，记名指示中的记名人有权控制和转让提单。

（2）实例 1：

① 提单正面收货人一栏填：To Order;

② 背面由背书人签章并注明背书的日期：

B.T.I Co.（背书人签章）

Mar. 16, 2022

③ 此种提单由托运人在提单背面进行背书后，即可转让。由被转让人持单向船公司提货。

（3）实例 2：

① 提单正面收货人一栏填：To Order of ×× Bank/Shipper;

② 背面由银行或托运人签章并注明背书的日期：

×× Bank/×× Co.（银行或托运人签章）

Mar. 16，2022.

③ 此种提单由银行/托运人在提单背面进行背书后，即可转让。由被转让人持单向船公司提货。

2）背书（Endorsement）

（1）填写内容：背书分为记名背书（Endorsement in Full）和不记名背书（Endorsement in Blank）两种。

记名背书：在提单的背面先写上被背书人的名称，同时再由背书人签署并盖章，并注明背书的日期。不记名背书：只在背面有托运人签章即可。

（2）实例：

① 提单正面填：To Order；

② 背面由背书人做记名背书，提单记名背书的指示文句中不用“Pay”而用“Deliver to/Endorsed to A.B.C Co.”。

③背书人签章并注明背书的日期：

J.M.L Co.（签章）

Mar. 16，2022

4. 被通知人（Notify Party）

（1）填写内容：被通知人指货物到达目的港时船方发送到货通知的对象。其职责是及时地接收船方发出的到货通知，并将该通知转告真实的收货人。被通知人无权提货。“被通知人”栏目是对指示提单方法的一个补充，在提单抬头人不是收货人时，减少了船方通知提货、报关的麻烦。因此，在空白指示提单和银行及托运人指示提单中，此栏必须详细将被通知人的名称、地址写清楚，否则船方就无法与收货人联系，收货人也不能及时报关提货，甚至会因超过海关规定申报时间而被没收货物。此栏在信用证方式下按规定填写。有时为进口方或买方代理。

（2）实例1：

信用证条款为“Full set of B/L… notify applicant”，应在此栏中将开证申请人的全称及地址填上。

（3）实例2：

信用证条款为“Full set of B/L… notify our forwarding agent：M.K Co. addressed to 60 Green RD.，London U.K.”，应在此栏中将货代M.K Co.的全称及地址填上。

5. 船名（Name of Vessel）

（1）填写内容：船名按实际所装运的船只名称填写。

（2）实例：

Name of Vessel：S. S Taishan V.108

6. 装货港（Port of Loading）

（1）填写内容：填实际装运港口的具体名称，不能笼统填写“Chinese Port”字样。

（2）实例：

Port of Loading：Qingdao

7. 卸货港（Port of Discharge）

（1）填写内容：填实际货物卸下的港口。如经转船，则应填上“转运港”字样。

（2）实例：

From Qingdao to Rotterdam W/T Hong Kong.

（3）注意事项：

① 卸货港和装货港一样不能填笼统名称，如“European Main Ports”（欧洲主要口岸）；应填具体卸货港，如“Port of Discharge：Antwerp”。如果在国际上有重名港口的，还要加注国名和地区名来区别。

② 若来证列明几个卸货港的，如“Hamburg/Rotterdam”，提单只能填一个具体卸货港的名称。

③ 货物经转（Transshipment），如：货物从青岛装运，在中国香港转船再运至德国汉堡，可有以下填法：

a. 在提单中印有装货港（Port of Loading）、卸货港（Port of Discharge）和最终目的港（Final Destination）栏目，应分别在装货港栏内填“青岛（Qingdao）”，卸货港栏内填“香港（Hong Kong）”，在最终目的港栏内填“汉堡（Hamburg）”。

b. 在提单中只有卸货港栏，没有最终目的港栏目，则在卸货港栏内填“汉堡（Hamburg）”，再加注转船港名称，如“Hamburg with Transshipment at Hong Kong”或“Hamburg W/T Hong Kong”（在 Hong Kong 转船）。

c. 如有印就的转船港（Port of Transshipment）栏目，则直接将“中国香港（Hong Kong）”填入转船港栏即可。有关转运事项，请参见“转船提单”。

d. 如果信用证中规定卸货港后有“In Transit to ×××”，则表明货物自卸货港卸货后，经转运或陆运至其他目的地或邻国，尤其在卖方不负责转口时，不能在卸货港栏内加填转船港的港名，应另在货名栏下方的空白处或在唛头处加注“In Transit to ×××”。

来证规定：“Marseilles in Transit to Genoa”，具体做法是：

i. 卸货港栏填 Masilles。

ii. 在货名栏下方的空白处或在唛头处加注“In Transit to Genoa”。注意：“In Transit to ×××”一般不能填在卸货港后。因为卖方只负责将货运至该卸货港，以后的转运由买方负责。

8. 唛头（Marks & Numbers）

（1）填写内容：按发票缮制。

(2) 实例：

Marks & Numbers：N/M（没有唛头）

9. 大小写件数和包装种类（Number and Kind of Packages & In Words）

(1) 填写内容：应填写数量和计量单位，与唛头中件号的累计数相符。大写是用英文打出包装及数量，必须大小写一致。

(2) 实例：

小写（In Figures）：240 cartons.

大写（In Words）：(Say Two Hundred and Forty CartonsOnly)

小写（In Figures）：350 cases.

大写（In Words）：(Say Three Hundred and Fifty Cases Only)

10. 货名（Description of Goods）

(1) 填写内容：提单列明的货名仅是信用证规定装运的货物名称，应与商业发票及其他单据一致。如信用证规定品名繁多，允许提单打出货物的统称表示商品的名称。

(2) 实例：

Description of Goods：T-SHIRT

11. 毛重（Gross Weight）

(1) 填写内容：应与发票一致，一般以千克为计算单位，毛重指包括包装材料在内的货物重量。如果一次装运的货物中有几种不同的包装材料或完全不同的货物，那么应先分别计算，然后将合计的毛重填在这一栏目中。

(2) 实例：

Gross Weight：163.56 KGS

12. 尺码（Measurements）

(1) 填写内容：与发票一致，小数点后保留三位数，以立方米为计算单位，应填一批货的尺码总数。总尺码不仅包括各件货物尺码之和，还应包括件与件之间堆放时的合理空间所占的体积。

(2) 实例：

Measurements：6 CBMS

13. 运费（Freight and Charges）

(1) 填写内容：除非信用证中明确规定提单中表明运费的计算与数额，否则提单中不填运费的数额为好。

(2) 实例：

① 在以 CIF 或 CFR 成交的价格术语中，支付运费的为卖方，一般卖方在交货前把运费付清，计入 CIF 或 CFR 价格中。因此应根据信用证的规定，选择 “Freight Prepaid”（运费预付）或 “Freight Paid”（运费已付）。银行将接受以戳记或以其他方式清楚表明运费预付或已付的词语。

② 价格术语为 FOB 或 FAS 时，运费由买方支付，此时应填“Freight Collet”（运费到付）或“Payable at destination”（运费在目的港支付）。

14. 运费预付和到付地点（Prepaid at & Freight Payable at）

（1）填写内容：在提单相应栏目中填实际运费预付和到付的地点。

（2）实例：

Prepaid at：Qingdao

Freight Payable at：New York

15. 正本提单份数（Number of Original Bs/L）

（1）填写内容：按照《UCP600》规定，运输单据必须注明所出具的正本的份数。正本提单的份数按信用证的要求应在本栏中用大写（如 THREE，TWO 等）注明。向银行提供信用证规定的全套正本提单的份数，可使收货人凭正本提单提货。《UCP600》第 17 条 a 款规定：凡信用证规定的每一种单据必须至少提交一份正本。对正副本提单的要求，一般在信用证中有规定，出口商应按要求提供。

（2）实例：

“Full set of B/L in triplicate with two non-negotiable Bs/L”（三份正本，两份副本）

（3）注意事项：①注明“第一正本”（First Original）、“第二正本”（Second Original）、“第三正本”（Third Original）、“正本”（Original）、“第二份”（Duplicate）、“第三份”（Triplicate）等类似表述的运输单据都是正本。提单不一定非要注明“正本”（Original）字样才能被接受为正本提单。

② 提单有正本（original）和副本（non-negotiable B/L）之分。正本提单可交银行议付，并流通转让，副本则不行。每份正本提单的效力相同，凭其中一份提货后，其余各份失效。

16. 提单签发地点及日期（Place and Date of Issue）

（1）填写内容：地点应为装运地点。日期应不迟于信用证或合同规定的最迟装运日期，该日期将视为装运日期。如果提交的是预先印就“已装运于船”的提单（“Shipped on Board” Bill of Lading），提单的出具日期即视为装运日期，除非提单带有加注日期的单独装船批注（A Separate Dated on Board Notation），此时，不论该批注日期是在提单签发日期之前还是之后，该装船批注的日期即视为装运日期。

（2）实例：

Place and Date of Issue：QINGDAO，SEPT. 25，2016

17. 承运人签字（Signed for the Carrier）

（1）填写内容：正本提单必须有承运人（Carrier）或其代理人、船长（Master）或其代理人的签字或印章方能生效。根据《UCP600》规定：

① 承运人（船长、船东、多式运输营运人）签署或证实时，须分别按实际情况表明其真实身份，代理需要表明被代理人身份。例如船长签署提单，则船长的签字必须表明“船长”身份。在此情况下，不必标明船长的姓名。

② 代理人代表承运人（船长、船东、多式运输营运人）签署时，必须表明他所代表的委托人名称及身份，即分别按实际情况注明代理人是代表某承运人/船长签署或证实。如果由代理人代表船长签署提单，在此情况下，不必标明船长的姓名。

（2）实例：

船长签字

提单上部：Pacific Ocean Shipping Company

提单签署处：Joshua（签署）

As Master/Signed on Behalf of Pacific Ocean Shipping Company

融会贯通

根据资料和信用证相关条款要求，完成海运提单的缮制。

1. 信用证

SEQUENCE OF TOTAL	27：	1/1
FORM OF DC	40A：	IRREVOCABLE
DC NO.	20：	DC HMN214479
DATE OF ISSUE	31C：	20/07/20
APPLICABLE RULES	40E：	UCP LATEST VERSION
EXPIRY DATE AND PLACE	31D：	20/09/19 IN COUNTRY OF BENEFICIARY
APPLICANT	50：	ELBY GIFTS INC. 879 INDUSTRIEL BOLS DES FTTION, QUEBEC, J6Z 4T3, CANADA
BENEFTCTARY	59：	LILING PENGXING CERAMIC FACTORY WUSHI JIASHU LILING HUNAN, CHINA
AMOUNT	32B：	USD27,010.40
PCT CR AMT TOLERANCE	39A：	10/10
AVAILABLE WITH/BY	41D：	ANY BANK BY NEGOTIATION
DRAFTS AT	42C：	AT SIGHT FOR FULL INVOIC VALUE
DRAWEE	42A：	SSUING BANK
PARTIAL SHIPMENTS	43P：	ALLOWED
TRANSHIPMENT	43T：	ALLOWED
PORT OF LOADING	44E：	SHENZHEN, CHINA
PORT OF DISCHARGE	44F：	PRINCE RUPERT, CANADA
LATEST DATE OF SHIPMENT	44D：	20/09/05
DFSCRIPTION OF COODS OR SERVICES	45A：	CEBAMIC CUPS AND BOWLS AS PER S/C NO.: CB121039 CIF PRINCE RUPERT, CANADA ALL PACKED IN CARTONS.
DOCUMENTS REQUIRED	46A：	+ ORIGINAL SIGNED INVOICE PLUS THREE COPIES. +FULL SET OF CILEAN MULTIMODAL TRANSPORT

		DOCUMENT PLUS 2 N/N COPIES, MADE TO THE ORDER OF HSBC BANK CANADA, SHOWING ON BOARD NOTATION, MARKED FREIGHT PREPAID, AND NOTIFY APPLICANT (STATING FULL NAME AND ADDRESS). +INSURANCE POLICY OR CERTIFICATE BLANK INDORSED, FOR THE INVOICE VALUE PLUS 10% COVERING ALL RISKS AND S. R. CC. FROM WAREHOUSE TO WAREHOUSE. +ORIGINAL PACKING LIST PLUS 2 COPIES. + GSP CERTIFICATE OF ORIGIN FORM A, IN ONE ORIGINAL PLUS 2 COPIES, INDICATING COUNTRY OF ORIGIN, COUNTER CHOPPED BY GOVERNMENT AUTHORITIES OR EXPORTER'S STATMENT OF ORIGIN. + SHIPPING NOTE INCLUDING SHIPPINGMARKS, CTN NO., B/L NO., QUANTITY, VESSEL'S NAME, VOYAGE NO., SHOULD BE SENT TO THE ISSUING BANK ON THE DATE OF SHIPMENT.
ADDITIONAL CONDITIONS	47A:	+ BENEFICIARY'S DETAILS: CTC: MILER LEE TEL: 86-731-23384199 FAX: 86-731-23384298 FOLLOWING CHARGES ARE FOR BENEFICIARY'S ACCOUNT: 1) REIMBURSEMENT / REMITTANCECHARGES 2) DISCREPANCY FEE OF USD/ CAD/EUR 100 PLUS ALL RELEVANT CABLE CHARGES WILL BE DEDUCTED FROM EACH PRESENTATION OF DISCREPANT DOCUMENTS UNDER THIS DC.
CHARGES	71B:	ALL BANKING CHARGES OUTSIDE COUNTRY OF ISSUE FOR ACCOUNT OF BENEFICIARY/EXPORTER
PERIOD OF PRESENTATION	48:	WITHIN 15 DAYS AFTER THE DATE OF SHIPMENT BUT WITHIN THE VALIDITY OF THE CREDIT
CONFIRMATION INSTRUCTIONS	49:	WITHOUT

2. 合同

SALES CONTRACT

Contract No.：SSW0803　　　　Date：AUG 15，2020

THE SELLER：PENGXING IMP&FXP COMPANY
LILINC PENGXING CERAMIC FACTORY
WUSHI JIASHU LILING HUNAN，CHINA
TEL：86-731-23384199　FAX：86-731-23384298

THE BUYER：ELBY GIFTS INC.
879 INDUSTRIEL BOIS DES FILION
QUEBEC，J6Z 4T3，CANADA
TEL：514-4200282　FAX：514-4200322

This Contract is made by and between the Buyer and Seller，whereby the Buyer agrees to buy and the Seller agrees to sell the under mentioned goods on the terms and conditions stated below：

Description of Goods，Specifications	Quantity (set)	Unit Price (U. S. D/set)	Amount (U. S. D)
Ceramic Cups and Bowls		C. I. F Prince Rupert	
V23-234	912	4.05	3 693.60
V23-234F	912	4.05	3 693.60
V23-235	1 520	2.40	3 648.00
V23-236	1 512	2.10	3 175.20
V23-237	1 488	1.95	2 901.60
V23-238	1 520	2.04	3 100.80
36-062	1 528	2.30	3 514.40
36-063	1 496	2.12	3 171.52
As per the P/I No.：CCB23-36			
Total	10 888		26 898. 72

Say Total：U. S. DOLLARS TWENTY SIX THOUSAND EIGHT HUNDRED AND NINETY-EIGHT AND CENTS SEVENTY-TWO (USD26 898.72) ONLY.

PACKING：4 sets packed in a carton (V23 234/V23 234F)，8 sets packed in a carton for others.

TRANSPORT DETAILS：The goods should be shipped on or before：Sept 5th，2020，from Shenzhen，China to Prince Rupert，Canada，transshipment and partial shipment are all allowed.

INSURANCE：To be effected by the Seller for 110% of invoice value covering all risks and S.R.C.C as per C.I.C of PICC dated 01/01/1981.

PAYMENT: By irrevocable documentary letter of credit at sight, reaching the seller not later than Aug 5th, 2020 and remain valid for negotiation in China for 15 days after shipment.

DOCUMENTS:

+ Signed commercial invoice one original and three copies.

+ Full set of clean on board ocean Bill of Lading made to order of issuing bank.

+ Packing List one original and two copies.

+ Insurance policy endorsed in blank.

+ CSP Form A certified by government authority.

INSPFCTION: Quality/Quantity/Weight Discrepancy and Claim: In case the quality and/or quantity/weight are found by the Buyer not to conform with the contract after arrival of the goods at the final destination, the Buyer may lodge a claim against the Seller supported by a survey report issued by an inspection organization agreed upon by both parties with the exception of those claims for which the insurance company and/or the shipping company are to be held responsible. Claim for quality discrepancy should be filed by the Buyer within 60 days after arrival of the goods at the final destination while for quantity/ weight discrepancy claim should be filed by the Buyer within 30 days after arrival of the goods at the final destination.

FORCE MAJEURE: The Seller shall not be held responsible for failure or delay in delivery of the entire or portion of the goods under this contract in consequence of any Force Majeure incidents.

ARBITRATION: All disputes in connection with this Contract or the execution thereof shall be settled through friendly negotiations. If no settlement can be reached, the case shall then be submitted to the China International Economic and Trade Arbitration Commission of the China Council for the Promotion of International Trade, Beijing, for settlement by arbitration in accordance with the Commission's Provisional Rules of Procedure. The award rendered by the Commission shall be final and binding on both parties. The arbitration expenses shall be borne by the losing party unless otherwise award by the arbitration organization.

Signed by:

THE SELLER:	THE BUYER:
PENGXING IMP&EXP COMPANY	ELBY GIFTS INC.
LILING PENGXING CERAMIC FACTORY	
李望	Camp Wolf

补充资料：

V23-234：MEA 38.9×29.0×26.6，G.W 11.8，N.W 9.6

V23-234F：MEA 38.9×29.0×26.6，G.W 11.8，N.W 9.6

V23-235：MEA 48.6×31.6×43.6，G.W 15.0，N.W 12.8

V23-236：MEA 50.4×27.0×34.8，G.W 10.6，N.W 8.4

V23-237：MEA 31.0×28.2×39.2，G.W 8.4，N.W 6.4

V23-238：MEA 48.6×28.2×39.2，G.W 10.5，N.W 8.0

36-062：MEA 49.0×28.9×38.2，G.W 12.0，N.W 9.6

36-063：MEA 34.4×33.0×27.6，G.W 8.4，N.W 6.4

学生实践评价表

班级		姓名		学号	
序号	任务	实践过程记录（时间及完成情况）			
		知识准备	熟悉业务	观摩、学习	操作、训练	自评
1	海运提单					
2	MBL 与 HBL					
3	海运提单的缮制					

课后巩固

一、单选题

1. (　　)的签发人是船公司或者船公司委托的船舶代理，(　　)的签发人是货代公司。

A. MBL，HBL　　B. HBL，MBL

C. HBL，HBL　　D. MBL，MBL

2. (　　)的唛头很重要，NO MARK 在提单上标记为 N/M；(　　)的唛头很重要，需和货物上贴的唛头保持一致。

A. 整箱货，件杂货

B. 整箱货，拼箱货

C. 拼箱货，整箱货

D. 拼箱货，件杂货

二、多选题

1. 海运提单的货权凭证体现在(　　)。

A. 提单的合法持有人可凭提单在目的港向承运人提货

B. 货物抵港后，通过提单转移物权

C. 可凭借提单向银行抵押贷款

D. 可以向银行办理结汇业务

2. 海运提单的用途包括(　　)。

A. 收据功能

B. 货权凭证

C. 运输合同

D. 非物权凭证

3. 船东提单与货代提单的区别有(　　)。

A. 签发人不同

B. 填写内容不同

C. 是否证明货权

D. 法律地位

4. 整箱提单和拼箱提单的区别有(　　)。

A. 签发方式不同　　B. 标注不同

C. 唛头标注不同　　D. 法律地位不同

三、判断题

1. 海运提单可作为银行贷款抵押。(　　)

2. 海运提单的收据功能是指证明承运人已按提单所载内容收到货物。(　　)

3. MBL 的发货人是货代，收货人是目的港货代。(　　)

4. HBL 的发货人是货主，收货人是进口商。(　　)

5. MBL 是可直接提货单证，HBL 则需先换单才能提货。(　　)

6. 整箱货提单的签发人只能是货代。(　　)

7. 拼箱货的英文简写是 FCL，整箱货的是 LCL。(　　)

8. 有些船公司在第一次提交材料时发生错误，需要修改时，就会产生改单费。(　　)

9. 出口商实际装柜的数量与货代下单时的货物体积等内容不符时，则需在正本提单出来之前，给货代提供详细的装箱单。(　　)

学习笔记

任务九

海运进口货物换单操作

任务目标

1. 基本目标

➢ 能够掌握海运进口换单操作流程，与相关方沟通顺畅，完成换单操作；
➢ 能够完成电放提单换单操作，有效规避电放风险。

2. 重点难点

➢ 海运进口换单操作流程；
➢ 电放提单的换单操作。

情境聚焦

旅商国际货运代理有限公司是一家一级货运代理公司，主要承办京津冀、长三角、珠三角地区的海运业务，包括短驳运输、订舱、报关报检、保险等服务。托运品类包括普通货物、大宗货物、生鲜食品等。

上海乐童贸易有限公司同德国 Wine Tree 公司签订了一份销售合同，准备从德国海运进口一批红葡萄酒。（详见销售合同）由于乐童公司是第一次进口葡萄酒，对相关进口流程不是很熟悉，因此公司决定委托旅商国际货运代理有限公司来办理此票货物的进口手续。

2022 年 6 月签订销售合同之后，德国 Wine Tree 公司准备办理租船订舱等相关事宜，并保证货物能在约定的时间内装船。

2022 年 6 月 30 日，上海乐童贸易有限公司收到德国 Wine Tree 公司用电子邮件发来的货物装船通知，告知该批合同项下货物已经装船，于 6 月 29 日从德国汉堡港口出发并发往上海；提单将于 7 月 2 日寄出，请做好接单接货准备。

上海乐童贸易有限公司收到装船通知后，委托旅商国际货运代理有限公司进行该批货物的进口操作。

旅商国际货运代理有限公司客服部接到此委托之后，查看随附单据，包含海运提单、销售合同正本等基础单据，该批货物将于 8 月底抵达上海。客服部通知操作员小李准备该批货物的进口接单和换单操作。旅商货代需完成以下两个任务：

任务一：付款赎单。

任务二：结清费用，换取提货单。

素材 1：销售合同

表 2-9-1　销售合同

上海乐童贸易有限公司

SHANGHAI LETONG TRADING CO.，LTD

销售合同

SALES CONTRACT

合约号（CONTRACT NO.)：WNZ20130601

日期（DATE)：06/12/2022

卖方（SELLER)：GERMANY WINE TREE TRADING CO.

地址（ADD)：175 BLACK STREET，FRANKFURT，HESSIAN，60388，GERMANY

买方（BUYER)：SHANGHAI LETONG TRADING CO.，LTD

地址（ADD)：NO. 6088，HUMIN ROAD，MINHANG DISTRICT，SHANGHAI，CHINA

This CONTRACT is made by and between the Buyer and the Seller whereby it is agreed that the Buyer purchases and the Seller supplies the under mentioned goods according to the terms and conditions stipulated below：

COMMODITY DETAILS：

款号 Item NO.	品名 Description of Goods	容器容积 Volume	件数 PCS	数量 Quantity	单价 Price/pcs	总价 Amount（CIF)
RW2010008	VIBERTI RED WINE 鲜葡萄酒	750 mL	10 000	2 000 CTNS	CIF HAMBURG USD24. 00	USD 240 000.00
Total：				2 000 CTNS		USD 240 000.00

TOTAL VALUE（总值)：SAY TWO HUNDRED AND FORTY THOUSAND DOLLARS ONLY

SHIPMENT（货运期限)：BEFORE JUNE 30，2022

PORT OF LOADING（装运地点)：HAMBURG，GERMANY

PORT OF DESTINATION（目的港)：SHANGHAI，CHINA

DESTINATION（目的地)：SHANGHAI，CHINA

Buyer Requirement：1×20GP LOAD BY MASTER BILL OF LADING

素材 2：海运提单

表 2-9-2 海运提单

<table>
<tr><td colspan="5"></td><td colspan="4">Maersk Line Shipping Instruction
(All fields marked by* are mandatory)</td></tr>
<tr><td colspan="5">Name:</td><td colspan="4">Company:</td></tr>
<tr><td colspan="5">Shipper (Maximum 5 lines)*:
Germany Wine Tree Trading Co.
175 BLACK STREET, FRANKFURT,
HESSIAN, 60388, GERMANY</td><td colspan="4">Booking Number*:</td></tr>
<tr><td colspan="5">Consignee (Maximum 5 lines)*:
TO ORDER</td><td colspan="2">Own references:</td><td colspan="2">References owner:</td></tr>
<tr><td colspan="5">Notify party 1 (Maximum 5 lines):
SHANGHAI LETONG TRADING CO., LTD
NO. 6088, HUMIN ROAD, MINHANG
DISTRICT, SHANGHAI, CHINA</td><td colspan="4">Notify party 2 (Maximum 5 lines):</td></tr>
<tr><td colspan="5">Service Contract number</td><td colspan="4"></td></tr>
<tr><td colspan="5">Onward inland routing (Not part of pre carriage for account and risk of merchant):</td><td colspan="4">Place of issue:
HAMBURG</td></tr>
<tr><td colspan="3">Vessel</td><td colspan="2">Voyage Number</td><td colspan="4">Placeof receipt (Mandatory in case of inland transport under carrier's responsibility)</td></tr>
<tr><td colspan="3">ALXEL MAERSK</td><td colspan="2">791E</td><td colspan="4">HAMBURG</td></tr>
<tr><td colspan="3">Port of loading*</td><td colspan="2">Port of discharge*</td><td colspan="4">Placeof delivery (Mandatory in case of inland transport under carrier's responsibility)</td></tr>
<tr><td colspan="3">HAMBURG</td><td colspan="2">SHANGHAI, CHINA</td><td colspan="4"></td></tr>
<tr><td colspan="9">Particulars as furnishedby shipper — Carrier not responsible</td></tr>
<tr><td colspan="2" rowspan="2">Kind of Package*</td><td colspan="2" rowspan="2">CTNS</td><td>Total package</td><td>Total weight</td><td>Total Volume</td><td rowspan="2">Cargo description*</td><td rowspan="2">Marks & Numbers</td></tr>
<tr><td>2 000 CTNS</td><td>9 000</td><td>25</td></tr>
<tr><td>Container Number*</td><td>Seal Number*</td><td>Other Seal Number</td><td>Container size/type*</td><td>No. of packages*</td><td>Gross Weight (KGS)*</td><td>Volume (CBM)*</td><td rowspan="2">VIBERTI RED WINE</td><td rowspan="2">N/M</td></tr>
<tr><td></td><td></td><td></td><td>20FT</td><td>2 000CTNS</td><td>9 000</td><td>25</td></tr>
<tr><td colspan="3">Freight component:
Ocean Freight
Origin Charges
Destination Charges</td><td colspan="4">Prepaid or Collect Payment (Please indicate by P or C)*:
FREIGHT PREPAID</td><td colspan="2">To be Paid by:</td></tr>
<tr><td colspan="9">Specific for shipments to and from USA and Canada</td></tr>
<tr><td colspan="5">SED/AES Number (Only for exports from USA)*:</td><td colspan="4">SCAC Code (Only for automated NVOCCs exporting to USA or Canada)*:</td></tr>
<tr><td colspan="5">Documentation printing instructions</td><td colspan="4">Reefer Setting</td></tr>
<tr><td colspan="3">Number of Originals</td><td colspan="2">Bill of Lading Type</td><td colspan="2">Temperature</td><td colspan="2">Other Information</td></tr>
<tr><td colspan="9">Specific Remark/Instruction</td></tr>
<tr><td colspan="9"></td></tr>
</table>

工作过程

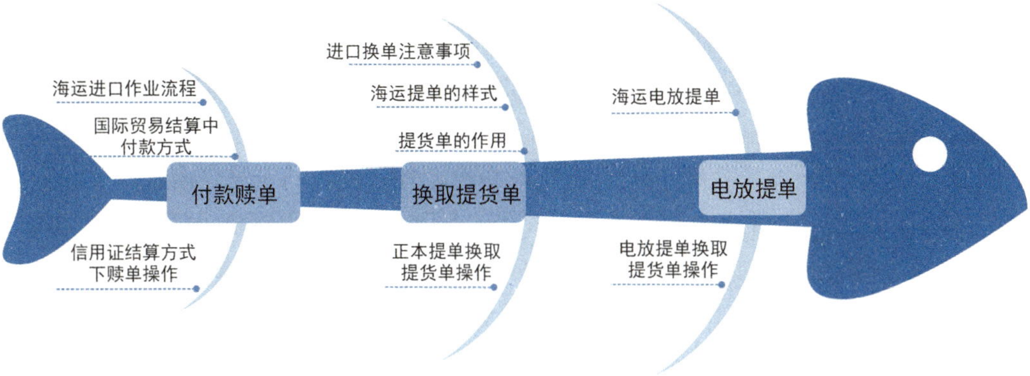

教学要点与任务实施

一、付款赎单

（一）结清货款，取得提单

当前国际贸易发展迅速，数量、品种、金额等都在不断扩大，传统"银货两讫"的结算方式早已不能适应现代国际贸易的需求，多数外贸结汇都是经由银行，通过票据、单据等结算工具的转移和传递，来清偿国际间的债权、债务，从而实现买卖的最终完成。目前，国际贸易的结算方式主要有以下几种，即汇款、信用证、托收、保函和保理等。

那么，究竟选择何种国际结算品种对于成交最有利呢？这主要取决于国际经贸活动的内容、融资需求、风险保障程度以及银行服务范围等因素。大致上来说，当前中小企业运用最多的国际结算方式是"汇款"（占整个国际贸易量的六成以上，目前比重仍呈上升趋势）。不同的结算方式各有利弊，在这里仅就一些操作上的问题进行分析，供客户根据自身的需求"量体裁衣"。

1. 汇款结算方式

汇款是一种古老的结算方式，今天在外贸活动中仍得到广泛的运用。"汇款结算"又根据其性质，分为"前 T/T" （Payment in Advance）和"后 T/T" （Deferred Payment）两种。

所谓"前 T/T"，即"预付货款"，就是卖方在发货前就已经收到了货款，然后在合同规定的时间内，将货物发给买方的一种结算方法。汇款的另一种结算方式"后 T/T"又称"货到付款"，就是在签署合同后，卖方先发货，买方收到货物后再付款的结算方式。

显而易见，"预付货款"，即"前 T/T"，是一种对于出口商较为有利的结算品种。因为出口商在发货前就已经收到了货款，实际上等于得到了进口方的无息贷款，其出口的风险程度已经得到了控制。换言之，出口商已经接受了进口方的“购货担保”，从而掌握了出口的主动权。

也可以说，“预付货款”是一种对进口商较为不利的结算品种，因为：①进口商在货未到手时就付了款，等于向对方提供了无息贷款，造成了利息损失；②进口商实际承担了贸易中的风险，即出口商可能在收款后，不按时、按量、按质地发货，使自己处于被动地位。

而“后 T/T”，即“货到付款”，则刚好相反，是一种有利于进口商，而不利于出口商的结算方式。具体的做法是，出口商货款的收回，往往要等到进口商收到货物的一段时间之后。因此：①出口商要承担进口商可能不付款、不按时付款或不付足款的风险；②假若进口商收到货物后，认为货物质量不符合要求，或者市场行情发生了变化，他可能拖延付款、少付款，甚至不付款，风险可能完全由出口方承担。所以，“汇款”的交易方式实际上完全处在买、卖双方相互信任的基础上，因而被称为“商业信用”。

当前，在进、出口贸易中，还有一种沿用国内贸易的结算办法（在浙江省的义乌、绍兴柯桥等地区使用得最为广泛），即买、卖双方在签订合同以后，由买方先付 50%～60%的定金。工厂先开工生产，等到货物出运后，再以交付提单为凭据（即象征性“交货”）支付余下的 40%～50%的货款。

一般而言，这种贸易结算办法，所付定金数额的多寡，要视买、卖双方的信任程度而定，有相当的伸缩余地。如果双方是“老客户”，对方所付定金也可在 30%～40%。不少出口商甚至允许进口商在收货、检货之后，再支付余下的货款。

有这样一个实例，某印尼客商到浙江绍兴欲购 80 万美元的纺织品面料，要求采用“后 T/T”的支付方法，他在签订合约时只能预付 10%（即 8 万美元）的定金。80 万美元的纺织品面料应该说是一张数额不小的订单，可是对方只能预付 10%的订金，这令不少厂商举棋不定。这样的订单可不可以签，风险到底有大？这要视具体情况而定，但是仅就前文所说的条件，这个订单还是可以接的。问题是如何操作，才能将风险降到最低程度。

可以将这个交易分析一下，对方要订 80 万美元的货，只能付一成定金，也就是说，只预付 8 万美元货款。要促成这项交易的顺利完成，对于出口商来说，可采取“分批出运，分批收汇”的方法来降低风险。即第一批先出价值十多万美元的货物，在第一批货物的货款收妥后，再发运第二批货物；第三批的发货视第二批的收汇情况而定。这样一来，对方实际上等于预付了 70%以上的货款，风险被大大降低。

“分批发货、分批收汇”可以降低结汇风险程度，在实务中是一个可以用于“规避风险”的结汇模式。

2. 托收结算方式

国际贸易中托收结算方式程序较为简便，这个“简便”是相对于信用证结算方式而言的，但是托收结算也有其相应的风险。“跟单托收”（Documentary Collection）的具体做法是，由出口商开立跟单汇票，连同一整套货运单据交给出口地银行，委托银行通过其在国外的代理行向进口商收取货款。

托收又可以根据其性质，分为“D/P 即期”和“D/A 远期”两种。

“D/P 即期”就是出口国的托收行收到单据，审核无误后，寄给进口国的代收行，由代收行通知进口商前来付款赎单。因此，“D/P 即期”手续较简单，风险相对也较小。

“D/A 远期”的具体做法是，托收行将单据寄到对方银行，进口商前来银行取单。但是，这次进口商并不需要付款，只是向代收行签署一个“托收承兑书”，保证到期付款，就可以把代表货物的单据取走。

因而，“D/A 远期”的风险是可想而知的。如果进口商取单后拖延付款，或者少付款，甚至不付款，对此，出口商毫无办法。因为托收结算方式完全是依据进口商的信誉来完成付款行为的。这就是人们通常所说的“商业信用”。从理论上来说，银行对此并不承担责任。

国际贸易中“托收结算方式”的优点是显而易见的，手续迅捷、简单。在跟单托收中，出口商以控制货权的单据来控制货物，托收银行以交付代表货物的单据来代表“交货”。而银行的“交单”，又以进口商的“付款”或“承兑”为先决条件。

由此，在一般情况下，采用“即期交单付款”的托收结算方式时，出口商是有一定保障的，不会受到“财货两空”的损失。进口商只要付了款，或者进行了“承兑”，就可以得到代表货权的单据，此做法相对于汇款结算方式要安全得多。

但是，托收结算方式对于出口商来说，就较为不利了。因为出口商能否按时收回货款，完全取决于进口商的信用。假如进口商因商情变化，到时“拒不付款”或者“拒不承兑”，出口商就可能有迟收货款、收不到货款的危险。如果遇到这种情况，托收银行和代收银行，对此是不承担任何责任的，所谓“商业信用”的风险性也就在这里。特别是当采用“空运交货”方式时，托收结算方式更应谨慎从事。

从某种意义上来说，选择做“D/P 即期”相比选择做“D/A 远期”较为安全。因为“D/P 即期”，一般银行一定要等进口商付了款之后，才交出代表货物的单据，卖方不会落到“财货两空”的境地。从理论上来说，只要进口商未付款，货运单据仍在银行，那么，货权仍归出口商，出口商仍可将货物转卖给他人或者运回。

相对来说，“D/A 远期”风险就比较大，因为进口商有可能不来承兑，或者签署了承兑书，取走了单据、提了货之后，到期日不来付款，或者少付款，银行和出口商对此是无可奈何的。

但是，出口商也可以采取下列方式，来规避或者降低风险程度：①出口商对进口商的资信及经营作风应有所了解；②及时了解行情行市；③了解进口商海关等当局的规章；④尽可能做“D/P 即期”，不做或者少做“D/A 远期”；⑤要求对方预付一定数额的押金；⑥进口国最好有代理人，万一发生意外，也可以代为办理存仓、保险、转运或运回等事宜；⑦在做托收结算时，也可以考虑同时安排续做“出口信用保险”。

作为通行的外贸“促销”手段，“出口信用保险”国际上已经流行多年。我国虽然起步较晚，但是，随着市场机制的完善，“出口退税”的逐渐弱化，“退税”由中央、地方财政分担，国家对保费有2%以上的补贴等举措，使得“出口信用保险”在企业安全收汇中所起的“防护墙”作用日益明显。在外贸结汇中，使用汇款或托收结算方式时，同时选择续做“出口信用保险”，不失为一个规避风险的好选择。

3. 信用证结算方式

正因为汇款和托收结算方式都存在着各自的缺点，为了解决买、卖双方的互不信任问题，信用证结算方式应运而生。信用证结算是当前国际贸易中使用得最为广泛的一种结汇方式。它的主要特点是，把原来由进口商履行的“凭单付款”责任，转由银行来承担，即通常所说的“以银行信用取代商业信用”。因为银行信用更加可靠、更加稳健，而且银行的资金也更加雄厚，使得买、卖双方都增加了安全感，从而大大促进了国际贸易的发展。

信用证结算的具体做法是，进口国的开证银行，根据进口商的要求开立信用证，授权出口商按照信用证规定的条款，签发以该行为付款人的汇票，并保证在交来符合信用证条款规定的汇票和单据时，该行必定付款或承兑。由此可见，信用证结算的基础是“银行信用”，即银行取代进口商成为第一性的付款人。从理论上来说，只要出口商履行了信用证规定的条款，那么银行就一定要付款。也就是说，出口商通常能够收回货款。因为有了开证银行所做的“付款承诺”，进、出口双方在与他们相关的银行打交道时，每一个环节都可能得到银行的资金融通。例如，出口商在收到信用证后，可以做“打包贷款”；交单议付时，可以做“押汇”等。这种资金融通，一定程度上缓解了企业资金周转的困难，有利于他们的外贸拓展。有的进口国存在着“外汇管制”，该国的一切进、出口业务，都要报请当局批准。但是，如果他们开得出信用证，也就意味着，该项贸易已经通过外汇管理部门的批准了。

信用证结算虽然有诸多优点，但是，任何一种结算方式都不可能完美无缺，信用证结算也不例外。其主要缺点有：①由于信用证结算方式是一种纯粹的“单据买卖”行为，只要“单证相符”，开证银行就一定要付款，进口商也一定要付款赎单。因此，进口商有可能得到与信用证规定完全相符的单据，但是并不一定能得到与单据条款完全相符的货物。②信用证业务中有可能存在欺诈。无良商人利用信用证的特点进行不法活动，如提供无货单据、假冒单据等。③出口商在履行信用证条款时，由于种种原因，造成“单证不符”，导致开证行的拒付。④开证行和进口商可能无理拒付或无力支付。⑤开证行在开立信用证时，通常向进口商收取一定数目的押金，由于信用证结算的周期较长，该资金被银行长期占用。⑥信用证的手续过繁、费用过高。⑦开证行可能在信用证中列出一些“软条款”，使信用证失去了其“保证付款”的功能，等等。

虽然信用证结算有以上不足之处，但是，由于信用证结算方式中，银行承担了第一性的付款责任，实际上，信用证结算已经成为现代国际结算影响最大、应用最广的结汇方式。

（二）到港通知书

在进口海运中，当启运港装船完毕之后，班轮就会按照港口挂靠顺序，朝目的港驶发。一般而言，在船舶到港的前 2 天，船公司（或船代）会发送书面通知给货物收货人或者其代理人，告知货物预计到港时间并提醒其及时报关，及时提箱。这份书面通知，就称为到港通知书（或到货通知书）。到港通知书载明了货物具体到港的日期以及换单的时间、地点和换单费用。

International Freight Forwarders

FRACHT (SHANGHAI) LTD.

瑞仕富达（上海）国际货运代理有限公司

www.frachtchina.com

ARRIVAL NOTICE（到货通知）

DATE: 24.AUG.2020

TO: SHANGHAI LETONG TRADING CO., LTD

ANNT: MS WANG

FAX NO:

HCL 提单号：COAU705041058

船名：AXEL MAERSK V.791E

到港日期：27.AUG.2020

确切到港时间请以船公司发布的为准。

****

- 本通知所提供的到港日期，不作为船舶申报进境之日。如有不清处，可向有关方查询。
- 收到本通知后，仍未收到正本提单，请及时向发货人索取，或来电查询是否电放。如属电放提单，不得以传真纸形式换单。
- 如收货人为 TO ORDER，需要三份正本提单或一份有发货人/提货人同时背书的正本提单。
- 如为电放，需要提单复印件（收货人背书）和提货人的正式保函。
- 我司不承担由于地址不详或地址错误无法及时通知到所引起的一切责任及费用。
- 根据中华人民共和国海关法规定，海运进口货物之收货人必须在船舶进境之日起十四日内向海关申报，逾期海关将征收滞纳金。如货物在三个月内无人提取，海关将视其为无主货物处理。

收到此到货通知，被通知人即可前来我司换单。（换单费：CNY 300.00 / 票）

户名：瑞仕富达（上海）国际货运代理有限公司 / 帐号：0216014180001379 / 中国民生银行上海陆家嘴支行

我司不承担由于被通知人延误换单所引起的一切责任及费用。

换单时间：上午　9:30 AM ～ 11:00 AM　　　下午　13:30 PM ～ 17:30 PM

如需我司安排办理进口清关请和我司联系。

我司地址：上海浦东陆家嘴东路 166 号中保大厦 2608 室
电　　话：0574 -6100 7828-250
传　　真：0574 -5887 8212
联 系 人：管欣 小姐

Room 2608, China Insurance Building, 166 East Lujiazui **Road, SHANGAHI 200120, P.R. China**
Tel:+86574 6100 7828 Fax:+86574 5887 2319 **Website:** www.frachtchina.com
中国上海浦东陆家嘴东路 166 号中国保险大厦 2608 室 邮编 200120

As members of the Swiss Freight Forwarding and Logistic Association GC SPEDLOGSWISS we work exclusively according To their Gen eral Terms and Conditions – latest edition. Jurisdiction for both parties is Basle. Please refer to: http://www.spedlogs wiss.com/pdf/ab_spe_e.pdf

图 2-9-1　到港通知书

（三）任务实施

旅商货代公司小李一直联系船公司关注该船舶的行驶动态，8 月 24 日旅商货代公司收到了由船代公司发来的到港通知书（图 2-9-1）。请根据海运提单与到港通知书，帮助小李获取以下信息：

货物提单号：

船名航次号：

集装箱箱型：

箱量：

货物预计到港日：

换单时间、地点：

换单费用：

二、换取提货单

海运进口换单操作

换取提货单

1. 提货单的定义及作用

在取得提单之后、提货之前需要将提单换成提货单，才能够完成通关和提货。提货单（Delivery Order，英文缩写为 D/O）又称“小提单”，是收货人凭提单正本或副本随同有效的担保向承运人或其代理人换取的，可向港口装卸部门提取货物的凭证。

2. 提货单格式及填写要求（图 2-9-2）

3. 进口换单注意事项

（1）确认船舶是否到港，可不可以换单。

（2）询问费用，海运提单换单，换单费一般为 100 元/票，散货 200 元/票，还有 THC 费用，根据船公司以及航线的不同，还有某些特殊费用，如 BAF 等。

（3）确认到底是正本换单还是凭电放副本换单，如凭电放副本换单，需要保函。

（4）提单如需背书，确认其是否背书，背书章是否清楚连续。

（5）查明此票换单是整箱还是拼箱，整箱的话，查明船公司是否要求押箱。

（6）换好单后，核对件数、毛重、体积、品名是否正确。

4. 明确提交的单据（表 2-9-3）

表 2-9-3　提交的单据

单据类型	收货人栏信息	单证与操作要求
记名提单	具体的公司信息	正本提单＋收货人背书
空白提单	没有任何信息	正本提单＋提单持有人背书
不记名指示提单	“To Order”字样	正本提单＋托运人背书
记名指示提单	“To Order of ××× Co.（Bank）”字样	正本提单＋转让人 1 背书＋“指示信息”＋ 转让人 2 背书＋……＋最终受让人背书
电放提单	具体的收货人名称	提单副本＋收货人背书＋保函
海运单	实际的收货人	海运单＋收货人背书＋保函

<table>
<tr><td colspan="5" align="center">提　货　单</td></tr>
<tr><td colspan="4" align="right">海关编号</td><td>126009441</td></tr>
<tr><td colspan="3">收货人：
① 本栏目填写的收货人或通知方的名称，与提单上要一致</td><td colspan="2" rowspan="2">下列货物已办妥手续，运费结清，准予交付收货人。
③ 这句话表明此票货物的运费已经结清。</td></tr>
<tr><td colspan="3">② 本栏目填写收货人的电话和传真</td></tr>
<tr><td>船名：
④ 本栏目填运载此票货物的船名</td><td>航次：
⑤ 填写航次</td><td colspan="2">起运港：
⑥ 本栏目填写起运港名称</td><td>目的港：
⑦ 填写目的港名称</td></tr>
<tr><td>提单号：
⑧ 此处填写提单号，与提单上的一致</td><td colspan="3">交付条款：
⑨ 主要的交货方式有 CY-CY、CY-CFS、CFS-CFS</td><td>第一程运输：</td></tr>
<tr><td>集装箱号：
⑩ 本栏目填写运载此票货物的集装箱号，填写规范如：
mcsU0512532×1(1)</td><td>箱数：
⑪ 本栏目填写此票货物使用的集装箱个数</td><td colspan="2">换单日期：
⑫ 本栏目填写此票货物的换单日期</td><td>卸货地点：
⑬ 本栏目填写货物的实际卸货地点</td></tr>
<tr><td align="center">集装箱号，铅封号</td><td align="center">货物名称</td><td align="center">件数与包装</td><td align="center">重量（KGS）</td><td align="center">体积</td></tr>
<tr><td></td><td>⑭ 本栏目填写货物名称，必须与信用证上规定的货名一致</td><td>⑮ 按箱子的实际包装情况填写</td><td>⑯ 填写货物的毛量，以千克为单位</td><td>⑰ 以立方米为计算单位</td></tr>
<tr><td>收货人章：</td><td>海关章：</td><td colspan="2"></td><td>船代加盖提货专用章
⑱ 货代盖章确认</td></tr>
<tr><td colspan="5">注意事项：</td></tr>
<tr><td colspan="5">1. 本提货单需要有船代（船公司）放货单和海关放行章后方始有效，凡属法定检验检疫的进口商品，必须向检验疫机构申报。</td></tr>
<tr><td colspan="5">2. 货物超过港存期，码头公司可以按有关规定处理。在规定期间无人提取的货物，按《海关法》和国家有关规定处理。</td></tr>
</table>

图 2-9-2　提货单格式

5. 明确缴纳的费用

需要缴纳的费用通常包括换单费、押箱费、疏港费、堆存费、滞箱费、拆箱费等。

换单费：换单时，船公司不同，换单时间不同，具体产生的费用也不同。费用通常是由货代先行垫付或者由货主直接向船公司的银行转账完成。

押箱费：集装箱货物进港后，提货时如果需要将集装箱连同货物一同提走，需要向港口缴纳押箱费，可以理解为集装箱的押金。押箱费是用箱人为使用的集装箱垫付的押金，是为了避免集装箱丢失或者损坏而支付的一笔费用，卸完货后集装箱需要返回堆场。

疏港费：港口容量有限，通常给予港口货物一定的免费保存期。超过期限，货物会被转到港口附近的堆场，产生的货物上下车费及短驳费就是疏港费。

堆存费：买卖双方未能及时将货物清关提货，到港货物在港区堆放时间超出港区所规定的堆放时间而造成的费用。堆存费是由目的港（起运港）港区收取的，一般货物到港都有一定的免费堆放时间，通常为 7 天。为了保障集装箱的流通顺畅，避免集装箱被占压，集装箱的拥有者为集装箱使用者规定了时限，在这个时限内，货物占用集装箱可免费，超过这段时间，货物占用集装箱则需要支付定额费用，这就是“滞箱费”。滞箱费按天计算。

拆箱费：无论是整箱还是拼箱，在拆箱的过程中均会产生拆箱用。

6. 任务实施

上海乐童贸易有限公司收到装船通知后，委托旅商国际货运代理有限公司进行该批货物的进口操作。

旅商国际货运代理有限公司客服部接到此委托之后，查看随附单据，包含海运提单、销售合同正本等基础单据，该批货物将于 8 月底抵达上海。客服部通知操作员小李准备该批货物的进口接单和换单操作。

操作如下：

旅商公司小李收到提单之后，首先查看提单中的收发货人明细，其中在“收货人”处填写的内容为“To Order”，依据此内容，小李持正本提单准备换单。仅提交正本提单还不行，还需要有托运人的背书。小李查看托运人在正本提单上的背书，并加盖公司公章，完成了单据的确认。

小李查看正本提单内容，看到“Freight Prepaid”签章字样，确定该票货物的运费已经缴纳，不用再交运费。通过“到港通知书”，小李得知换单时需缴纳 300 元换单费用。

上述操作步骤完成后，小李开始准备货物的换单手续，首先是准备货物进口换单文件，包括背书的正本提单，代理委托书，本笔业务的合同、发票、箱单。

小李持正本背书后的船东提单、发票、箱单到船代指定的地点办理换单手续。

船公司审核提单、背书等一系列单证之后，在提货单上加盖“提货章”，同时要求前来换单的人员在正本提单背面留下联系人姓名、电话及换单日期。随后将提货单交给小李。至此换单任务完成。

三、电放提单

1. 海运电放提单

海运电放提单

(1) 电放提单的由来

海运进口提货时需要凭正本提单换取提货单，但是近洋运输往往会出现“货到提单未到”的矛盾，导致无法提货。于是就出现了电放提单。

(2) 电放提单的定义

电放提单是指船公司或其代理人签发的注有“Surrendered”或“Telex Release”字样的提单、提单副本。使用电放提单时，必须满足提单上收货人一栏填写具体的收货人名称（图 2-9-3）。

2. 电放提单换单操作

(1) 备齐电放提单/提单副本（需收货人背书）以及电放换单保函。

(2) 到船代公司，结清运费，缴纳押箱费。

(3) 提交电放提单、电放保函，换取提货单。

3. 电放提单签发流程

(1) 托运人（卖方）向船公司提出申请并提供保函。

(2) 船公司接受申请后向托运人签发“电放提单”。

(3) 船公司以电讯方式（包括电报、电传等）通知目的港船代，允许该票货物凭电放提单提货，在舱单上批注“此票货物办理电放”。

(4) 收货人或收货代理人接到电放提单，加盖收货人的印章。

4. 电放提单的风险

(1) 电放提单并不是提货凭证，不是物权凭证，也不是真正意义上的提单，托运人手中持有电放提单并不能成为其收取货款的保障。

(2) 采用汇付或托收结算运费预付使用电放方式比较安全，到付使用电放则需要对收货人（买方）充分信任。

(3) 采取信用证方式结算，除非信用证另有规定，电放提单不符合信用证的单据条款，开证行的拒付将使托运人无法通过信用证获得货款。

5. 发放提货单的注意事项

(1) 正本提单为合法持有人所持有。

(2) 提单上的非清洁批注应转上小提单。

(3) 当发生溢短残情况时，收货人有权向承运人或其代理获得相应的签证。

(4) 运费未付的，应在收货人付清运费及有关费用后，方可发放提货单。

6. 任务实施：在“情境聚焦”中，如果上海乐童贸易有限公司与卖方约定的是电放提单放货，在乐童公司取得电放提单/提单副本后，该如何换取提货单呢？

Shipper
WENDENG SAMHYUNG ELECTRONICS CO., LTD
13# BAOLI ROAD, WENDENG YING INDUSTRIAL PARK,
WENDENG CITY, SHANDONG PROVINSE

B/L No
GMQD13071176

GLOBELINK MARINE(CHINA) PTE LTD
156 Cecil Street, #11-02/03,
Far Eastern Bank Building, Singapore 069544
Tel:(65) 6225 1833(24 lines) Fax:(65) 6225 8742(3 lines)

Consignee or Order
PACIFIC UNITED LOGISTICS INC.LTD
24-30 SHEK KIN STREET,KWAI CHUNG N.T.(WAREHOUSE B)
TEL：852-2403-5555 FAX：852-2403-5666/8161-6622
ATTN：VIVIAN LEE

BILL OF LADING

RECEIVED by the Carrier the Goods as specified above in apparent good order and condition unless otherwise stated, to be transported so sch place as agreed, authorised or permitted herein and subject to all the terms and conditions appearing on the front and reverse of this Bill of Lading to which the Merchant agrees by accepting this Bill of Lading, any local privileges and customs notwithstanding.

The particulars given below as stated by the shipper and the weight, measure, quantity, condition, contents an value of the Goods are unknown to the Carrier.

In WITNESS whereof one (1) original Bill of Lading has been signed if not otherwise stated below, the same being accomplished and other(s). If any, to be void. If required by the Carrier one (1) original Bill of Lading must be surrendered duly endorsed in exchange for the Goods or delievery order.

Notify Party
DONG GUAN INKEL ELECTRONICS CO.,LTD
SHANGQIAO IND.ROAD NO.36,DONGCHENG DISTRICT
DONGGUAN CITY
GUANDONG PROCINCE CHINATEL:0769-8898-4101

Pre-carriage by	Place of receipt by pre-carrier	
Ocean Vessel KOTA KASTURI	**Voy. No.** V.027S	
Port of Loading QINGDAO	**Port of Discharge** HONG KONG	**Final Destination (on-carriage)** HONG KONG

Marks and Numbers	No. of pkgs or units	Kind of packages; description of goods (said to contain)	Gross Weight	Measurement
	1 PLT		770.000KGS	1.4000M3

COPY NOT NEGOTIABLE

ORIGINAL B/L SURRENDERED IN QINGDAO

有“Surrendered”字样的“电放提单”，在目的港由托运人指定的收货人凭身份提货。

Shipper
WENDENG SAMHYUNG ELECTRONICS CO., LTD
13# BAOLI ROAD, WENDENG YING INDUSTRIAL PARK,
WENDENG CITY, SHANDONG, PROVINSE

B/L No
GMQD13071176

GLOBELINK MARINE(CHINA) PTE LTD
156 Cecil Street, #11-02/03,
Far Eastern Bank Building, Singapore 069544
Tel:(65) 6225 1833(24 lines) Fax:(65) 6225 8742(3 lines)

Consignee or Order
PACIFIC UNITED LOGISTICS INC.LTD
24-30 SHEK KIN STREET,KWAI CHUNG N.T.(WAREHOUSE B)
TEL：852-2403-5555 FAX：852-2403-5666/8161-6622
ATTN：VIVIAN LEE

BILL OF LADING

RECEIVED by the Carrier the Goods as specified above in apparent good order and condition unless otherwise stated, to be transported so sch place as agreed, authorised or permitted herein and subject to all the terms and conditions appearing on the front and reverse of this Bill of Lading to which the Merchant agrees by accepting this Bill of Lading, any local privileges and customs notwithstanding.

The particulars given below as stated by the shipper and the weight, measure, quantity, condition, contents an value of the Goods are unknown to the Carrier.

In WITNESS whereof one (1) original Bill of Lading has been signed if not otherwise stated below, the same being accomplished and other(s). If any, to be void. If required by the Carrier one (1) original Bill of Lading must be surrendered duly endorsed in exchange for the Goods or delievery order.

Notify Party
DONG GUAN INKEL ELECTRONICS CO.,LTD
SHANGQIAO IND.ROAD NO.36,DONGCHENG DISTRICT
DONGGUAN CITY
GUANDONG PROCINCE CHINATEL:0769-8898-4101

Pre-carriage by	Place of receipt by pre-carrier	
Ocean Vessel KOTA KASTURI	**Voy. No.** V.027S	
Port of Loading QINGDAO	**Port of Discharge** HONG KONG	**Final Destination (on-carriage)** HONG KONG

Marks and Numbers	No. of pkgs or units	Kind of packages; description of goods (said to contain)	Gross Weight	Measurement
	1 PLT		770.000KGS	1.4000M3

COPY NOT NEGOTIABLE

Telex Release

有“Telex Release”字样的“电放提单”，则是由收货人凭“电放提单”传真件提货。

图 2-9-3　电放提单

融会贯通

天津华科科技股份有限公司（以下简称“华科公司”）进口一批电子零件，信用证结算，运费到付。8 月 18 日收到到货通知，拟进行换单操作。请以小组为单位，分工协作，对以下案例场景进行演绎。

场景 1：对案例中华科公司到银行柜台操作办理业务的整个过程进行模拟。

场景 2：对华科公司到船公司换单的过程进行模拟。

要求：必须清楚表达涉及的相关单据名称，保证整个流程各环节先后顺序的正确性；分工合理，演绎形式不限，鼓励采取新颖的形式演绎。

学生实践评价表

班级		姓名		学号		
序号	任务	实践过程记录（时间及完成情况）				
		知识准备	熟悉业务	观摩、学习	操作、训练	自评
1	付款赎单					
2	换取提货单					

课后巩固

一、单选题

1. 使用电放提单时，必须满足提单上收货人一栏填写(　　)。

   A. 具体的收货人名称

   B. 通知人名称

   C. 发货人名称

   D. 货运代理人名称

2. 我国进口货物中，船公司以电讯方式通知目的港船代，允许该票货物凭电放提单放货，在舱单上应批注(　　)。

A. ON Board

B. 此票货物办理电放

C. Surrendered

D. Telex Release

二、多选题

1. 货物主要交付方式包含(　　)。

A. CY-CY

B. CY-CFS

C. CFS-CFS

D. DOOR-CFS

2. 发生货损情况，收货人有权向(　　)问责。

A. 代理人　　B. 承运人

C. 发货人　　D. 保险

3. 收货人自己换取提货单需提供(　　)。

A. 收货人背书　　B. 三份正本提单

C. 发货人背书　　D. 提单副本

4. 收货人栏是“To Order”，换取提货单需提供(　　)。

A. 收货人背书　　B. 一份/三份正本提单

C. 发货人背书　　D. 提单副本

5. 电放提单换取提货单需提供(　　)。

A. 收货人背书　　B. 一份/三份正本提单

C. 收货人电放保函　　D. 提单副本

6. 电放保函有其书写的规范，必须包含的信息有(　　)。

A. 托运人　　B. 托运货物的目的港

C. 提单号　　D. 电放对象

E. 落款签章

三、判断题

1. 提货单中的卸货地点为卸货港。(　　)
2. 托运单及提货单中“重量”栏为货物净重。(　　)
3. 货主持货代提单到港口提取货物。(　　)
4. 提货单是提取货物的凭证。(　　)
5. 提货单也称为“小提单”，是向承运人或其代理人换取的。(　　)
6. 正本提单是仅为发货人所持有的。(　　)
7. 提单中的非清洁批注应同样转移到小提单上。(　　)
8. 电放提单即提货单。(　　)
9. 电放提单是物权凭证。(　　)

学习笔记

任务十

海运进口货物提重还空

任务目标

1. 基本目标

- 能够完成提取重箱操作；
- 能够根据客户要求完成集装箱的配送工作；
- 能够按规范进行拆箱操作，并处理异常问题；
- 能够熟练完成还空操作，并处理发生的异常费用。

2. 重点难点

- 海运进口提货的规范操作流程；
- 熟练完成拆箱作业；
- 能够正确处理操作的异常情况。

情境聚焦

旅商国际货运代理有限公司是一家一级货运代理公司，主要承办京津冀、长三角、珠三角地区的海运业务，包括短驳运输、订舱、报关报检、保险等服务。托运品类包括普通货物、大宗货物、生鲜食品等。

上海乐童贸易有限公司从德国 Wine Tree 公司海运进口一批红葡萄酒，并且与旅商国际货运代理有限公司签订代理合同，旅商国际货运代理有限公司操作员小李完成换取提货单的工作后，到港口提取重箱，将货物配送至上海乐童贸易有限公司的仓库，并将空箱返场。

小李需要完成以下三个任务：

任务一：到堆场提取重箱。

任务二：重箱配送与工厂拆箱。

任务三：空箱返回堆场并处理异常费用。

工作过程

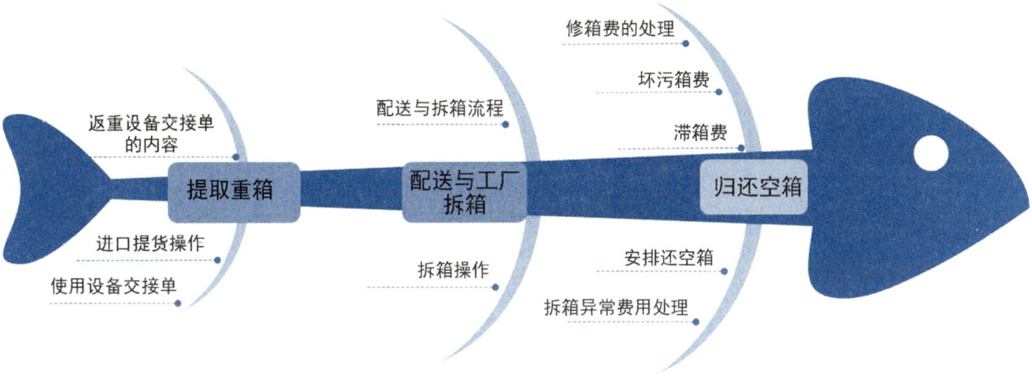

教学要点与任务实施

一、提取重箱

1. 提取重箱需要的单据——设备交接单

设备交接单（EIR）是进出港区、场站时，用箱人、运箱人与管箱人或其代理人之间交接集装箱和特殊集装箱及其设备的凭证。没有设备交接单，无法进场提箱。

2. 设备交接单样式（图 2-10-1）

3. 设备交接单的填制

设备交接单的填制并非由一方单独完成的，每个栏目内容填写人如表 2-10-1 所示。

表 2-10-1　设备交接单的填制

填写人	栏目
船公司或其代理	用箱人/运箱人，提箱地点，船名/航次，集装箱的类型及尺寸，集装箱状态，免费使用期限及进（出）场目的等
用箱人、运箱人	运输工具牌号；如果是进场设备交接单，还须填写来自地点、集装箱号、提单号、铅封等
堆场、码头	集装箱进出场日期，检查目录；如果是出场设备交接单，还须填写提箱地点和集装箱号等栏目

OUT出场

集装箱设备交接单
EQUIPMENT INTERCHANGE RECEIPT

No.

用箱人/运箱人 (CONTAINER USER/HAULIER)			提箱地点 (PLACE OF DELIVERY)
发往地点 (DELIVERED TO)		返回/收箱地点 (PLACE OF RETURN)	
船名/航次 (VESSEL/ VOYAGE NO.)	集装箱号 (CONTAINER NO.)	尺寸/类型 (SIZE / TYPE)	营运人 (CNTR. OPTR.)
提单号 (B / L NO.)	铅封号 (SEAL NO.)	免费期限 (FREE TIME PERIOD)	运载工具牌号 (TRUCK,WAGON,BARGE NO.)
出场目的/状态 (PPS OF GATE - OUT /STATUS)	进场目的/状态 (PPS OF GATE - IN/ STATUS)	出场日期 (TIME - OUT)	
		月 日 时	

①船代留底

出场检查记录 (INSPECTION AT THE TIME OF INTERCHANGE)

普通集装箱 (GP CONTAINER)	冷藏集装箱 (RF CONTAINER)	特种集装箱 (SPECIAL CONTAINER)	发电机 (GEN SET)
□ 正常 (SOUND) □ 异常 (DEFECTIVE)	□ 正常 (SOUND) □ 异常 (DEFECTIVE)	□ 正常 (SOUND) □ 异常 (DEFECTIVE)	□ 正常 (SOUND) □ 异常 (DEFECTIVE)

损坏记录及代号 (DAMAGE & CODE)　BR 破损 (BROKEN)　D 凹损 (DENT)　M 丢失 (MISSING)　DR 污箱 (DIRTY)　DL 危标 (DG LABEL)

左侧 (LEFT SIDE)　右侧 (RIGHT SIDE)　前部 (FRONT)　集装箱内部 (CONTAINER INSIDE)

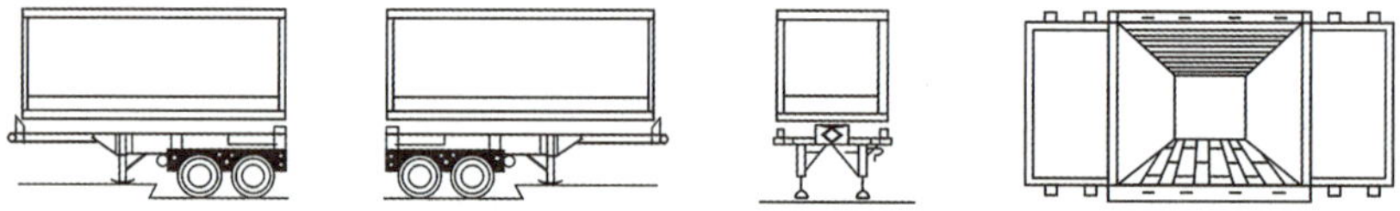

顶部 (TOP)　底部 (FLOOR BASE)　箱门 (REAR)

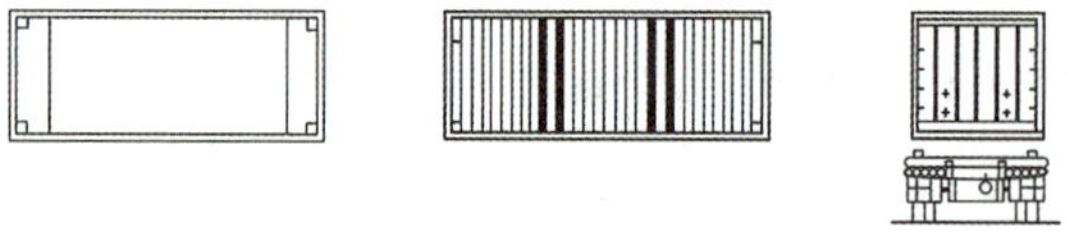

如有异状,请注明程度及尺寸 (REMARK)

除列明者外，集装箱及集装箱设备交接时完好无损，铅封完整无误。
THE CONTAINER / ASSOCIATED EQUIPMENT INTERCHANGED INSOUND CONDITION AND SEAL INTACT UNLESS OTHERWISE STATED

用箱人/运箱人签署
(CONTAINER USER / HAULIER'S SIGNATURE)
____

码头/堆场值班员签署
(TERMINAL/DEPOT CLERK'S SIGNATURE)
____

图 2-10-1　设备交接单样式

4. 设备交接单的发放

(1) EIR 预录入：根据船东的指示，事先做好柜子的回场安排，应特别注意退租柜及 FREE-USE 柜子的特殊回场。

(2) 开 EIR：海关放行后，客户凭到货通知书的拖车联，加盖拖车章，并交纳柜子押金（月结的拖车除外）后，到箱管处开设备交接单，开 EIR 时应认真核对箱主代码以及所回堆场。

（3）退还押金：柜子回场后，客户凭押金收条到箱管处计算费用并退还押金，如有滞期，扣除超期费；如有修箱，则扣除修箱费用。

5. 设备交接单的流转过程

（1）由管箱单位填写设备交接单交用箱人/运箱人；

（2）由运箱人到码头、堆场还箱时出示设备交接单；

（3）由经办人员对照设备交接单，双方签字，码头、堆场留下管箱单位联和码头、堆场联，将运箱人联退还给运箱人；

（4）码头、堆场将留下的管箱单位联退还给船公司或船代。

6. 进口提重操作流程（图 2-10-2）

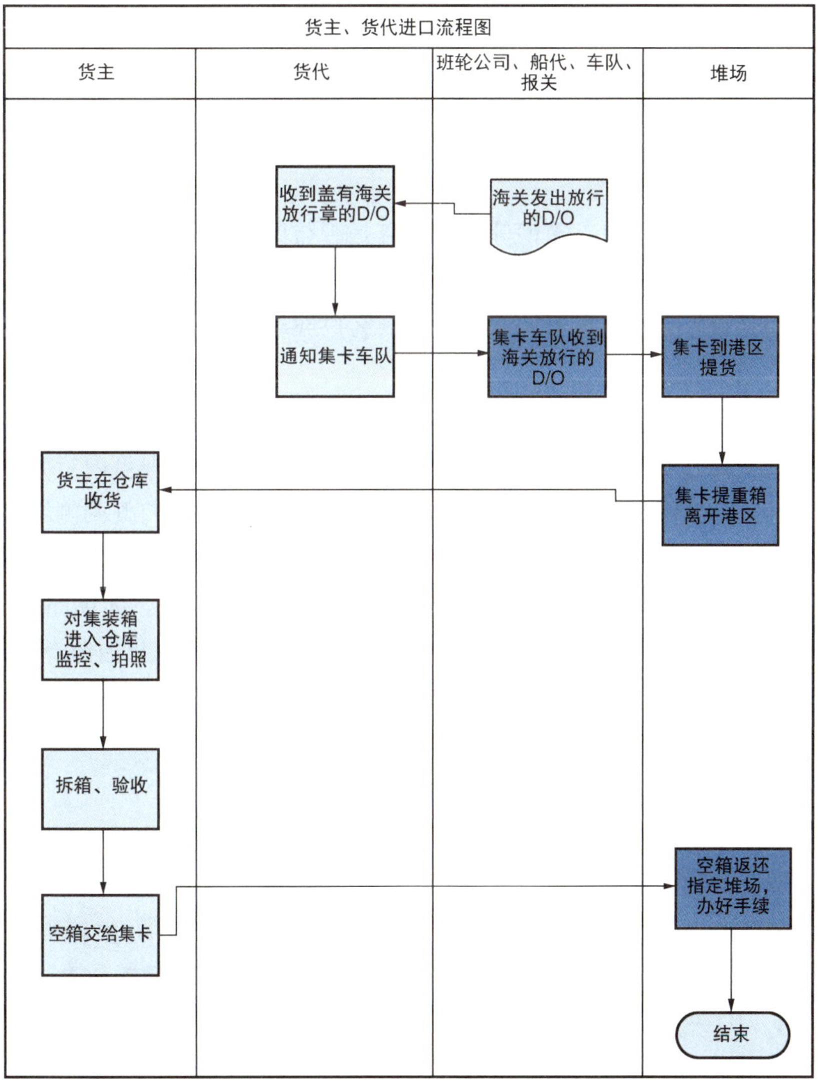

图 2-10-2　进口提重操作流程

7. 任务实施

请同学们 3 个人组成一个小组，就以下两个场景完成角色扮演。

学生 A：上海广峰进出口代理公司货代操作员；

学生 B：拖车司机；

学生 C：堆场工作人员。

海运进口提货操作

场景 1：上海广峰进出口代理公司货代操作员完成换单操作后，安排拖车公司到场站提货，并完成单据的交接。

场景 2：拖车司机拿交接单据到指定堆场提取重箱，并完成单据的审核和交接，顺利完成提箱操作。

码头提运重箱流程

二、配送与工厂拆箱

从堆场取回重箱后，下一步是将重箱配送至客户指定的工厂，进行拆箱。

安排进口货物拆箱

1. 拆箱操作的流程

（1）核对信息

首先要核对箱号、尺寸、箱型等有关信息是否与单证上一致，确保一致后开始准备拆箱。注意在拆箱前需检查箱门有无明显损坏、变形、异样，铅封是否完好。拆铅封前必须要求客户或客户委托人在场，查看铅封以及货物状态，并拍照留存。

（2）开箱

拆开铅封，打开右侧箱门，此时需注意开启右门后，要检查箱内货物堆放情况，确保货物不会向外倾倒，没有问题才能完全开启左门，严禁同时打开两侧箱门。

（3）检查货物

箱门打开后，检查货物的外包装情况。确认没有问题以后，才能将货物逐个搬离箱体。如果货物发生破损，需要在残损记录表上做好记录，并拍照存查，以便界定责任。残损记录表上需要记录标志、件号、包装、票号、受损范围、受损程度等信息。

（4）搬运货物

对于成托的货物，在可以承受的情况下，一般需要使用地牛或者叉车操作搬出。

以上就是进口整箱货的拆箱过程。

对于拼箱货物，操作过程略有区别。区别之一是拆箱人不同，整箱货的拆箱人一般来说是货主，少数情况是承运人；而拼箱货一般都是承运人拆箱。另一个区别是拆箱场所不同，对于整箱货，拆箱场所可以是收货人的工厂或者仓库，也可以是货运站；而拼箱货物的拆箱场所一般都是货运站。

2. 配送与拆箱过程中可能产生的问题及处理方法

异常处理一般分为取证、分析原因、制定措施和赔偿四个步骤。

(1) 取证

取证是为了后续查证追偿。

(2) 分析原因

分析异常情况产生的原因，例如自己员工的失误、供应商的失误、委托人的失误、天灾或者其他原因。

(3) 制定措施

根据损失造成原因采取相应的解决方案。如果是自己员工的失误，若需要公司赔偿，先向领导或者董事会汇报。如果是供应商的失误，一般会根据双方签订的合作协议，要求给予赔偿。如果是委托人的失误，那么先尽最大努力采取措施锁定损失，与委托人协商追回损失。如果是天灾及其他原因，那么用当时签订的合同向客户解说不可抗力因素，及时给出备选方案，使客户损失降到最低。

(4) 赔偿

完成赔偿或弥补工作。例如，不规范装箱事实被查证，根据取证，找发货人进行赔偿。再比如，拆箱过程中不规范操作导致货损，由拆箱人员自行负责货损以及人员伤害的赔偿。

3. 任务实施

旅商货代操作员小李安排上海乐童贸易有限公司重箱配送与拆箱过程中，出现了如下异常情况，这些异常情况应如何处理?

(1) 拆箱时由于货物没有加固，开箱门时货物出现倒塌，致拆箱操作员受伤;

(2) 货物出现货损。

配送与工厂装箱

三、归还空箱

1. 操作步骤(图 2-10-3)

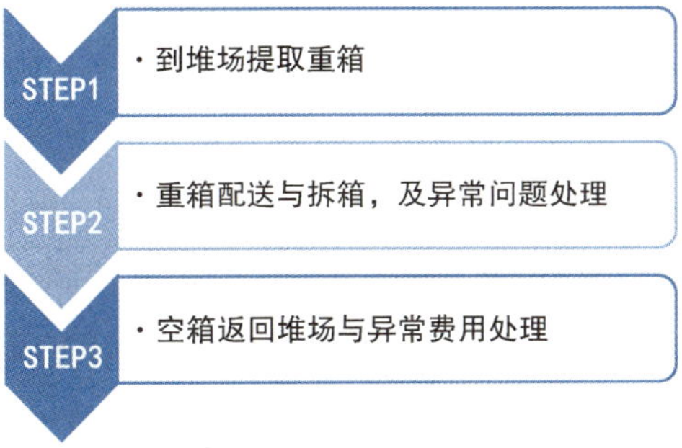

图 2-10-3 提重还空操作步骤

2. 异常费用处理

（1）滞箱费

为了保障集装箱的流通顺畅，避免集装箱被占压，集装箱的拥有者为集装箱使用者规定了时限。在这个时限内，货物占用集装箱可免费，超过这段时间，货物占用集装箱则需要支付定额费用，即为“滞箱费”。

归还空箱异常费用处理

① 免费用箱期：滞箱费不只出现在进口中，其实出口中也存在。出口的免费用箱期一般为7天，如果由于集装箱使用者的原因导致箱子无法上船，超过免费用箱期，船公司就要收取滞箱费。进口业务中的免费用箱期：普通箱为10天，危险品为3天，特种箱（冷冻箱、框架箱等）为6天。

② 滞箱费产生原因：

a. 贸易纠纷，买方停止支付合同款，卖方扣押买方报关需要的单证；

b. 报关单证流转延误；

c. 报关检验有误，相关操作人员的失误造成申报信息有误，需要重新申报，无法短时间妥善解决，因而发生大量滞箱费；

d. 运输路线不完善或者不够优化，会造成提货后内陆运输时间过长发生滞箱费；

e. 货运代理人责任货物到港代理人未及时向船公司支付运费，造成船公司不交付提货单，货物报关后，代理人未能及时安排车队提货等；

f. 采购计划不够优化，在工程项目建设中，设备集中到货造成库位紧张，只能连箱带货放在港口或者其他堆场等待卸货掏箱，从而发生滞箱费。

③ 预防措施：

a. 谨慎应对贸易纠纷：如果预计在短时间内不能解决，应及时将货物在我国境内已发生和将要发生的费用及时通报贸易卖方，以求心理上压迫卖方尽快让步。

b. 加强单证控制：在买卖合同条款里进行严格规定，约定向银行交单时间，严格控制信用证有效期等以催促卖方尽快办理交单手续；单证控制人员应及时掌握航运信息，货船开航后应及时与国外单证人员联系，催促尽快提供复印件并按照合同快递正本向银行及时交单。

c. 加强报关报检控制：买方建立单证核查制度，要求经手单证的相关人员在各个环节对单证进行认真审核，并建立奖罚机制。做到单单相符，单货相符。

d. 运输路线优化：签订合同时，应尽量争取由买方控制运输，买方控制运输情况下，将国际运输和国内运输统筹考虑，特别是海运提单的卸货应尽量靠近最终使用地。

e. 加强物流商管理：尽可能选择规模大、声誉好的物流商，同时注意避免低价竞争。如果只追求价格低，会造成物流商千方百计降低成本，甚至使用不安全不合规范的运输工具，不但会延迟时间产生滞箱费，还会对货物安全造成威胁。

f. 加强采购计划管理：应采用科学的方法优化采购计划，要对物资进行调查预测，根据预测的数据设定安全库存，合理控制采购量，避免集装箱滞箱费的发生。

（2）坏污箱费

① 坏箱费：坏箱费是指在集装箱运输过程中因为货物原因造成集装箱被破坏而收取的赔偿性费用。

② 污箱费：污箱费是指在集装箱运输过程中因为货物原因造成集装箱被污染而必须支付的清洗费用。

③ 预防措施：

a. 在提箱时尽量要求堆场提供较新的集装箱，并拍照；

b. 妥善装箱、加固，尽量做到不污箱、不坏箱；

c. 卸货前仔细观察集装箱是否有损坏，如果有，拍照留存；

d. 妥善卸货，不要在这个过程造成坏污箱，卸完拍照。

（3）修箱费的处理

① 收到修箱通知后第一时间传真给客户并电话确认是否收到，并告知客户我司会尽力申请减免。

② 通知拖车公司对该票产生的修箱费向相关的堆场、外代、船东做申请，并及时反馈申请情况。

③ 将申请结果与客户确认，如果客户还是不满意，则客服可再次向船东申请。一般船公司会根据货物类型（重货易造成箱体破损）、货量情况考虑给予适当的减免。

④ 最后修箱结果录入系统。因为修箱结果通常出得比较迟，先录入系统以免到时漏收。

融会贯通

某货代公司负责将一批儿童玩具进口运输到上海。贸易方式为 CIF 上海，4PCS 每箱，每箱价值 45.00 欧元，共计 9 000.00 欧元。货物顺利进入货代公司在上海保税区的监管仓库，在向货物粘贴 CIQ 标签的过程中，拆开部分玩具包装纸箱，发现箱子为空箱，经统计，该批次玩具共计短损 40PCS。

请给出以上货损问题的解决方法。

学生实践评价表

班级		姓名		学号	
序号	任务	实践过程记录（时间及完成情况）				
		知识准备	熟悉业务	观摩、学习	操作、训练	自评
1	提取重箱					
2	重箱配送与工厂拆箱					
3	安排归还空箱					

课后巩固

一、多选题

1. 进口设备交接单的发放流程包括(　　)。

A. EIR 预录入　　B. 开 EIR　　C. 退还押金　　D. 人工确认

2. 滞箱费产生的原因包括(　　)。

A. 贸易纠纷　　B. 报关单证流转延误

C. 报关检验有误　　D. 运输路线不完善

E. 货运代理人责任

二、判断题

1. 进口设备交接单由代理人一人填制完成。(　　)
2. 设备交接单是进出港区、场站时，用箱人、运箱人与管箱人或其代理人之间交接集装箱和特殊集装箱及其设备的凭证。(　　)
3. 在限定时间内，集装箱使用者可不交滞箱费。(　　)
4. 滞箱费只出现在进口中。(　　)
5. 坏箱费只赔偿集装箱破损费用。(　　)
6. 污箱费指清洗集装箱的费用。(　　)
7. 使用集装箱应时常拍照留证，尽量避免产生坏污箱费。(　　)
8. 收到修箱费通知后应第一时间通知船东。(　　)
9. 修箱费可以适当减免。(　　)
10. 客户不满意处理结果，客服可再次向船东申请。(　　)

学习笔记

任务十一

订单状态更新

任务目标

1. 基本目标

- 能够掌握海运进出口订单处理的流程；
- 能够根据订单实际操作的节点，完成订单状态的更新；
- 能够熟练处理订单操作异常情况。

2. 重点难点

- 订单更新节点的确定；
- 订单状态的查询以及更新；
- 订单异常情况的处理。

情境聚焦

旅商国际货运代理有限公司是一家一级货运代理公司，主要承办京津冀、长三角、珠三角地区的海运业务，包括短驳运输、订舱、报关报检、保险等服务。托运品类包括普通货物、大宗货物、生鲜食品等。

旅商货代操作员小李负责客户的进口以及出口订单的跟踪与更新的工作，在这项工作中，小李需要完成以下三个任务：

任务一：确定关键的信息节点。

任务二：查询并更新订单状态。

任务三：处理订单异常。

工作过程

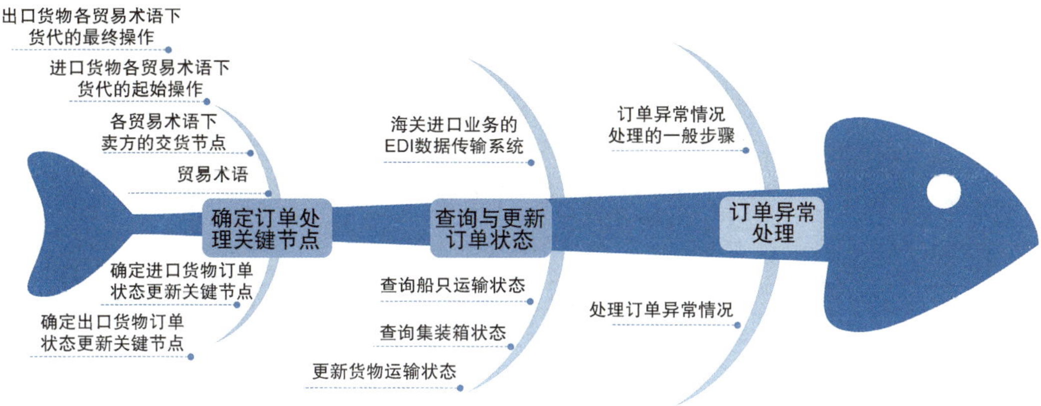

教学要点与任务实施

一、确定订单处理关键节点

（一）各贸易术语下买卖双方责任划分（表 2-11-1）

表 2-11-1　各贸易术语下买卖双方责任划分

贸易术语	交货地点	责任		费用		风险划分界限	出口清关责任与费用	进口报关责任与费用	适用的运输方式
		办理租船订舱	办理保险	支付运费	支付保险费				
EXW	出口商所在地	买方	买方	买方	买方	买方受领货物	买方	买方	任何运输方式
FCA	出口国内地或港口	买方	买方	买方	买方	货交承运人监管	卖方	买方	任何运输方式
CPT	出口国内地或港口	卖方	买方	卖方	买方	货交承运人监管	卖方	买方	任何运输方式
CIP	出口国内地或港口	卖方	卖方	卖方	卖方	货交承运人监管	卖方	买方	任何运输方式
DAT	进口国指定运输终端	卖方	卖方	卖方	卖方	货物交买方处置	卖方	买方	任何运输方式
DAP	进口国指定目的地	卖方	卖方	卖方	卖方	货物交买方处置	卖方	买方	任何运输方式
DDP	进口国指定目的地	卖方	卖方	卖方	卖方	货物交买方处置	卖方	卖方	任何运输方式
FAS	装运港	买方	买方	买方	买方	货交装运港船边	卖方	买方	海运或内河水运
FOB	装运港	买方	买方	买方	买方	货物装上船	卖方	买方	海运或内河水运
CFR	装运港	卖方	买方	卖方	买方	货物装上船	卖方	买方	海运或内河水运
CIF	装运港	卖方	卖方	卖方	卖方	货物装上船	卖方	买方	海运或内河水运

（二）各贸易术语下交货点/风险点示意图（图 2-11-1）

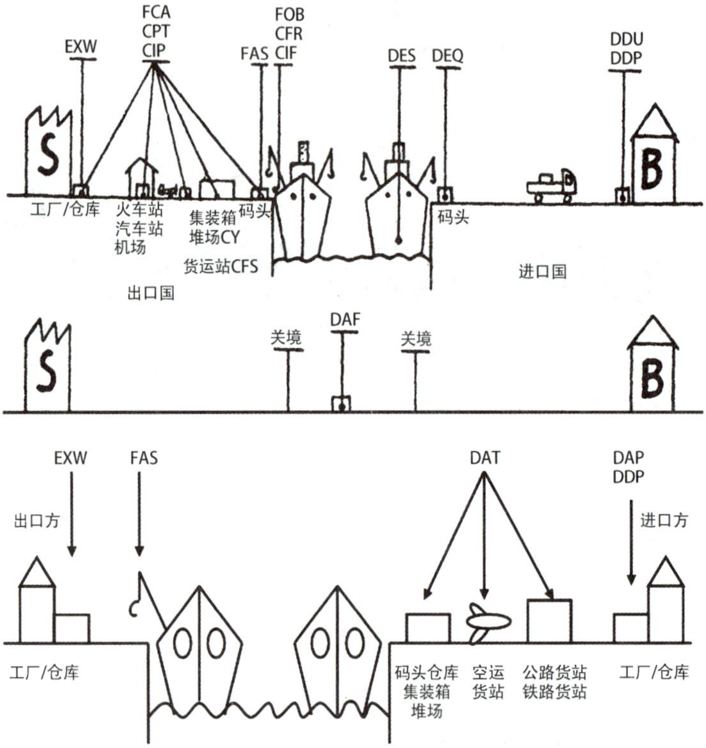

图 2-11-1 各贸易术语下交货点/风险点示意图

（三）海运出口货物订单处理流程

1. 海运出口示意图（图 2-11-2）

图 2-11-2 海运出口示意图

2. 各贸易术语下卖方交货节点（图 2-11-3）

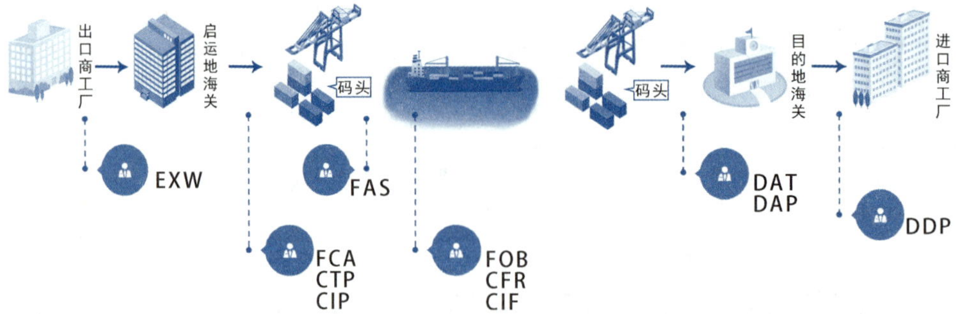

图 2-11-3 各贸易术语下卖方交货节点

3. 出口货物在各贸易术语下货代的最终操作（图 2-11-4）

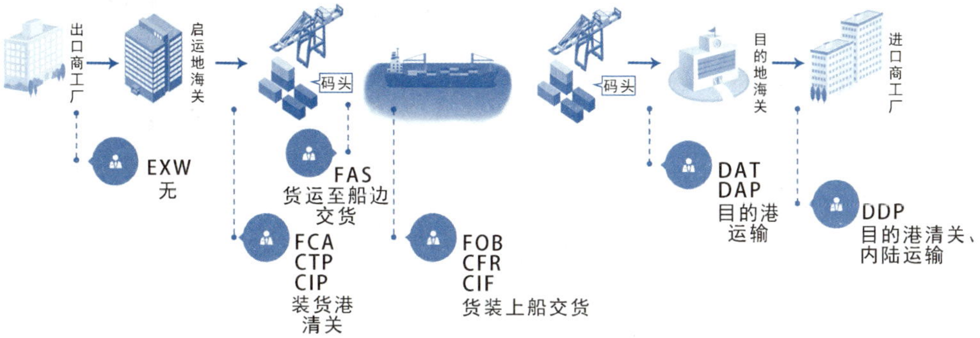

图 2-11-4　出口货物在各贸易术语下货代的最终操作

4. 货代接单要看本次交易的贸易术语来确定服务开始节点（表 2-11-2）

表 2-11-2　各贸易术语下货代服务开始节点

序号	术语名称	交货地点	风险转移界限	出口报关责任、费用承担者	进口报关责任、费用承担者	使用的运输方式
1	EXW 工厂交货	商品产地、所在地	货交买方处置时起	买方	买方	任何方式
2	FCA	出口国内地、港口	货交承运人处置时起	卖方	买方	任何方式
3	FAS	装运港口	货交船边后	卖方	买方	水上运输
4	FOB	装运港口	货物交到船上时	卖方	买方	水上运输
5	CFR	装运港口	货物交到船上时	卖方	买方	水上运输
6	CIF	装运港口	货物交到船上时	卖方	买方	水上运输
7	CPT	出口国内地、港口	货交承运人处置时起	卖方	买方	任何方式
8	CIP	出口国内地、港口	货交承运人处置时起	卖方	买方	任何方式
9	DAT	指定港口或目的地的指定运输终端	货物交买方处置时起	卖方	买方	任何方式
10	DAP	指定目的地	可供卸载的货物交由买方处置时起	卖方	买方	任何方式
11	DDP	进口国内	在指定目的地将货物交由买方处置时起	卖方	卖方	任何方式

5. 海运出口订单处理流程

（1）以 CIF 贸易术语为例的出口订单处理流程（图 2-11-5）。

（2）以 FOB 贸易术语为例的出口订单处理流程（图 2-11-6）。

（四）海运进口货物订单处理流程

1. 海运进口示意图（图 2-11-7）

2. 进口货物在各贸易术语下货代的起始操作（图 2-11-8）

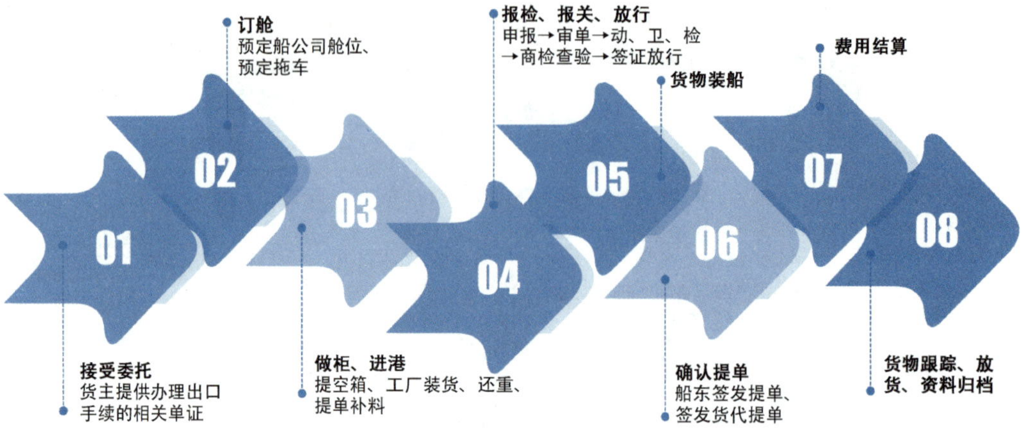

图 2-11-5　CIF 贸易术语下出口订单处理流程

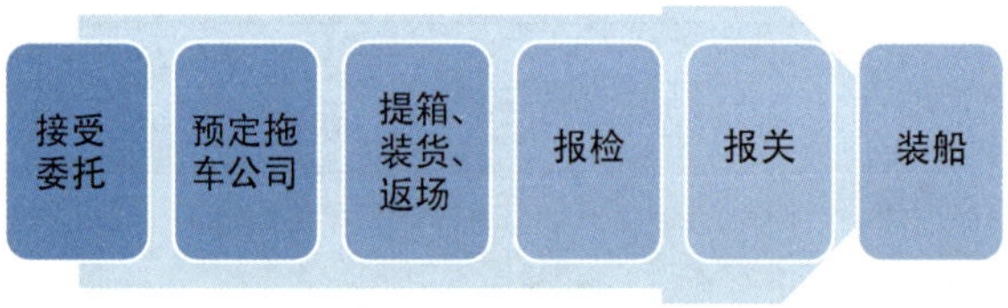

图 2-11-6　FOB 贸易术语下出口订单处理流程

图 2-11-7　海运进口示意图

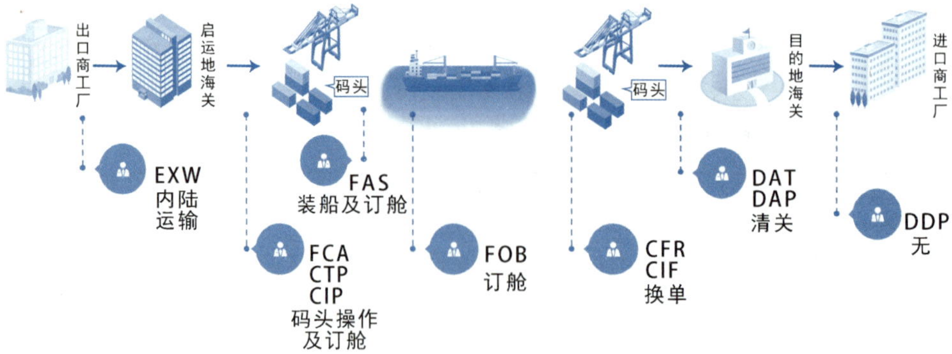

图 2-11-8　进口货物在各贸易术语下货代的起始操作

3. 海运进口订单处理流程

(1) 以 CIF 贸易术语为例的进口订单处理流程（图 2-11-9）。

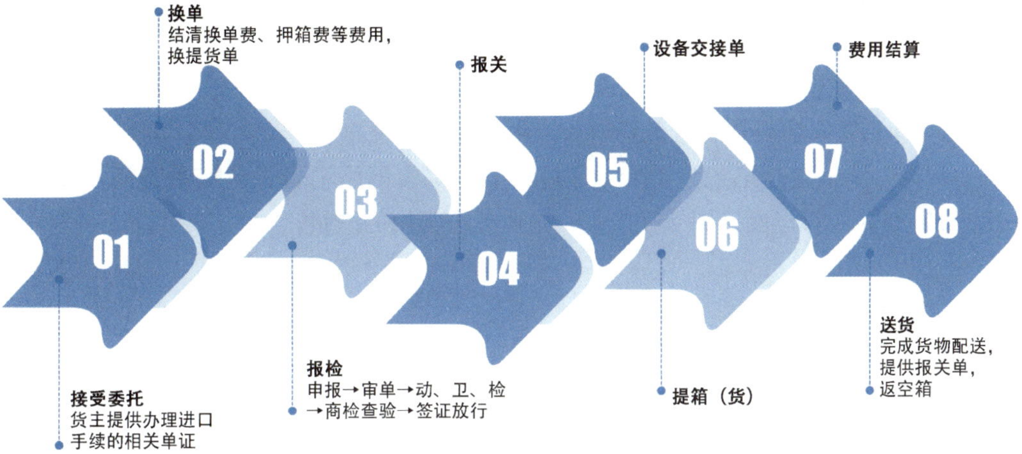

图 2-11-9　CIF 贸易术语下进口订单处理流程

(2) 以 FOB 贸易术语为例的进口订单处理流程（图 2-11-10）。

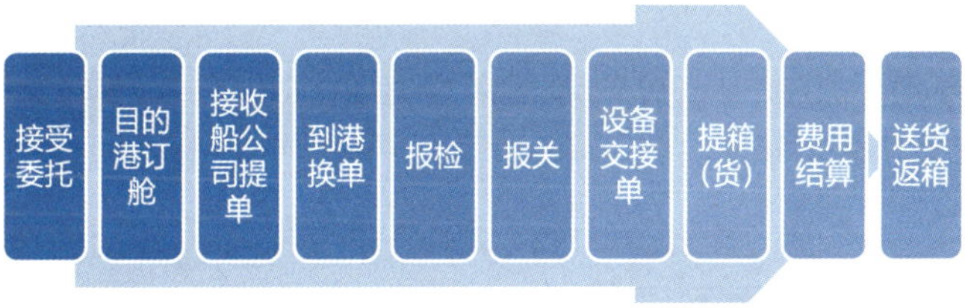

图 2-11-10　FOB 贸易术语下进口订单处理流程

二、查询与更新订单状态

1. 查询订单状态主要有四个渠道

查询与更新订单状态

(1) 第一个渠道是 EDI，通过各承运人的数据接口进行信息自动更新。EDI 是一种利用计算机进行商务处理的方式。在基于互联网的电子商务普及应用之前，EDI 是一种主要的电子商务模式。EDI 是将贸易、运输、保险、银行和海关等行业的信息，用一种国际公认的标准格式，形成结构化的事务处理的报文数据格式，通过计算机通信网络，使各有关部门、公司与企业之间进行数据交换与处理，并完成以贸易为中心的全部业务过程。EDI 包括买卖双方数据交换、企业内部数据交换等。它有六个特点：

① EDI 的使用对象是不同的组织之间，EDI 传输的企业间的报文，是企业间信息交流的一种方式；

② EDI 所传送的资料是一般业务资料，如发票、订单等，而不是一般性的通知；

③ EDI 传输的报文是格式化的，是符合国际标准的，这是计算机能够自动处理报

文的基本前提；

④ EDI 使用的数据通信网络一般是增值网、专用网；

⑤ 数据传输由收送双方的计算机系统直接传送、交换资料，不需要人工介入操作；

⑥ EDI 与传真或电子邮件的区别是：传真与电子邮件需要人工的阅读判断处理才能进入计算机系统，人工将资料重复输入计算机系统中，既浪费人力资源，也容易发生错误；而 EDI 不需要再将有关资料人工重复输入系统。

（2）第二个渠道是第三方平台：通过第三方综合网络平台进行信息查询，搜航网（图 2-11-11）和百运网（图 2-11-12）是业务中常用的网站。

图 2-11-11　搜航网官网页面

图 2-11-12　百运网官网页面

（3）第三个渠道是船公司，可以通过各个船公司的官方网站查询订单状态（表 2-11-3）。

表 2-11-3　各船公司官网

船公司	官网	船公司	官网
澳大利亚航运	WWW.ANL.COM.AU	商船三井	WWW.MOL.CO.JP
美国总统轮船	WWW.APL.COM	地中海航运	WWW.MSCCARGO.CN
中国海运	WWW.CDTSHIPPING.COM	南星海运	WWW.NAMSUNG.CO.KR
马鲁巴航运	WWW.MARUBA.COM.AR	亚海航运	WWW.LINE-ASL.COM
法国达飞	WWW.CMA-CGM.COM	日本邮船	WWW.NYKLINE.COM
正利航运	WWW.CNC-LINE.COM	东方海外	WWW.OOCL.COM
中国远洋	WWW.COSCOSHIPPING.COM	泛洲海运	WWW.PANCON.CO.KR
南美轮船	WWW.CSAV.COM	泛洋海运	WWW.PANOCEAN.COM
东南亚海运	WWW.DNAL.COM	马士基	WWW.MAERSK.COM
长荣海运	WWW.EVERGREEN.COM.TW	太平船务	WWW.PILSHIP.COM
远东轮船	WWW.FESCO.COM	宏海箱运	WWW.RCLGROUP.COM
汉堡南美	WWW.HAMBURGSUD.COM	南非航运	WWW.SAFMARINE.COM
韩进海运	WWW.HANJIN.COM	萨姆达拉	WWW.SAMUDERA.COM
赫伯罗特	WWW.HAPAG-LLOYD.COM	印度国航	WWW.SHIPINDIA.COM
兴亚海运	EBIZ.HEUNG-A.COM	长锦商船	WWW.SINOKOR.CO.KR
现代商船	WWW.HMM21.COM	中外运	WWW.SINOTRANS.COM

（4）第四个渠道是传统渠道，通过传统的邮件、传真、电话询问等方式进行订单状态的查询。这种方式适合于新手入门使用。

如某票货物出口订 CMA-CGM 船公司班轮，订舱号 GGZ0788728，使用两个集装箱：CMAU5564712 和 CMAU5246814，请登录 CMA-CGM 官网查询集装箱运输状态，官网网址：http://www.cma-cgm.com/（图 2-11-13）。

① 第一步，打开官网 www.cma-cgm.com。

② 第二步，选择查询方式，可按订舱号、提单号和集装箱号进行查询，如可以搜索订舱号：GGZ0788728。

③ 第三步，点击"Shipment Tracking"进行查询（图 2-11-14）。

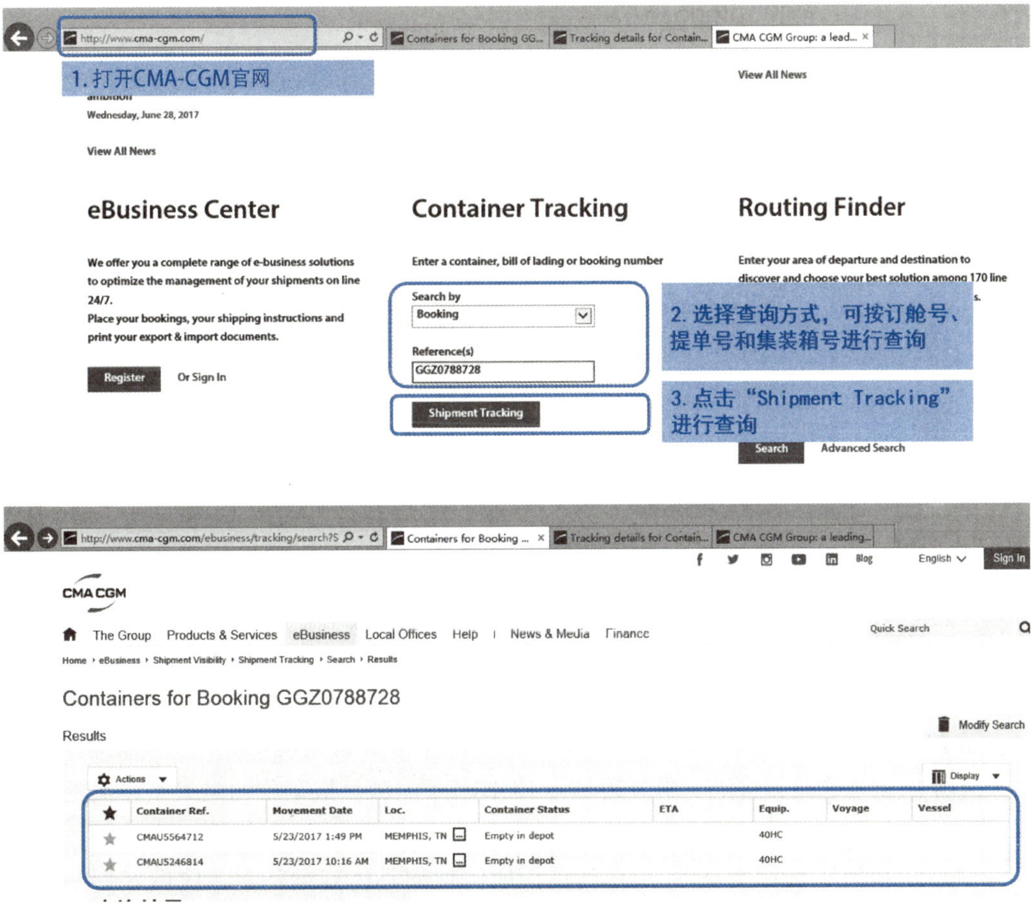

图 2-11-13　CMA-CGM 官网查询页面

2. 集装箱信息查询节点

一个优秀的业务员不仅要做好自己的本职工作，同时还要为客户提供优质的服务。业务员需要将查询到的最新运输动态更新入本公司的系统，做好系统的维护与更新工作，确保信息的同步；同时与客户保持紧密的联系，将查询到的最新运输动态汇报给客户，让客户知晓更多的货物情况（图 2-11-15）。

图 2-11-14　集装箱在途过程信息

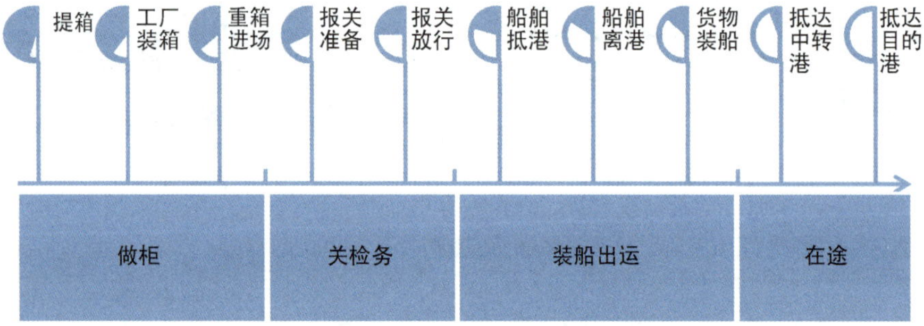

图 2-11-15　集装箱信息查询节点

3. 任务实施

客户委托旅商货代的小李安排拖车提空箱，并将重箱返场，客户打电话给小李，委托小李查询货物是否进港。集装箱号为 CCLU7459185，拖车公司是太平物流拖车公司。查询货物是否进港的渠道有哪些？

进口货物预计 2022 年 8 月 9 日到港，如何查询具体到港信息，应做好哪些准备工作？

三、订单异常处理

订单异常的处理

1. 处理通关异常的步骤

（1）第一时间将订单的异常情况通知相关操作员：自报关的通知公司报关员；委托报关的通知报关行。

（2）对异常情况进行查证：报关员对订单处理情况进行查证，找出异常原因。

（3）将异常情况实事求是地反馈给客户：尽快提出解决方案，减少损失。

（4）重点关注异常情况处理的进展：及时跟客户沟通，减少客户的焦虑与担忧。

2. 查询到订单异常时的注意事项

（1）时效性：第一时间通知相关部门进行查证处理。

（2）责任性：明确岗位职责，清晰责任范围。

（3）全局性：最核心的关键是异常情况的解决，不可为了推卸责任而耽误处理的时间，即使是客户的责任，也要协助客户解决问题。

3. 目的港未提货的情况处理

货代公司在得知货物在目的港无人认领的消息后，第一时间通知发货人，并提供以下三种解决办法供客户自行选择：

（1）转卖：在目的港寻找新的买家；

（2）退运：将货物运回给发货人；

（3）弃货：放弃货物，货物拍卖后所得抵缴目的港费用。

4. 货代在处理目的港无人提货时的操作

货物无人认领发生后，货运代理需要在得到消息的第一时间通知客户，让客户选择如何处理。通常的处理方式是，对于货值不高的商品，可以考虑在当地寻找其他买家，尽量降低处理成本。同时还可以根据货值高低选择是否退运。如果货值较高，那么退运是一种出于成本考虑的明智做法；如果货值较低，那么退运可能得不偿失，可以考虑弃货处理。

5. 目的港未提货时，各种处理方式可能产生的费用

（1）转卖：这种处理方式的损失较低，通过当地代理在目的港找另外的买家销售此批货物，所得用来负担目的港费用。

（2）退运：退运会产生新的运费以及两端港口费用，全部由发货人自行承担。

（3）弃货：如果贸易条款是 CIF，货主需要承担目的港港口已发生的费用；如果贸易条款是 FOB，应由收货人承担目的港港口费用，但收货人拒不承担的话，发货人是需要承担目的港港口费用的。

6. 目的港无人提货的规避

（1）寻找专业的货运代理企业。正规的货运代理经验丰富，可以在关键时候提供有效的指导，最大限度降低弃货发生的可能性或把损失降到最低。

（2）诚信的贸易合作伙伴。贸易本身需以诚信为本，选择信誉好的客户合作。

（3）单据准备认真齐备。备齐单据，提前了解清楚各项费用，防止因人为因素导致的费用升高，客户弃货。

（4）建议贸易条款和保险。给客户提供合理化建议：货值过低的尽量不做 DDU 或者 DDP，并一定要购买弃货保险；货值高的一定要 T/T 50%～70%再发货。

融会贯通

上海紫韵化妆品有限公司委托旅商货代办理货物出口手续，货物到港后仍无人提货，经调查，正本提单在国际快递运输中丢失，上海紫韵化妆品有限公司物流部经理请货代操作员帮助其处理该异常情况。请根据海运出口业务流程，完成以下任务：

（1）画出订单状态更新流程图，要求：流程图需体现订单处理的节点、各节点信息查询的渠道。

（2）说明案例中的订单异常情况该如何处理（图 2-11-16）。

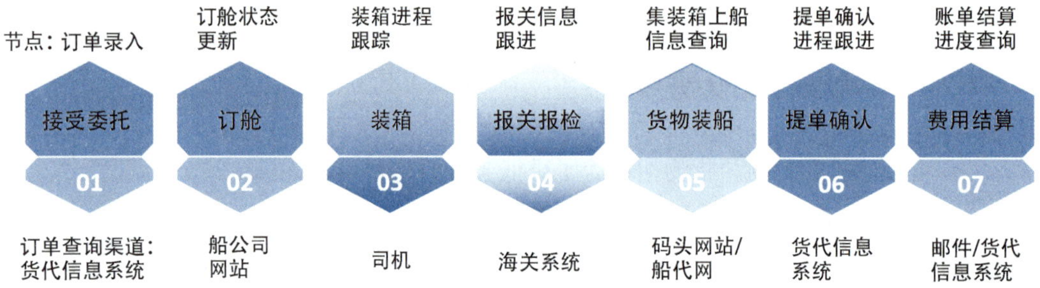

图 2-11-16　订单异常查询渠道

学生实践评价表

<table>
<tr><td>班级</td><td></td><td colspan="2">姓名</td><td colspan="2">学号</td><td></td></tr>
<tr><td rowspan="2">序号</td><td rowspan="2">任务</td><td colspan="5">实践过程记录（时间及完成情况）</td></tr>
<tr><td>知识准备</td><td>熟悉业务</td><td>观摩、学习</td><td>操作、训练</td><td>自评</td></tr>
<tr><td>1</td><td>确定订单处理关键节点</td><td></td><td></td><td></td><td></td><td></td></tr>
<tr><td>2</td><td>查询与更新订单状态</td><td></td><td></td><td></td><td></td><td></td></tr>
<tr><td>3</td><td>订单异常处理</td><td></td><td></td><td></td><td></td><td></td></tr>
</table>

课后巩固

一、单选题

1. 贸易术语 CIF 的风险转移界限是(　　)。

A. 货交买方处置时起

B. 货交承运人处置时起

C. 货物交到船上时

D. 在指定目的地将货物交由买方处置时

2. 贸易术语 CIF 的卖方的交易节点是(　　)。

A. 出口商工厂　　B. 启运地海关

C. 船舷　　D. 目的地海关

3. 对于进口货物 FOB 条款下，货代的起始操作是(　　)。

A. 工厂提货　　B. 进口国清关

C. 换单　　D. 订舱

4. 对于出口货物(　　)条款下，货代负责目的国清关及内陆运输。

A. DDP　　B. FOB

C. CFR　　D. CIF

二、多选题

1. 卖方的交货节点在船舷的是(　　)。

A. FAS　　B. FOB

C. CFR　　D. FCA

2. 对于进口货物(　　)条款下，货代从换单开始负责。

A. FAS　　B. FOB

C. CFR　　D. CIF

三、判断题

1. 贸易术语 FCA 的交货地点是出口国内地、港口。(　　)

2. 贸易术语 DAP 使用水上运输方式。(　　)

3. 贸易术语 EXW 卖方的交货节点是出口商工厂。(　　)

4. 对于进口货物 FAS 条款下，货代从装船及订舱开始负责。(　　)

5. 对于出口货物 CIP 条款下，货代最终负责到装运港清关。(　　)

学习笔记

任务十二

账单制作

任务目标

1. 基本目标

- 能够收集费用单据或明细；
- 能够计算应收费用；
- 能够核对金额并制作账单；
- 能够与客户对账并跟踪应收款来款情况。

2. 重点难点

- 费用收集的及时性控制；
- 应收费用的计算；
- 账单的制作。

情境聚焦

旅商国际货运代理有限公司是一家一级货运代理公司，主要承办京津冀、长三角、珠三角地区的海运业务，包括短驳运输、订舱、报关报检、保险等服务。托运品类包括普通货物、大宗货物、生鲜食品等。

宁波向远国际贸易有限公司委托旅商货代从国外进口一批葡萄酒。在进口的前期准备阶段，由于对进口食品的操作，尤其是对鲜葡萄酒的进口操作不熟练，在前期的备案环节浪费了较多时间（向当地商检局上报，国家商检局审核批准，发放“中文注册商标批准书”），从而延迟了报关的时间，产生了一系列的异常费用，包括疏港费、堆存费、滞报金、超期租箱费等。旅商货代办理完货物报关报检手续，安排车队将货物送往客户指定仓库，随后将空箱返还船公司指定堆场（杨府山堆场）后，与客户进行费用结算。旅商货代需要完成以下四个任务：

任务一：收集费用单据。

任务二：计算应收费用。
任务三：核对金额并制作账单。
任务四：请客户确认账单。

工作过程

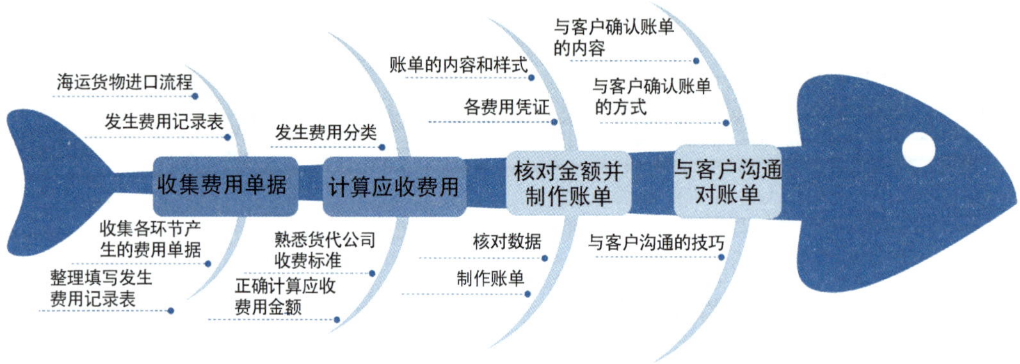

教学要点与任务实施

一、收集费用单据

1. 海运进口操作流程（图 2-12-1）

狭义上的货代海运进口操作流程一般是：揽货→询价→接受进口委托书→换单→报检→报关→办理设备交接单→提箱（货）→货主确认费用→开具发票收款→退报关单。

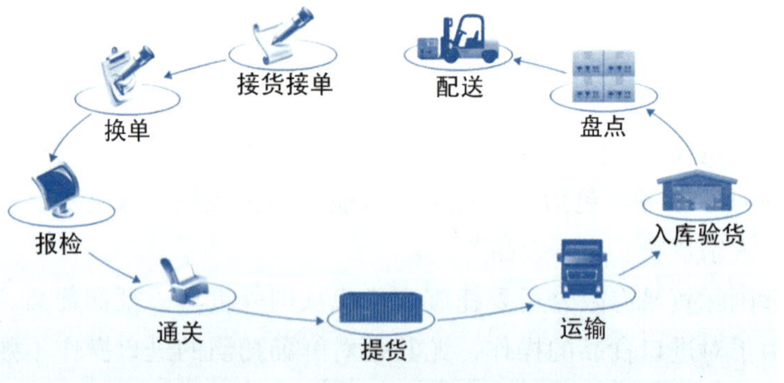

图 2-12-1　海运进口货物流向示意图

2. 海运可能发生的费用（图 2-12-2）

3. 任务实施

“情境聚焦”中，宁波向远国际贸易有限公司这票业务中涉及了哪些费用？请在表 2-12-1 中填写。

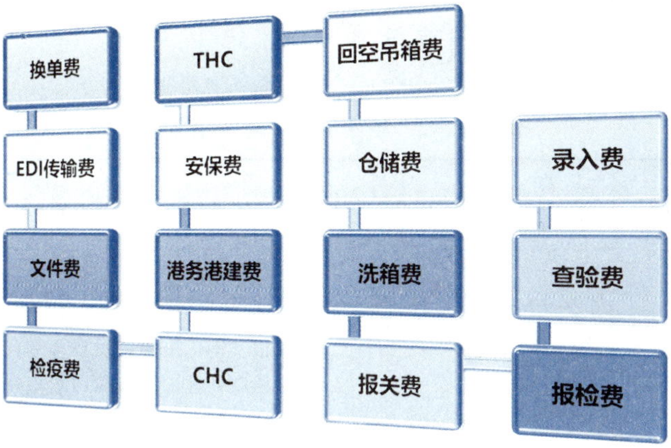

图 2-12-2　海运可能发生的费用

表 2-12-1　费用清单

序号	费用名称	序号	费用名称	序号	费用名称
例如	报关费	5		10	
1		6		11	
2		7		12	
3		8		13	
4		9		14	

二、计算应收费用

1. 计算应收费用的步骤

(1) 步骤一：费用分类

① 选出客户自行缴纳的费用。

② 选出属于实报实销的费用。

③ 选出属于货代收费的项目。

(2) 步骤二：分类计算各类费用

(3) 步骤三：计算总费用

计算应收费用

2. 任务实施

在“情境聚焦”中，请结合“旅商货代公司费用清单”（表 2-12-2）与“实际发生费用金额表”（表 2-12-3），在“应收费用表”（表 2-12-4）中填写客户自行缴纳的费用与旅商货代收费明细。

案例其他信息如下：

客户名称：宁波向远国际贸易有限公司。提单号：CTLT05200000681。报关单号：00002396-1。进口货物名称：葡萄酒。箱型：1×20GP。数量：2 000 件。重量：7100/13956KGS。进口口岸：上海。目的地：宁波。

素材 1：旅商货代公司费用清单

表 2-12-2 旅商货代公司费用清单

费用项目	币种	收费单位	单价	备注
检验检疫服务费	CNY	票	200.00	如发生检验检疫，收取 200.00 元/票
检验检疫费	CNY	票	***	实报实销，按相关发票金额计算，含运输、装载工具检疫处理，货物的一般检疫、熏蒸、清洗降温等检疫处理
报检服务费	CNY	票	200.00	非法检货物收取 200.00 元/票；法检货物不超过 5 个品名收取 200.00 元/票，每增加 5 个品名加收 60.00元/票（不足 5 个品名时按 5 个计算）
报关服务费	CNY	票	200.00	不超过 5 个品名时收取 200.00 元/票，每增加 5 个品名加收 60.00 元/票(不足 5 个品名时按 5 个计算)
查验服务费	CNY	票	200.00	如发生查验，收取 200.00 元/票
海关查验费	CNY	票	***	实报实销，按相关发票计算
集装箱操作费	CNY	箱	60.00/120.00/120.00	
空箱费	CNY	箱/百公里	350.00/700.00/700.00	2 个 20GP 的费用按照 1 个 40GP 的费用收取
重箱费	CNY	箱/百公里	500.00/900.00/900.00	2 个 20GP 的费用按照 1 个 40GP 的费用收取
装箱服务费	CNY	箱	350.00/700.00/700.00	
滞箱费	CNY	箱·天	***	实报实销，按相关发票计算
超期堆存费	CNY	箱·天	***	实报实销，按相关发票计算
坏污箱费	CNY	箱	***	实报实销，按相关发票计算
掏箱费	CNY	箱	***	实报实销，按相关发票计算
改单费	CNY	票	400.00	如发生改单则收取 400.00 元/票
改单服务费	CNY	票	100.00	如发生改单则收取 100.00 元/票
港杂费	CNY	箱	***	实报实销，按相关发票计算
THC	CNY	箱	***	实报实销，按相关发票计算
疏港费	CNY	箱	***	实报实销，按相关发票计算
仓储费	CNY	件·天	15.00	按实际存储天数计算，仓储天数＝出仓日－进仓日＋1
入库费	CNY	件	25.00	发生仓储服务时收取
出库费	CNY	件	25.00	发生仓储服务时收取
代垫税金手续费	CNY	票	2%	税金人民币 5 万元以下可垫付，收取税金的 2%，期限不超过 1 个月

注：

1. “ *** ”表示发生则收和实报实销的费用；除以上费用外，未提及的费用均实报实销。
2. 上海港到向远工厂的距离按 100 公里计算。

素材 2：实际发生费用金额表

表 2-12-3　实际发生费用金额表

序号	费用明细	费用金额（单位：元）
1	换单费	200
2	报检费（含检验检疫费）	1 229
3	报检代理费	200
4	报关费	150
5	滞报金	14 592
6	税费（关税、增值税、消费税）	740 352
7	报关代理费	200
8	THC	750
9	港杂费	125
10	海关查验费	650
11	海关查验服务费	200
12	堆存费	93
13	疏港费	450
14	超期租箱费	2 240
15	拖车费	待计算
合计		待计算

素材 3：应收费用表

表 2-12-4　应收费用表

客户自行缴纳的费用	
费用名称	金额（单位：元）
合计	

（续表）

旅商货代公司收费明细			
实报实销		应收费用（单位：元）	
小计		小计	
合计			

3. 任务解析

（1）费用分类

① 选出客户自行缴纳的费用：报检费（含检验检疫费）、税费（关税、增值税、消费税）、滞报金（表 2-12-5）。

② 选出属于实报实销的费用：换单费、报关费、THC、港杂费、海关查验费、堆存费、疏港费、超期租箱费。

③ 选出属于货代收费的项目：报检代理费、报关代理费、海关查验服务费、拖车费（表 2-12-6）。

（2）计算拖车费

① 确定集装箱种类数量：根据其他业务信息的描述可知，本次拖车运输了 1 个 20GP 标准集装箱。

② 确定行驶里程：根据其他业务信息的描述可知，本案例中的货物从上海运输至宁波需使用拖车；根据旅商货代收费标准的注 2 可知，从上海港到向远工厂行驶里程为 100 公里。

③ 确定单价：根据旅商货代收费标准的重箱费和空箱费收费标准，20GP 集装箱的拖车费，重箱费单价为 500 元每箱每百公里，空箱费单价为 350 元每箱每百公里。

④ 计算重箱费及空箱费：

重箱费＝500 元

空箱费＝350 元

⑤ 拖车费合计为 500＋350＝850 元。

(3) 计算收费合计金额

① 在实际发生费用金额表里找到对应费用金额，拖车费前一步已计算；

② 将旅商货代公司实报实销费用和应收费用分别汇总金额：

实报实销＝200＋150＋750＋125＋650＋93＋450＋2 240＝4 658 元

应收费用＝200＋200＋200＋850＝1 450 元

③ 汇总两部分金额为：4 658＋1 450＝6 108 元。

表 2-12-5　客户自行缴纳的费用

费用名称	金额（单位：元）
报检费（含检验检疫费）	1 229.00
税费（关税、增值税、消费税）	740 352.00
滞报金	14 592.00
合计	756 173.00

表 2-12-6　旅商货代公司收费明细

实报实销费用（单位：元）		应收费用（单位：元）	
换单费	200.00	报检代理费	200. 00
报关费	150.00	报关代理费	200. 00
THC	750.00	海关查验服务费	200. 00
港杂费	125.00	拖车费	850. 00
海关查验费	650.00		
堆存费	93.00		
疏港费	450.00		
超期租箱费	2 240.00		
小计	4 658.00	小计	1 450. 00
合计	6 108.00		

三、核对金额并制作账单

核对金额并制作账单

1. 核对应收金额

(1) 核对报价单

核对客户确认的报价单内收费项目，核对各种收费项目收费金额或计算方式。

(2) 部门核对

直属主管核对并签字确认，部门经理核对并签字确认。

(3) 财务部核对

与费用发票核对、与合同协议核对。

2. 账单格式（表 2-12-7）

表 2-12-7 旅商国际货运代理有限公司海运结费专用单

旅商国际货运代理有限公司

海运结费专用单

项目编号：　　　　货物名称：

客户名称：　　　　数量：

提单号：　　　　报关单号：

重量：

到港日期：　　　　送货日期：

注：

实报实销费用	（单位：元）	应收费用	（单位：元）
小计		小计	
		增值税	
费用小计		价税合计	
实收款			

日期：　　年　月　日

3. 账单制作

(1) 步骤一：输入公司名称及账单名称

在打开的空白文档内，输入公司名称，设置居中，字号二号；另起一行输入“海运结费专用单”，设置居中，字号三号。如图 2-12-3 所示。

旅商国际货运代理有限公司

海运结费专用单

图 2-12-3 输入公司名称及账单名称

（2）步骤二：输入本票货物基本信息

在账单名称下另起一行输入货物详细信息，可分两列，如图 2-12-4 所示。

项目编号：CE22-0166	货物名称：葡萄酒
客户名称：宁波向远国际贸易有限公司	数量：2 000 件
提单号：CTLT05200000681	报关单号：00002396-1
重量：7100//13956KGS	
到港日期：2022-8-26	送货日期：2022-8-29
注：	

图 2-12-4　输入货物基本信息

（3）步骤三：输入账单数据信息

按实报实销费用及应收费用分别将对应费用名称和数据列在表格里，并计算合计金额及增值税额，最后将汇总金额列入表格最后一行，如图 2-12-5 所示。

实报实销费用	（单位：元）	应收费用	（单位：元）
换单费	200.00	报关费	150.00
海关查验费	650.00	报检代理费	200.00
堆存费	93.00	报关代理费	200.00
疏港费	450.00	海关查验服务费	200.00
超期租箱费	2 240.00	包干费	4 504.00
小计	3 633.00	小计	5 254.00
		增值税 6%	315.24
费用小计	3 633.00	价税合计	5 569.24
实收款	9 202.24		

图 2-12-5　输入账单数据信息

（4）步骤四：标注落款时间

最后将账单日期落款于账单右下角，完成一张账单的设计。

4. 任务实施

结合已完成的宁波向远应收费用计算表格，为宁波向远制作此票货物的账单。到港日期：2022 年 8 月 26 日。送货日期：2022 年 8 月 29 日。账单制作日期：2022 年 9 月 5 日（表 2-12-8）。

表 2-12-8　海运结费专用单

旅商国际货运代理有限公司

海运结费专用单

项目编号：　　　　　　　　　　货物名称：
客户名称：　　　　　　　　　　数量：
提单号：　　　　　　　　　　　报关单号：
重量：
到港日期：　　　　　　　　　　送货日期：
注：

实报实销费用	（单位：元）	应收费用	（单位：元）
小计		小计	
		增值税	
费用小计		价税合计	
实收款			

日期：　　年　月　日

四、与客户沟通对账单

1. 向客户发送对账单

将制作好的账单通过电子邮件或传真发送给客户。

2. 给客户致电确认数据

发送账单后，通知客户查收账单并回复确认邮件或传真。

3. 向客户解释说明疑问

如果客户对账单内容有疑问，耐心向客户解答并最终消除异议。

4. 与客户确认付款期限

与客户确认此费用支付时间，并负责跟踪款项到账情况。

融会贯通

旅商货代公司有一票新的业务完成了进口的全部流程：北京好时多国际贸易有限公

司委托旅商货代进口一批饼干，一个 20GP 集装箱整箱进口，国内运输距离为 100 公里，发生费用的信息详见“实际发生费用金额表”（表 2-12-9），收费标准详见“旅商货代公司收费标准”（表 2-12-10）。请结合素材，帮助结算专员小王计算应收费用金额（表 2-12-11）并制作账单（表 2-12-12）。

素材 1：实际发生费用金额表

表 2-12-9 实际发生费用金额表

序号	费用明细	费用金额（单位：元）
1	换单费	200
2	检验检疫费	60
3	报检代理费	200
4	报关费	150
5	税费（关税、增值税）	53 410.46
6	报关代理费	200
7	THC	750
8	港杂费	125
9	堆存费	350
10	洗箱费	57
11	滞箱费	600
12	拖车费	500
合计		56 602.46

素材 2：旅商货代公司收费标准

表 2-12-10 旅商货代公司收费标准

费用项目	币种	收费单位	单价	备注
检验检疫服务费	CNY	票	200.00	如发生检验检疫，收取 200.00 元/票
检验检疫费	CNY	票	***	实报实销，按相关发票金额计算，含运输、装载工具检疫处理，货物的一般检疫、熏蒸、清洗降温等检疫处理
报检服务费	CNY	票	200.00	非法检货物收取 200.00 元/票；法检货物不超过 5 个品名收取 200.00 元/票，每增加 5 个品名加收 60.00元/票（不足 5 个品名时按 5 个计算）
报关服务费	CNY	票	200.00	不超过 5 个品名时收取 200.00 元/票，每增加 5 个品名加收 60.00 元/票（不足 5 个品名时按 5 个计算）
查验服务费	CNY	票	200.00	如发生查验，收取 200.00 元/票

（续表）

费用项目	币种	收费单位	单价	备注
海关查验费	CNY	票	***	实报实销，按相关发票计算
集装箱操作费	CNY	箱	60.00/120.00/120.00	
空箱费	CNY	箱/百公里	350.00/700.00/700.00	2 个 20GP 的费用按照 1 个 40GP 的费用收取
重箱费	CNY	箱/百公里	500.00/900.00/900.00	2 个 20GP 的费用按照 1 个 40GP 的费用收取
装箱服务费	CNY	箱	350.00/700.00/700.00	
滞箱费	CNY	箱·天	***	实报实销，按相关发票计算
超期堆存费	CNY	箱·天	***	实报实销，按相关发票计算
坏污箱费	CNY	箱	***	实报实销，按相关发票计算
掏箱费	CNY	箱	***	实报实销，按相关发票计算
改单费	CNY	票	400.00	如发生改单则收取 400.00 元/票
改单服务费	CNY	票	100.00	如发生改单则收取 100.00 元/票
港杂费	CNY	箱	***	实报实销，按相关发票计算
THC	CNY	箱	***	实报实销，按相关发票计算
疏港费	CNY	箱	***	实报实销，按相关发票计算
仓储费	CNY	件·天	15.00	按实际存储天数计算，仓储天数＝出仓日－进仓日＋1
入库费	CNY	件	25.00	发生仓储服务时收取
出库费	CNY	件	25.00	发生仓储服务时收取
代垫税金手续费	CNY	票	2%	税金人民币 5 万元以下可垫付，收取税金的 2%，期限不超过 1 个月

注：“***”表示发生则收和实报实销的费用；除以上费用外，未提及的费用均实报实销。

素材 3：应收费用表

表 2-12-11　应收费用表

客户自行缴纳的费用	
费用名称	金额（单位：元）
合计	

（续表）

旅商货代收费明细			
实报实销费用（单位：元）		应收费用（单位：元）	
小计		小计	
合计			

素材 4：账单格式

表 2-12-12　账单格式

旅商国际货运代理有限公司

海运结费专用单

项目编号：　　　　　　　　　　货物名称：

客户名称：　　　　　　　　　　数量：

提单号：　　　　　　　　　　　报关单号：

重量：

到港日期：　　　　　　　　　　送货日期：

注：

实报实销费用	（单位：元）	应收费用	（单位：元）
小计		小计	
		增值税	
费用小计		价税合计	
实收款			

日期：　　年　月　日

学生实践评价表

班级		姓名		学号	
序号	任务	实践过程记录（时间及完成情况）				
		知识准备	熟悉业务	观摩、学习	操作、训练	自评
1	收集费用单据					
2	计算应收费用					
3	核对金额并制作账单					
4	与客户沟通对账单					

课后巩固

一、多选题

1. 海运环节可能发生的费用有(　　)。
A. 换单费　B. 检疫费　C. 文件费　D. THC
2. 在货运代理业务中，客户自行缴纳的费用包括(　　)。
A. 报检费　B. 税费　C. 滞报金　D. 拖车费
3. 以下发生的费用中，属于实报实销费用的有(　　)。
A. 换单费　B. 报关费　C. THC　D. 疏港费
4. 以下发生的费用中，属于货代收费项目的有(　　)。
A. 报检代理费　B. 报关代理费　C. 海关查验服务费　D. 拖车费
5. 计算拖车费时，需要考虑的因素包括(　　)。
A. 集装箱种类　B. 集装箱数量　C. 行驶里程数　D. 离港时间
6. 制作账单的步骤包括(　　)。
A. 输入公司名称和账单名称　B. 输入货物基本信息
C. 输入账单数据信息　D. 标注落款时间

二、判断题

1. 港务港建费不可能发生在海运环节，只可能与船公司有关系。(　　)
2. 核对报价单时，应该做到核对客户确认的报价单内收费项目、收费金额及计算方法。(　　)
3. 核对应收款金额时，直属主管核对并签字确认即可，部门经理只需核对检查。(　　)
4. 核对应收款金额时，既要核对费用发票又要核对合同协议。(　　)
5. 海运结费专用单包括了货物名称、报关单号、提单号、数量等内容。(　　)
6. 海运结费专用单包含实报实销费用和应收费用两部分。(　　)
7. 与客户沟通对账单包括向客户发送对账单、致电确认数据、解释说明疑问以及与客户确认付款期限四个步骤。(　　)
8. 与客户确认付款期限时，不仅要确认付款时间，还要做到账跟踪。(　　)
9. 如果客户对账单有疑问，应向客户耐心解释，消除异议。(　　)

学习笔记

任务十三

业务单据归档

任务目标

1. 基本目标

➢ 能够识别同一票业务下的单据；
➢ 能够按公司要求留存业务单据。

2. 重点难点

➢ 按要求归档留存业务资料；
➢ 识别同一订单的单据。

情境聚焦

旅商国际货运代理有限公司是一家一级货运代理公司，主要承办京津冀、长三角、珠三角地区的海运业务，包括短驳运输、订舱、报关报检、保险等服务。托运品类包括普通货物、大宗货物、生鲜食品等。

小李是旅商货代的业务专员，手上有很多单据都没有归档。当其中的一票业务结束一段时间后，港口现场同事打电话询问小李该业务的滞港费发票有没有报销，小李这才发现，这张滞港费的发票还在自己的桌子上没有交给财务，而此业务已经向客户开票并已收费，也就是说这项实报实销的费用没有向客户收取，只能由货代公司来承担了。于是公司财务和业务部门联合整改管理规范，要求各业务部门调整岗位，安排专员负责收集各环节业务产生的单据并完成记录、归档。小李需要完成以下两个任务：

任务一：识别同一订单的业务单据。

任务二：归档业务资料。

工作过程

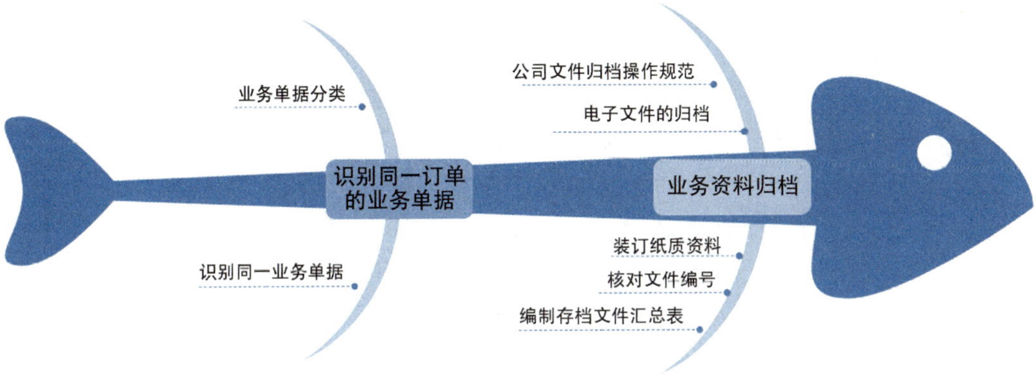

教学要点与任务实施

一、识别同一订单的业务单据

1. 识别同一订单的业务单据的方法

根据单据资料上的合同号、发票号、提单号等统一编号可以识别其中的关联性。

识别同一业务的单据

2. 任务实施

识别同一订单的业务单据：以下为“情境聚焦”中待归档的所有单据（图 2-13-1 至图 2-13-10），将其归档到两个文件袋中。

ED116800000 14019　　　　*223120160820987*

中华人民共和国海关出口货物报关单

预录入编号：000000000121296＊＊＊　　　　海关编号：223120160820987＊＊＊　　(2231)

收发货人 (3117960＊＊＊) 上海　　　　胶履带有限公司	出口口岸 (2248) 洋山港区	出口日期	申报日期 20161212
生产销售单位 (3117960＊＊＊) 上海　　　　胶履带有限公司	运输方式 (2) 水路运输	运输工具名称 HATSU CRYSTAL/1-077W	提运单号 M231408389
申报单位 (3120980＊＊＊) 上海　　　　东物流有限公司	监管方式 (0110) 一般贸易	征免性质 (101) 一般征税	备案号

贸易国(地区) (307) 意大利	运抵国(地区) (307) 意大利	指运港 (2245) 热那亚	境内货源地 (31179) 奉贤

许可证号	成交方式 (1) CIF	运费 502/1420/3	保费 502/50/3	杂费 000//
合同协议号 HX16325	件数 70	包装种类 (7) 其它	毛重(公斤) 19,943	净重(公斤) 19,943
集装箱号 LEAU2009787　1(1)	随附单据			

标记唛码及备注

项号	商品编号	商品名称、规格型号	数量及单位	最终目的国（地区）	单价	总价审单	币制	征免
1	84314999	挖掘机履带 该商品以铁齿轮（钢铁件）为支撑，以钢丝绳为传动，用橡	19943.00千克 19943.00千克	意大利 (307)	1.7450	34799.72	(502) 美元	照章征税 (1)

特殊关系确认：否　　　　价格影响确认：否　　　　支付特许权使用费确认：否

录入员　　录入单位 ZYCK	兹声明对以上内容承担如实申报、依法纳税之法律责任	海关批注及签章
报关人员	申报单位（签章）	

1/1

图 2-13-1　单据 1

HXRT 上海 ············ 履带有限公司

Reference No. 16-438
CIP GENOVA

SHANGHAI ············ ············ TRACK CO., LTD. Invoice No.: HX16325

Zhe Rd, Qian Qiao, Feng Xian District, Shanghai, China P.C. :201407

Tel: +86-21-5759 Fax: +86-21-5759

COMMERCIAL INVOICE

Buyer:

············ nitop srl
············ opa 39
10060 Bricherasio (To) Italy

Date: Dec,09,2016

Description	Part No.	Qty (pkgs)	Unit Prices (USD)	Amount(USD)
EXCAVATOR TRACK	450x90x70	70	497.14	34799.72
SUM		70		34799.72
SAY TOTAL: U.S.DOLLARS THIRTY-FOUR THOUSAND SEVEN HUNDRED AND NINETY-NINE AND CENTS SEVENTY-TWO ONLY				

SHANGHAI ············ ············ TRACK CO., LTD.

Authorized Signature:________________

图 2-13-2 单据 2

[illegible]KMANN
[illegible]ZargenAntriebe
[illegible]Home and Industry
[illegible] KG VERKAUFSGESELLSCHAFT

Uphaider Weg 94-98
D-33803 Steinhagen
Telefon: 49(0) [illegible]
Telefax: [illegible]

Commerzbank [illegible]
BLZ 480 400 36
S.W.I.F.T.-Code. COBADE[illegible]
IBAN [illegible] 0036 0642 3780 00
Amtsgericht Gütersloh HTRA 4529

[illegible] Verkaufsgesellschaft, Upheider Weg 94-98, D-33803Steinhagen

[illegible] Beijing Trading Co., Ltd.

[illegible]ng He Street,BDA
[illegible], Beijing, P.R.China

commercial invoice Purchase Contract NO:HT-2012-073

Container: seal - number:

Customer code:	0520787
Factory:	IBD
User name:	Michaela Krause
Telephone:	-385
Fax:	-360

Pos	Art Code	Article description	Width x Height	Quantity	Price per unit	Value
1	3082443	spring shaft40*3mm		180	19.4066	3,493.18
2	3044205	flexible coupling complete		900	3.5500	3,195.00
3	3088896	NF111 wicket door frame profile		80	25.9600	2,076.80
4	3040794	bottom fixture H, V		1200	2.6300	3,156.00
5	3083694	NF106 lintel profile		24	84.9300	2,038.32
6	636815	control unit 445R		100	84.7600	8,476.00
7	638094	kit main voltage cable		100	6.9200	692.00
8	638294	SKS activating kit		200	18.1800	3,636.00
9	9110015	steel rolling shutter 3000*2200		6	1697.4100	10,184.46
		coutry of origin: European Community				
				Total:	EUR	36,947.76

Payment conditions 90DAYS NET AFTER RECEIPT OF INVOICE

Delivery conditions EXW Steinhagen

图 2-13-3　单据 3

HXRT 上海 ·········· 履带有限公司 ORIGINAL

SHANGHAI ······················ TRACK CO., LTD. **Invoice No.: HX16325**

······················ Ltd,Qian Qiao ,Feng Xian District,Shanghai,China P.C. :201407

Tel: +86-21-5759 ········ Fax: +86-21-5759········

PACKING LIST

MARK & NO.

N/M

挖掘机履带

EXCAVATOR TRACK

TOTAL QTY: 70 PKGS

NET WEIGHT: 19943.00KGS
GROSS WEIGHT: 19943.00KGS

PACKED BY ONE 20 FEET CONTAINER

SHANGHAI ······················ TRACK CO., LTD.

Authorized Signature:..

图 2-13-4 单据 4

HÖRMANN
nZargenAntriebe
Doors for Home and Industry

HI VERKAUFSGESELLSCHAFT

D-33803 Steinhagen
Telefon 49(0) 52 04 - 915-0
Telefax 49-(0) 52 04 - 915 158

BLZ 480 400 35
S.W.I.F.T.-Code. COBADEFF 480
IBAN DE 42 4804 0035 0562 3780 00
Amtsgericht Gütersloh HTRA 4529

erkaufsgesellschaft, Upheider Weg 94-98, D-33803Steinhagen

Beijing Trading Co., Ltd.

hong He Street,BDA
6,Beijing,P.R.China

packing list CN0062/12 Purchase Contract NO:HT-2012-073

Container: seal - number:

Customer code:	0520787
Factory:	IBD
User name:	Michaela Krause
Telephone:	-385
Fax:	-360

Pos	Art.Code	Article description	Width x Height	Quantity	net weight	gross weight
1	3082443	spring shaft40*3mm		180	3,400.0	3,810.0
2	3044205	flexible coupling complete		900	1,030.0	1,100.0
3	3088896	NF111 wicket door frame profile		80	550.0	645.0
4	3040794	bottom fixture H, V		1200	1,254.0	1,294.0
5	3083694	NF106 lintel profile		24	550.0	620.0
6	636815	control unit 445R		100	240.0	289.0
7	638094	kit main voltage cable		100	50.0	55.0
8	638294	SKS activating kit		200	49.0	57.0
9	9110015	steel rolling shutter 3000*2200		6	1,207.0	1,275.0
		total weight: 9,145.000 kg gross 8,330.000 kg net numbers of colli:25				

Delivery conditions EXW Steinhagen

图 2-13-5 单据 5

SHIPPER	WAYBILL NON NEGOTIABLE	VOYAGE NUMBER
YMERS (CHINA) CO. LTD. IICAL INDUSTRY PARK OAD AI PR OF CHINA		367VCE/002E
		WAYBILL NUMBER
		CNUN156322

CONSIGNEE	EXPORT REFERENCES
SBURGH ALLEGHENY USA	

NOTIFY PARTY, Carrier not to be responsible for failure to notify	
ONAL, INC. IMPORT TEAM RD TON USA	**CARRIER:** CMA CGM Société Anonyme au Capital de 234 988 330 Euros Head Office: 4, quai d'Arenc - 13002 Marseille - France Tel: (33) 4 88 91 90 00 - Fax: (33) 4 88 91 90 95 562 024 422 R.C.S. Marseille

PRE CARRIAGE BY*	PLACE OF RECEIPT*	FREIGHT TO BE PAID AT	NUMBER OF ORIGINAL WAYBILLS
		SHANGHAI	ZERO (0)
VESSEL	**PORT OF LOADING**	**PORT OF DISCHARGE**	**FINAL PLACE OF DELIVERY***
SEAMAX GREENWICH	SHANGHAI	NEW YORK, NY	ALLENTOWN, PA

MARKS AND NOS CONTAINER AND SEALS	NO AND KIND OF PACKAGES	DESCRIPTION OF PACKAGES AND GOODS AS STATED BY SHIPPER SHIPPER'S LOAD STOW AND COUNT SAID TO CONTAIN	GROSS WEIGHT CARGO	TARE	MEASUREMENT
			KGS	KGS	CBM
APZU3274690 SEAL K0215177	1 x 20ST	20 PACKAGE(S)	16490.460	2220	28.665
ECMU1864041 SEAL K0215174	1 x 20ST	20 PACKAGE(S)	16490.460	2230	28.665
COMPANY LOGO MAKROLON ET3113 550115 PP-BIGBAG NTRL.800KG CP1-HT BATCH 06PM7E2U10 GROSS KG NET KG MADE IN PR OF CHINA 2412367987 10-20		P/O:2412367987 MAKROLON ET3113 550115 DO.4002764985 16000KG DO.4002764990 16000KG			
		2 X 20ST 40 PACKAGE(S) SAY FORTY PACKAGE(S)			

Sheet 1 of 2

ABOVE PARTICULARS DECLARED BY SHIPPER. CARRIER NOT RESPONSIBLE.

ADDITIONAL CLAUSES

4. Cargo at port is at merchant risk, expenses and responsibility

5. FCL

77. THC at destination payable by consignees as per line/port tariff

194. For the purpose of the present carriage, clause 14(2) shall exclude the application of the York/Antwerp rules, 2004.

216. Mis-declaration of cargo weight endangers crew, port workers and vessels' safety. Your cargo may be weighed at any place and time of carriage and any mis-declaration will expose you to claims for all losses, expenses or damages whatsoever resulting thereof and be subject to freight surcharge.

225. The shipper acknowledges that the Carrier may carry the goods identified in this bill of lading on the deck of any vessel and in taking remittance of this bill of lading the Merchant (including the shipper, the consignee and the holder of the bill of lading, as the case may be) confirms his express acceptance of all the terms and conditions of this bill of lading and expressly confirms his unconditional and irrevocable consent to the possible carriage of the goods on the deck of any vessel.

274. The Merchant is responsible for returning any empty container, with interior clean, free of any dangerous goods placards, labels or markings, at the designated place, and within 60 days following to the date of release, failing which the container shall be construed as lost. The Merchant shall be liable to indemnify the Carrier for any loss or expense whatsoever arising out of the foregoing, including but not limited to liquidated damages equivalent to the sound market value - or the depreciated value due by the Carrier to a container lessor. The Carrier is entitled to collect a deposit from the Merchant at the time of release of the container which shall be remitted as security for payment of any sums due to the Carrier, in particular for payment of all detention and demurrage and/or container indemnity as referred above.

RECEIVED by the Carrier from the Shipper in apparent good order and condition (unless otherwise noted herein) the total number or quantity of containers or other packages or units indicated above by the Merchant for carriage, subject to all the terms hereof (including the terms on page one) and tariff for the relevant trade, from the place of receipt or the port of loading, whichever applicable, to the port of discharge or place of delivery, whichever applicable. This Waybill is deemed to be a contract of carriage as defined in Article I (b) of the Hague Rules and Hague Visby Rules although this is not a document of title to the Goods. DELIVERY will only be made on Payment of all Freight and Charges and to the named Consignee or any third party nominated by the Consignee by written instruction to the Carrier or his Agent, unless the Shipper instructs otherwise prior to delivery. The rights and liabilities arising according to the terms hereof shall (without prejudice to any rule of common law and status) become binding between the Carrier and Consignee as if this agreement has been made between them and the Shipper guarantees on reception of this Waybill that he has accepted it on his own behalf, on behalf of the Consignee and the Owner of the Goods, and warrants that he has authority to do so.

All claims and actions arising between the Carrier and the Merchant in relation with the contract of Carriage evidenced by this Waybill shall exclusively be brought before the Tribunal de Commerce de Marseille and no other Court shall have jurisdiction with regards to any such claim or action. Notwithstanding the above, the Carrier is also entitled to bring the claim or action before the Court of the place where the defendant has his registered office.

This Waybill is issued subject to the C.M.I Uniform Rules for Sea Waybills.

(OTHER TERMS AND CONDITIONS OF THE CONTRACT ON PAGE ONE)

PLACE AND DATE OF ISSUE	SHANGHAI 20 JUN 2017	SIGNED FOR THE CARRIER CMA CGM S.A. BY CMA CGM CHINA SHIPPING CO. LTD as agents for the carrier CMA CGM S. A.
SIGNED FOR THE SHIPPER		

*APPLICABLE ONLY WHEN THIS DOCUMENT IS USED AS A COMBINED TRANSPORT BILL OF LADING

图 2-13-6 单据 6

		VOYAGE NUMBER
CMA CGM	WAYBILL	367VCE/002E
	NON NEGOTIABLE	WAYBILL NUMBER
		CNUN156322

PRE CARRIAGE BY*	PLACE OF RECEIPT*	FREIGHT TO BE PAID AT	NUMBER OF ORIGINAL WAYBILLS
		SHANGHAI	ZERO (0)
VESSEL	PORT OF LOADING	PORT OF DISCHARGE	FINAL PLACE OF DELIVERY*
SEAMAX GREENWICH	SHANGHAI	NEW YORK, NY	ALLENTOWN, PA

MARKS AND NOS CONTAINER AND SEALS	NO AND KIND OF PACKAGES	DESCRIPTION OF PACKAGES AND GOODS AS STATED BY SHIPPER SHIPPER'S LOAD STOW AND COUNT SAID TO CONTAIN	GROSS WEIGHT CARGO	TARE	MEASUREMENT
			KGS	KGS	CBM
		Shipped on Board SEAMAX GREENWICH 20-JUN-2017 CMA CGM CHINA SHIPPING CO. LTD As agents for the Carrier			
Weight in Kgs Total: 2 CONTAINER(S)		Sheet 2 of 2	32980.920	4450	57.330

ABOVE PARTICULARS DECLARED BY SHIPPER. CARRIER NOT RESPONSIBLE.

PLACE AND DATE OF ISSUE	SHANGHAI 20 JUN 2017	SIGNED FOR THE CARRIER CMA CGM S.A. BY CMA CGM CHINA SHIPPING CO. LTD as agents for the carrier CMA CGM S. A.
SIGNED FOR THE SHIPPER		
*APPLICABLE ONLY WHEN THIS DOCUMENT IS USED AS A COMBINED TRANSPORT BILL OF LADING		

图 2-13-7 单据 7

[illegible]NN KG VERPACKUNGSGESELLSCHAFT
UPHEIDER WEG 94-98
[illegible] STEINHAGEN

Blue Anchor Line

Sea Waybill (Non-Negotiable)

for Multimodal Transport
And Port to Port Transport

Consignee
[illegible] BEIJING TRADING CO., LTD.
[illegible] ZHONG HE STREET, BDA
[illegible], P.R. CHINA

Notify Party 2 (No liability shall attach to the Carrier or to his Agent for failure to notify See Clause 14)

Notify Party (No liability shall attach to the Carrier or to his Agent for failure to notify See Clause 14)
[illegible] BEIJING TRADING CO., LTD.
[illegible] ZHONG HE STREET, BDA
CN [illegible], P.R. CHINA

Delivery Agent
K[illegible] NAGEL LTD
TIAN[illegible] BRANCH OFFICE
XINYIN BUILDING,ROOM [illegible]&2902
N[illegible] ZHENGJIN ROAD
300201 TIANJIN CHINA

Place of Receipt (Multimodal Transport only)	Pre-carriage by	Port of Loading	B/L NO.
		HAMBURG	
Vessel	**Voyage No.**	**Port of Transshipment**	
COSCO GLORY	005		COSU4505006960
Port of Discharge	**Place of Delivery (Multimodal Transport only)**	**Movement**	**Freight Payable at**
XINGANG		CY/CY	DESTINATION

PARTICULARS FURNISHED BY SHIPPER - CARRIER NOT RESPONSIBLE (See Clause 7.3)

Marks and Numbers	Number of Packages	Description of Goods	Gross Weight kgs	Measurement
GVDU5041894 SEAL 031574	1 40' HC	CONTAINER SAID TO CONTAIN 25 PACKAGES MISCELLANEOUS ACCESSORIES FOR STEEL DOORS AND OPERATORS, ROLLING SHUTTERS WITH ACCESSORIES ALL MENTIONED CONTAINERS SHIPPER'S LOAD, COUNT AND SEAL	9145,0	40,000
TOTAL	1		9145,0	40,000

OCEANFREIGHT AND CHARGES Rates, Weight and/or Measurement subject to correction	Prepaid	Collect
Total amount due		

Declared Cargo Value *** NO VALUE DECLARED ***

If Merchant enters a value, Carrier's per package limitation of liability shall not apply and the valorem rate will be charged.

Received by the Carrier from the Shipper, as far as ascertained by reasonable means of checking, in apparent good order and condition unless otherwise herein stated, the total number or quantity of Containers or other packages or units indicated in the box entitled "Number of Packages" for carriage from the port of loading (or the place of receipt, if mentioned above) to the port of discharge (or the place of delivery, if mentioned above), such carriage being always subject to the terms, rights, defences, provisions, conditions, exceptions, limitations, and liberties hereof (INCLUDING ALL THOSE TERMS AND CONDITIONS ON THE REVERSE HEREOF NUMBERED 1-21 AND THOSE TERMS AND CONDITIONS CONTAINED IN THE CARRIER'S APPLICABLE TARIFF) and the Shipper's attention is drawn in particular to the Carrier's liberties in respect of on deck stowage (see clause 13) and the carrying vessel (see clause 12). In accepting this sea waybill, any local customs or privileges to the contrary notwithstanding, the Merchant agrees to be bound by all Terms and Conditions stated herein whether written, printed, stamped or incorporated on the face or reverse side hereof, as fully as if they were all signed by the Merchant. Unless instructed otherwise in writing by the Shipper delivery of the Goods will be made only to the consignee or his authorised representatives. This sea waybill is not a document of title to the Goods and delivery will be made after payment of any outstanding Freight and charges, only on provision of proper proof of identity and of authorisation at the port of discharge or place of delivery, as appropriate, without the need to produce or surrender a copy of the sea waybill.
IN WITNESS WHEREOF the Carrier by its agents has signed this sea waybill

Version II, April 2011

Place and date of issue
HAMBURG 24/03/2012

For and on behalf of the Carrier
Blue Anchor Line

by KUEHNE + NAGEL (AG & CO.) KG
As Agents for the Carrier

图 2-13-8　单据 8

PURCHASE CONTRACT

Contract No.: HT-2012-073
Date: 5 OCT, 2011
Signed At: Beijing/ Steinhagen

The Buyers: [illegible] Beijing Trading Co., Ltd. *Tel:0086-10-678873[illegible]*
Address: [illegible] Zhong He Street,,BDA, Beijing,China *Fax:0086-10-678873[illegible]*

The Sellers: [illegible] VERKAUFSGESELLSCHAFT, *Tel:49(0)5204-9152[illegible]*
Address: [illegible] D-33808 STEINHAGEN,GERMANY *Fax:49(0)5204-9152[illegible]*

This Purchase Contract is made by and between the Sellers and the Buyers' whereby the Sellers agree to sell and the Buyers agree to buy the under-mentioned goods according to the terms and conditions stipulated below:

1. Name of Commodity, Specification & Packing		Quantity	Unit Price EUR	Total Amount EUR
1	spring shaft40*3mm 弹簧轴键（铝）	180	19.4066	3,493.18
2	flexible coupling complete 联轴器（钢）	900	3.5500	3,195.00
3	NF111 wicket door frame profile 6000mm 钢制扣板	80	25.9600	2,076.80
4	bottom fixture H, V 底部轮架（钢）	1200	2.6300	3,156.00
5	NF106 lintel profile 顶板上部铝型材	24	84.9300	2,038.32
6	control unit 445R 控制器 230V	100	84.7600	8,476.00
7	kit main voltage cable 4500mm三相电源线 400V	100	6.9200	692.00
8	SKS activating kit 门用自动控制部件	200	18.1800	3,636.00
9	steel rolling shutter 3000*2200 钢制卷帘门	6	1697.4100	10,184.46
TOTAL VALUE EXW IN EUR				36,947.76

2. Port of Shipment: Hamburg

3. Destination: **Tianjin, China**

4. Time of Shipment:Mar.,2012

5. Shipping Mark:

6. Terms of Payment:
   After receipt of the goods, the Buyers shall pay the total value of the invoice to the Sellers by telegraphic transfer within 90 days.

7. Country of Origin & Manufacturer: HÖRMANN,GERMANY

8. Insurance: To be covered by the buyer for 110% of the total invoice value against all risks as per the China Insurance Clauses.

图 2-13-9　单据 9

代理报关委托书

编号：000977****7

我单位现　　（A逐票、B长期）委托贵公司代理　　等通关事宜。（A、填单申报 B、辅助查验 C、垫缴税款 D、办理海关证明联 E、审批手册 F、核销手册 G、申办减免税手续 H、其他）详见《委托报关协议》。

我单位保证遵守《海关法》和国家有关法规，保证所提供的情况真实、完整、单货相符。否则，愿承担相关法律责任。

本委托书有效期自签字之日起至　　　年　　月　　日止。

委托方（盖章）：

法定代表人或其授权签署《代理报关委托书》的人（签字）　李荣光

年　　月　　日

委托报关协议

为明确委托报关具体事项和各自责任，双方经平等协商签定协议如下：

委托方	上海…………服带有限公司
主要货物名称	挖掘机履带
HS 编码	[illegible]
货物总价	USD34799.72
进出口日期	年　月　日
提单号	M231408389
贸易方式	一般贸易
原产地/货源地	上海奉贤
其他要求：	
背面所列通用条款是本协议不可分割的一部分，对本协议的签署构成了对背面通用条款的同意。	
委托方业务签章：　李荣光 经办人签章： 联系电话： 年　月　日	

被委托方		
*报关单编码	No.	
收到单证日期	年　月　日	
收到单证情况	合同□	发票□
	装箱清单□	提（运）单□
	加工贸易手册□	许可证件□
	其他	
报关收费	人民币：　　元	
承诺说明：		
背面所列通用条款是本协议不可分割的一部分，对本协议的签署构成了对背面通用条款的同意。		
被委托方业务签章： 经办报关员签章： 联系电话： 年　月　日		

CCBA　（白联：海关留存、黄联：被委托方留存、红联：委托方留存）　中国报关协会监制

图 2-13-10　单据 10

二、业务资料归档

业务单据归档

1. 资料归档操作

(1) 文件整理

① 整理：按合同号将同一票货物的所有文件按日期顺序集中在一起。

② 标记：用一个专用合同袋存放同一票货物的所有文件，封皮用签字笔写明合同号及客户名称。

(2) 扫描存档

同一文件袋内的文件扫描成电子档案存档。

(3) 录入电脑

将本票货物的文件信息录入电脑形成汇总文件。

(4) 存入档案柜

按时间顺序将文件袋汇总至档案盒，存入档案柜。

2. 归档操作规范

(1) 文件资料归档管理的目的

① 规范管理；

② 符合法律法规的要求。

(2) 货代企业文件归档范围

适用于货代企业进口和出口所有业务单据的管理。

(3) 货代企业业务文件归档内容

① 单据资料：包括货代合同、进出口报关报检委托书、进出口合同复印件、进出口发票复印件、进出口装箱单复印件、进出口报关单复印件、进出口商检证书复印件、进出口信用证复印件、提单复印件、产地证复印件、其他规定存档单据或其复印件；

② 票据资料：包括手续费发票、运费发票、保险费发票、理货费发票、订舱费发票、港杂费发票、仓储费发票、调单费发票、报关费发票、报检费发票、改单费发票、搬运费发票等或其复印件。

(4) 文件归档管理制度要求

每一项业务操作完毕，操作员必须一周内整理留档资料进行存档；月末由部门内档案管理人员检查留档是否按规定操作；以季度为时间段，由部门主管抽查留档资料是否合格；每一年度一次将当年产生的全部留档资料递交公司档案室；留档工作作为业务操作部门业绩考核内容，保管人员如有工作调动或离职，需做好书面工作交接；业务相关资料留存五年；查阅档案，必须经档案管理负责人批准；档案销毁，必须经档案管理负责人上一级领导批准。

3. 任务实施

业务资料归档：将两票货物的文件信息整理在存档文件汇总表（表 2-13-1）中，订单号按合同号填写。

表 2-13-1　旅商货代存档文件汇总表

序号	订单号	存档文件	文件号码	存档日期	存档方式	存档位置
1						
2						
3						
4						
5						
6						
7						
8						
9						
10						

融会贯通

请在以下单据（图 2-13-11 至图 2-13-17）中识别出一票完整的业务单据，演绎业务单据归档的过程。

天津海关货物出口委托书

信用证号：　　　　　　　　　　　　　　　日期：2012-4-15

合 同 号：12BGC20　　　　　　　　　　　联系方式：郝倩

1. SHIPPER/EXPORTER [illegible] ARTS & CRAFTS CO.,LTD. [illegible]DIAN,JIANSHENANLU,BAODING CITY, HEBEI, P.R.CHINA	8.FORWARDING AGENT REFERENCES APL
2. CONSIGNEE(COMPLETE NAME AND ADDRESS) TO ORDER	
NOTIFY PART(COMPLETE NAME AND ADDRESS) [illegible]GET STORES [illegible] NICOLLET MALL MINNEAPOLIS, MN 55403	
3. OCEAN VESSEL/VOY.NO. / 4. PORT OF LOADING XINGANG,CHINA.	
5. PORT OF DISCHARGE / 6. PLACE OF DELIVERY OAKLAND,USA	

9.CONTAINER NO/SEAL NO.	10. QUANTITY	11.DESCRIPTION OF GOODS	12.MEAS GROSS WEIGHT(KGS)
TARGET STORES PO#0065-3153095 DCP-ITEM# STYLE# COLOR: SIZE: CASEPACK:2 COUNTRY OF ORIGIN: CHINA CARTON# OF CARTON DIMENSIONS IN CM H CM/W CM/L CM	1487CTNS.	DRIED FLOWER	VOL:47.466CBM G.W.:3530KGS N.W.:2105.5KGS

13.B/L NO.	14.NUMBER OF ORIGINAL B/L	15PREPAID AT	16.COLLECT AT
	THREE		DESTINATION
17.SERVICE TYPE/MODE	18.PLACE OF B/L ISSUE/DATE XINGANG,CHINA 19.LADEN ON BOARD THE VESSEL		

[illegible]工艺品有限公司
[illegible]ARTS& CRAFTS CO.,LTD

图 2-13-11　出口委托书

************* 工艺品有限公司

************** ARTS AND CRAFTS CO.,LTD.

************* JIANSHENANLU,BAODING CITY,HEBEI,P.R.CHINA.

TEL：86--312--323**** FAX：86--312--323****

销货合同

SALES CONTRACT

字第　　号
No. 12BGC20
日期:
Date: MAR 15, 2012.
签约地点
Signed At: BAODING,CHINA

Buyer:TARGET STORES
1000 NICOLLET MALL MINNEAPOLIS,MN55403,USA.
兹经买卖双方同意成交下列商品订立条款如下：

The undersigned Sellers and Buyers have agreed to close the following transactions according to the terms and conditions stipulated below:

1. Name of Commodity &Specifications	2.Quantity(pc)	3.Unit Price	4.Amount
DRIED FLOWER	1487CTNS		FOB XINGANG USD15248.44

With 5% more or less both in amount and quantity allowed at the sellers option.

5.总金额
Total Value：SAY USD DOLLARS FIFTEEN THOUSAND TWO HUNDRED AND FORTY-EIGHT AND CENTS FORTY-FOUR ONLY.

6.包装
Packing： IN CARTON

7.装运期
Time of Shipment: APRIL. 25TH,2012

8.装运港与目的港
Loding Port&Destination:FROM XINGANG,CHINA TO OAKLAND, USA

9.支付条款
Terms of Payment：BY T/T

************* 工艺品有限公司
ARTS&CRAFTS CO.,LTD

************* ARTS&CRAFTS CO.,LTD

(BUYER SIGNATURE)　　(VENDER)

图 2-13-12　销售合同

[illegible]工艺品有限公司

[illegible] ARTS&CRAFTS CO., LTD.

[illegible]LIDIAN,JIANSHENANLU,BAODING, HEBEI, P.R.CHINA

装 箱 单

PACKLIST

TEL:86-312-323[illegible]

FAX:86-312-3234[illegible]

DATE: APR.14. 2012

INV.NO: JINSA12C20

B/L NO:

Marks&Nos.	Description	Quantity	Package	G.W/N.W(kg)	Dimension(cm)	Vol.(m^3)
TARGET STORES PO#3153095 DPC-ITEM# STYLE# COLOR: SIZE: CASEPACK	DRIED FLOWER 0676	250PCS	125CTNS	1/.5	20X11X31	0.853
COUNTRY OF ORIGIN: CHINA CARTON# OF CARTON DIMENSIONS IN CM H CM/W CM/L CM						
	0680	2724PCS	1362CTNS	2.5/1.5	46X24X31	46.613
		TOTAL: 2974PCS	1487CTNS	3530/2105.5		47.466

SAY TOTAL PACKED IN ONE THOUSAND FOUR HUNDRED AND EIGHTY-SEVEN CARTONS ONLY.

WE STATE THAT THERE'S NO WOOD PACKING MATERIALS IN THIS SHIPMENT.
WE HEREBY CERTIFY THAT THE ABOVE MENTIONED GOODS ARE OF CHINESE ORIGIN AND MANUFACTURED IN CHINA

[illegible]工艺品有限公司
[illegible]ARTS& CRAFTS CO.,LTD

图 2-13-13　装箱单

[illegible]工艺品有限公司

[illegible] ARTS&CRAFTS CO., LTD.

[illegible]DIAN,JIANSHENANLU,BAODING, HEBEI, P.R.CHINA

TEL:86-312-323[illegible] FAX:86-312-32[illegible]

发　票

INVOICE

INV.NO: JINSA12C20　　S/C NO: 12BGC20

INV.DATE: APR.14, 2012　　L/C NO:

SOLD TO: [illegible]STORES 1000 NICOLLET MALL MINNEAPOLIS, MN 55403　　P.O.E.: XINGANG,CHINA

P.O.D.: OAKLAND,CA,U.S.A

Marks&Nos.	Description	Quantity	Unit Price	Amount
				FOB XINGANG
TARGET STORES PO#3153095 DPC-ITEM# STYLE# COLOR: SIZE: CASEPACK COUNTRY OF ORIGIN: CHINA CARTON# OF CARTON DIMENSIONS IN CM H CM/W CM/L CM	DRIED FLOWER 0676	250.00PCS	2.09/PC	USD522.50
	0680	2724.00PCS	5.41/PC	USD14725.94
		TOTAL: 2974PCS		USD15248.44

SAY TOTAL USD FIFTEEN THOUSAND TWO HUNDRED AND FORTY-EIGHT AND CENTS FORTY-FOUR ONLY.

WE STATE THAT THERE'S NO WOOD PACKING MATERIALS IN THIS SHIPMENT.
WE HEREBY CERTIFY THAT THE ABOVE MENTIONED GOODS ARE OF CHINESE ORIGIN AND MANUFACTURED IN CHINA.

[illegible]工艺品有限公司
[illegible]ARTS& CRAFTS CO.,LTD

图 2-13-14　发票

中华人民共和国海关出口货物报关单

预录入编号　　　　　　　　　　海关编号：

出口口岸 XINGANG		备案号 JINSA12C20	出口日期	申报日期 2012-04-14
经营单位 ... ARTS&CRAFTS CO., LTD SHAOQILIDIAN JIANSHENANLU BAODING CITY, HEBEI P.R.CHINA(13069...)		运输方式 海运	运输工具名称	提运单号
发货单位		贸易性质 一般贸易	征免性质	结汇方式 T/T
许可证号 803720160	运抵国(地区) U.S.A	指运港 OAKLAND,CA		境内货源地
批准文号	成交方式 FOB	运费	保费	杂费
合同协议号 12BGC20	件数 1487	包装种类 纸箱	毛重(公斤) 3530	净重(公斤) 2105.5
集装箱号	随附单据 发票，装箱单，明细单，报关单等			生产厂家

标记唛码及备注

项号	商品编号	商品名称、规格型号	数量及单位	最终目的国(地区)	单价	总价	币制	征免
							FOB XINGANG	
		DRIED FLOWER 0676	250.00PCS		2.09/PC	USD522.50	USD	
		0680	2724.00PCS		5.41/PC	USD14725.94	USD	
			TOTAL: 2974PCS			15248.44		

税费征收情况

录入员　　录入单位	兹声明以上申报无讹并承担法律责任	海关审单批注及放行日期(签章)
报关员　...工艺品有限公司		审单　　审价
单位地址　...建设南路邵七里店	申报单位(签章)	征税　　统计
邮编 071051　电话 86-312-323...　填制日期 2012-4-14		查验　　放行

图 2-13-15　出口货物报关单

*EDI179000026666　　　　*2225201710000206

中华人民共和国海关进口货物报关单

预录入编号：EDI179000026€　　　　海关编号：22252017100020€

收发货人 (3122441: 美孚化工商务(上海)有限公司		进口口岸 (2225) 外港海关	进口日期 2017-06-19	申报日期 2017-06-19
消费使用单位(3122441: 美孚化工商务(上海)有限公司		运输方式(2) 水路运输	运输工具名称 MAULLIN/040E	提运单号 NYKSSINT18420300
申报单位 (310998 ▯物流有限公司		监管方式 (0110) 一般贸易	征免性质(101) 一般征税	备案号
贸易国（地区） (132) 新加坡	启运国（地区） (132) 新加坡	装货港 (132) 新加坡		境内目的地 (31224) 上海外高桥保税区
许可证号	成交方式 (2) C&F	运费 000//	保费 502/0.3/1	杂费 000//
合同协议号 4451612707	件数 5940	包装种类 (6) 包	毛重（千克） 152806.5	净重（千克） 148500
集装箱号 NYKU4400853*6(12)	随附单证			
标记唛码及备注 集装箱号：NYKU4984192, NYKU4985331, NYKU5952271, TCLU5936599, TCNU3283147				

项号	商品编号	商品名称、规格型号	数量及单位	原产国（地区）	单价	总价	币制	征免
1	3901402000	茂金属线型低密度聚乙烯 EXCEED 3527РА 白色颗粒状|聚乙烯>99%，添加剂<1%	148500.0000 千克 148500.0000 千克	法国 (305) 目：中国	1.2694	188504.42	(502) 美元	照章征税 (1)

特殊关系确认：是	价格影响确认：否	支付特许权使用费确认：否
录入员　录入单位	兹申明对以上内容承担如实申报、依法纳税之法律责任	海关批注及签章
报关人员	申报单位（签章）　▯物流有限公司 2017-06-23 09:53:28	

图 2-13-16　进口货物报关单

中华人民共和国出入境检验检疫

入境货物报检单

1170000043!

(E-CIQ)

报检单位(加盖公章)：　　流有限公司　　*编　号 1170000043

报检单位登记号：31009　　联系人：戴军　　电话：53930088　　报检日期：2017 年 6月 23 日

收货人	(中文) 孚化工商务（上海）有限公司	企业性质(划"√")	☐合资☐合作☐外资
	(外文) ***		
发货人	(中文) ***		
	(外文) I　CHEMICAL ASIA PACIFIC		

货物名称(中/外文)	H.S. 编码	原产国(地区)	数/重量	货物总值	包装种类及数量
茂金属线型低密度聚乙烯 EXCEED 3527PA EXXONMOBIL	3901402000	法国	148500 千克	188504.42 美元	5940布袋/包 0植物铺垫材料

运输工具名称号码	水路运输，MAULLIN040E			合同号	4451612707
贸易方式	一般贸易	贸易国别(地区)	新加坡	提单/运单号	NYKSSINT18420300
到货日期	2017-06-19	启运国家(地区)	新加坡	许可证/审批号	***
卸毕日期	2017-06-19	启运口岸	新加坡	入境口岸	外高桥
索赔有效期至	2017-09-19	经停口岸	***	目的地	上海市浦东新区
集装箱规格、数量及号码	详见附件				
合同订立的特殊条款以及其他要求	无纸化			货物存放地点	外5
				用途	其他

随附单据(划"√"或补填)		标记及号码	*外商投资财产(划"√")	☐是☐否
☑合同	☐到货通知	N/M	*检验检疫费	
☑发票	☐装箱单		总金额(人民币元)	
☑提/运单	☐质保书			
☐兽医卫生证书	☐理货清单		计费人	
☐植物检疫证书	☐磅码单			
☐动物检疫证书	☐验收报告		收费人	
☐卫生证书	☑ 其他单据			
☐原产地证	☐			
☐许可/审批文件	☐			

报检人郑重声明： 1. 本人被授权报检。 2. 上列填写内容正确属实。 签名：________	领取证单	
	日期	
	签名	

注：有"*"号栏由出入境检验检疫机关填写　　◆国家出入境检验检疫局制

[1-1(2000.1.1)]

图 2-13-17　入境货物报检单

学生实践评价表

<table>
<tr><td>班级</td><td></td><td>姓名</td><td></td><td>学号</td><td colspan="2"></td></tr>
<tr><td rowspan="2">序号</td><td rowspan="2">任务</td><td colspan="5">实践过程记录（时间及完成情况）</td></tr>
<tr><td>知识准备</td><td>熟悉业务</td><td>观摩、学习</td><td>操作、训练</td><td>自评</td></tr>
<tr><td>1</td><td>识别同一订单的业务单据</td><td></td><td></td><td></td><td></td><td></td></tr>
<tr><td>2</td><td>归档业务资料</td><td></td><td></td><td></td><td></td><td></td></tr>
</table>

课后巩固

一、单选题

按照文件归档管理制度规定，每一项业务操作完毕，操作员必须在(　　)内整理留档资料进行存档。

A. 1 天　　B. 3 天

C. 1 周　　D. 15 个工作日

二、多选题

1. 货代企业业务文件归档内容包括(　　)。

A. 单据资料　　B. 票据资料

C. 保险费发票　　D. 报关费发票

E. 货代合同

2. 资料归档的步骤包括(　　)。

A. 文件整理　　B. 扫描存档

C. 录入电脑　　D. 存入档案室

三、判断题

1. 按照文件归档管理制度规定，每一年度一次将当年产生的全部留存资料递交公司档案室。(　　)

2. 文件资料归档管理，有利于规范管理，并按照法律规定执行。(　　)

3. 文件整理是指，按照合同编号，将同一票货物的重要文件汇总在一起，不重要的可以不整理。(　　)

4. 文件整理完毕，需要用一个合同专用袋存放同一票货物的所有文件，封皮注明合同号或者客户名称。(　　)

学习笔记

参考文献

[1] 陶广华，武立波，杨国荣. 国际货运代理 [M]. 北京：高等教育出版社，2010.

[2] 张晓，李敏华，谢苹. 外贸单证实务 [M]. 北京：中央广播电视大学出版社，2014.

[3] 刘启萍，周树玲. 外贸英文制单教程 [M]. 3 版. 北京：对外经济贸易大学出版社，2018.

[4] 黎孝先，王健. 国际贸易实务 [M]. 6 版. 北京：对外经济贸易大学出版社，2016.

[5] 李晓静. 国际贸易实务 [M]. 北京：人民邮电出版社，2014.

[6] 杨金玲，张志. 国际贸易实务与操作 [M]. 北京：清华大学出版社，2014.

[7] 陈军，李海华. 国际货运代理实务 [M]. 北京：科学出版社，2009.

[8] 杜学森，律宝发. 国际货运代理实务 [M]. 北京：中国劳动社会保障出版社，2006.

[9] 余世明. 国际货运代理理论与实务 [M]. 广州：暨南大学出版社，2006.

[10] 夏合群. 国际贸易实务模拟操作教程 [M]. 北京：对外经济贸易大学出版社，2008.

[11] 唐春根，陈红艳. 国际贸易 [M]. 北京：化学工业出版社，2007.

[12] 盛琳. 电话销售口才 [M]. 北京：企业管理出版社，2008.